Wade Davis studierte Anthropologie und Biologie und promovierte in Ethnobiologie an der Harvard University. International bekannt wurde der kanadische Wissenschaftler und Schriftsteller durch seinen Bestseller *The Serpent and the Rainbow*, der auch verfilmt wurde. Außerdem schrieb er mehrere Bücher und zahlreiche Beiträge für Zeitschriften wie *Outside, Fortune* und *Discover*.

Wade Davis

Der Kaktus der vier Winde

Reisen in Länder der Sehnsucht

Aus dem Amerikanischen
von Fred Schmitz

Die Deutsche Bibliothek - CIP-Einheitsaufnahme
Ein Titeldatensatz für diese Publikation ist bei
Der Deutschen Bibliothek erhältlich.

REISEN · MENSCHEN · ABENTEUER

1. Auflage 2001, Taschenbuchausgabe
SIERRA bei Frederking & Thaler Verlag, München
in der Verlagsgruppe Random House GmbH
© 2000 für die deutschsprachige Ausgabe
Frederking & Thaler Verlag, München
in der Verlagsgruppe Random House GmbH
Titel der Hardcoverausgabe:
Schatten auf den Sonnenuhren. Reisen in äußere und innere Welten
© 1998 by Wade Davis
erschienen bei Island Press, Washington, DC, a Shearwater Book
Originaltitel: Shadows in the Sun. Travels to Landscapes of Spirit and Desire
Alle Rechte vorbehalten.
Titelfoto/Fotos: Wade Davis
Umschlaggestaltung: Atelier Seidel, Altötting
Produktion: Sebastian Strohmaier, München
Satz: DTP im Verlag
Druck und Bindung: Clausen & Bosse, Leck
Das Papier wurde aus chlorfrei gebleichtem Zellstoff hergestellt.
ISBN 3-89405-145-0
Printed in Germany

www.frederking-und-thaler.de

Inhalt

Vorwort

Wenn Amerikaner nach Helden Ausschau halten wollen, blicken sie nach Westen, Kanadier hingegen nach Norden. Als Junge lebte ich in einem Städtchen westlich von Montreal, und wenn die Winter über den Sankt-Lorenz-Golf fegten und die Schulen wegen der Schneestürme schließen mussten, saßen wir, meine Freunde und ich, in einem Schuppen am Ufer um einen Kohlenofen herum und lauschten dem alten Priester, der das Feuer in Gang hielt; er erzählte von seinem Leben in der Arktis, im Ödland des Keewatin-Distrikts, einer unbeschreiblich kalten Gegend, wie er sagte. Er erzählte von den frühen Jahren des Landes, dessen Geschichte mit den Abenteuern der Waldläufer und Pelzhändler begann, die diesen Teil der Erde in sechzig Tagen in Rindenkanus durchfuhren. Damals merkte ich mir ihre Routen ganz genau und konnte die überquerten Stromstellen so mühelos aufsagen wie ein amerikanischer Schüler die Namen von Footballspielern. Als ich zehn war, paddelte ich mit einem Lehrer, den ein Bär böse zugerichtet hatte, die Flüsse nördlich von Quebec entlang. Seine Kraft und seine Erfahrenheit in der Wildnis beeindruckten mich ebenso wie die schauerlichen Narben auf seinen Beinen.

Wenn einer in Kanada aufgewachsen ist, zuerst in Quebec und später in British Columbia, fühlt er sich unweigerlich zur Wildnis hingezogen. So war es jedenfalls damals. Im Sommer Feuer bekämpfen, Schneisen schlagen und Holz fällen – das gehörte zu unserem Leben. Meine erste Begegnung mit der großen, weiten

Welt fand erst 1968 statt, als meine Eltern mich mit vierzehn nach Kolumbien schickten; auf dieser Reise habe ich Lateinamerika lieben gelernt, und diese Liebe hat bis heute nichts von ihrer Kraft verloren. In den Bergen oberhalb von Cali, auf Pfaden, die westwärts zum Pazifik führen, erlebte ich eine ganz ungewohnte Herzlichkeit und Güte, ein Lebensgefühl von ungeheurer ursprünglicher Kraft und die gelassene Einsicht, dass der Geist des Menschen schwach ist. Mit zwanzig kehrte ich als Student der Botanik mit dem Spezialgebiet Pflanzenkunde der Anden nach Südamerika zurück, angeregt durch Richard Evans Schultes, den berühmten Pflanzenforscher des Amazonas-Gebiets, der in den Jahren vor 1940 mit seiner Entdeckung des heiligen Pilzes, aztekisch *teonanacatl* (das Fleisch der Götter), das psychedelische Zeitalter eingeleitet hatte. Auf einer Reise, die Schultes ermöglicht hatte, durchwanderte ich, von ihm angeregt und von seinem Geist durchdrungen, die Anden kreuz und quer, um eine Pflanze zu suchen und zu untersuchen, deren Blätter den Inkas als göttliche Bringer der Unsterblichkeit galten: Coca, aus deren Blättern das berüchtigte Kokain gewonnen wird.

Nach acht Jahren ununterbrochener Feldarbeit, meist auf der Ostseite der Kordilleren und im nordwestlichen Amazonas-Gebiet, wurde ich von Schultes nach Haiti geschickt, um dort die Formel für ein volkstümliches Gift aufzuspüren, das Zauberern angeblich dazu dient, Zombies zu machen, also lebende Tote. Ich kam in Port-au-Prince an und hatte vor, ein paar Wochen zu bleiben. Tatsächlich aber erstreckte sich meine Forschungsarbeit über vier Jahre. Am Ende fand ich mich im Banne einer komplexen Weltanschauung, die sich von meiner eigenen vollkommen unterschied; hier ging es weniger um die chemische Grundlage eines Volksglaubens als um die psychologischen und kulturellen Wurzeln der Wirkung dieser Stoffe. Das Zombie-Phänomen mit all seinen Verästelungen lässt sich nicht vom sozialen, religiösen und politischen Urgrund einer vom Voodoo-Glauben geprägten Gesellschaft lösen.

Haiti ist ein Land der Verwandlungen, Kultur und Volk sind zutiefst durchdrungen von Geisterglauben. Das Leben bei dutzenden südamerikanischer Stämme, die Zusammenarbeit mit Schamanen und die Einnahme ihrer heiligen Pflanzen hatten mein Bewusstsein für die sensitiven Aspekte der Kultur empfänglich gemacht. Ein langer Aufenthalt im entlegenen Hinterland Haitis vervollständigte meine Verwandlung, und dabei ging meine starre wissenschaftliche Sichtweise in die Brüche. Auf späteren Reisen nach Borneo, in die Arktis, nach Tibet, in die Wälder Nordkanadas, die Sümpfe des Orinoco-Deltas und die Wüsten des Mittleren Ostens war ich immer wieder hingerissen vom Wunder der kulturellen Vielfalt und vor allem von jenen Volksgruppen, die noch nicht von den Segnungen der Zivilisation heimgesucht worden waren.

Es gehört wahrhaftig zu den erhebendsten Freuden des Reisens, sich unter Völkern aufzuhalten, die ihre alten Sitten noch nicht vergessen haben, die ihre Vergangenheit noch im Wehen des Windes, in der Berührung regengeglätteter Steine verspüren und sie im bitteren Geschmack von Pflanzenblättern erahnen. Wenn man weiß, dass Nomadenjäger durch Wälder streifen, dass Jaguar-Schamanen jenseits der Milchstraße auf großer Wanderung sind, dass die Mythen der athabaskischen Ältesten einen tiefen Sinn haben, begreift man, dass unsere Welt nichts Absolutes ist, sondern nur ein mögliches Modell der Realität. Der Penan-Jäger in den Wäldern Borneos, die Messdiener des Voodoo-Kults in Haiti und die heiligen Männer, die die Sahara durchwandern, lehren uns, dass es noch andere Denkmodelle, andere Möglichkeiten gibt, um die Wechselwirkungen zwischen der Erde und dem Menschen zu erfahren. Diese Vorstellung hat mir immer wieder neue Hoffnung gegeben.

Doch die ungeheure Leichtigkeit, mit der wir uns über unseren kleinen Planeten bewegen, beschert uns zugleich ein paradoxes Ergebnis. Reisen bildet, und doch entfernen wir uns mit jedem Tag, an dem wir reisen, weiter von unserem Ursprung. Der amerikanische Dichter Gary Snyder wurde einmal gebeten, sich dazu zu äußern, wie die Menschen am besten mit der Umweltkatastrophe fertig werden könnten; sein Kommentar war kurz und bündig: Bleibt, wo ihr seid!

Nur wenn wir das Gefühl für die individuelle Verbundenheit mit einem bestimmten Stück Land wieder entdecken, wird es uns gelingen, meinte er, unsere Beziehung zu unserem Planeten neu zu bestimmen. Vielen Menschen auf der ganzen Welt und besonders jenen, die in kleinen Gemeinschaften nie unter der Hektik und den Enttäuschungen des Industriezeitalters zu leiden hatten, war dieses Verbundenheitsgefühl immer gegenwärtig.

Im Winter 1982 hatte ich das Glück, in einem kleinen Dorf in den südlichen Anden Perus bei den Quechuas zu leben. Die Hochlandflora war fantastisch in ihrer Farbenpracht, und der bäuerliche Einfallsreichtum dieser Nachkommen der Inkas grenzte ans Geniale; was mich jedoch am meisten beeindruckte, waren ihr Alltag und die vielen kleinen Gesten, die eine innige und tiefe Ehrfurcht vor dem Grund und Boden verrieten, auf dem sie lebten. Das Dorf bestand nicht nur aus wirr zusammengewürfelten Lehmhäusern und strohgedeckten Hütten, die sich um die kleine Kirche drängten, sondern es gehörte alles zusammen: die Menschen, die hier lebten; die uralten Ruinen, die sich vom Dorf bis zum Rand der Felsen zogen und hoch über dem Fluss hingen wie Erinnerungen; die in die steilen Hänge des heiligen Berges Antakillqa gegrabenen Felder; die schilfbestandenen Seen in der Pampa und der Wasserfall, zu dem sich niemand hinwagte, aus Angst, dem bösen Waldgeist Sirena zu begegnen.

Die täglichen Verrichtungen der Dorfbewohner bestätigten jedes Mal den immer gleichen Gang der Dinge. In der Frühe, noch vor der Arbeit auf den Feldern, gab es stets Gebete und Cocablatt-Opfer für Pachamama, die Große Mutter. Die Männer arbeiteten in Gruppen, die nicht durch Blutsverwandtschaft bestimmt waren, sondern durch Bande der Treue und wechselseitiger Verpflichtung; gesellschaftliche und rituelle Schulden sammelten sich ein Leben lang und über Generationen hinweg an – sie wurden nie erwähnt und nie vergessen. Gegen Mittag brachten die Frauen und Kinder dampfende Suppenkessel, Körbe voller Kartoffeln und Korbflaschen mit *chicha* aufs Feld. Die Familien schmausten fröhlich jeden Tag zusammen, und nach der Mahlzeit wurde die Arbeit zum Spiel. Jungen und Mädchen nahmen ihren Platz an der Seite ihrer Väter ein, säten, hackten, jäteten und ernteten. Am Ende des Tages verstreuten die Frauen Blüten übers Feld, der älteste Mann wurde zum Vorbeter der Gruppe und segnete die Geräte, das Saatgut, die Erde und die Kinder.

Dieses Gefühl für den eigenen Ort, dieser Sinn für ein Leben in der Gemeinschaft zeigte sich auf sehr feinfühlige und tief empfundene Art. Zum Beispiel verkleidet sich jeden Februar mitten in der Regenzeit der schnellste junge Mann des Dorfes als Frau und läuft, fast von der ganzen Gruppe verfolgt, um das Gebiet herum, das der Gemeinschaft gehört – eine bemerkenswerte körperliche Leistung. Die Strecke ist nur gut 30 Kilometer lang, überquert aber zwei hohe Andengipfel. Zuerst stürmen die Läufer zum Fuß des Antakillqa, dreihundert Meter unterhalb ihres Dorfs, von dort über tausend Meter hinauf auf einen der Gipfel, dann auf der anderen Seite wieder hinab ins Tal, bevor sie erneut die Hochpampa erklimmen und dort den Pfad zurück zum Dorf laufen. Dieses Rennen ist zugleich eine Art Wallfahrt, denn auf der Strecke befinden sich heilige Stätten, Kreuzungen, Steinhaufen, Wasserfälle und Bäume, an denen die Teilnehmer anhalten und Opfer bringen müssen. Vom Alkohol gewärmt und von Cocablättern angeregt, steigern sich die Läufer in einen Trancezustand, sodass sie am Ende des Tages eher geistigen Wesen gleichen, die ihre Gegner abgewehrt und die Grenzen ihres Landes für ein weiteres Jahr neu festgelegt haben. So bestimmen sie ihren Lebensraum und bringen ihr Zusammengehörigkeitsgefühl zum Ausdruck.

Diese Treue zum Land ist vielleicht das bedeutsamste Merkmal, das indigene Völker von uns unterscheidet, deren Ahnen in fernen Kontinenten aufwuchsen, jenseits der grenzenlosen Ozeane, die Amerika so lange isolierten. Ich nahm einmal an einer Versammlung in Nordkanada teil, bei der eine Reihe von Organisationen und einzelne Bürger, einheimische wie weiße, gegen ein geplantes Wasserkraftwerk protestierten. Es ging ziemlich hoch her, und auf dem Höhepunkt des Tumults verkündete ein alter einheimischer Trapper, er werde seine ganze Rente für Dynamit ausgeben, um in die Luft zu sprengen, was immer die Gesellschaft da hinbauen wolle, worauf ein junger weißer Siedler aufstand und sich leidenschaftlich gegen den Damm aussprach: »Wenn sie das Ding bauen«, erklärte er solidarisch, wie er meinte, »dann werde ich dieses Land verlassen müssen.« Der nächste Sprecher war ein Tahltan-Indianer. Ruhig und würdevoll wandte er sich an seinen Vorredner. »Partner«, sagte er, »das ist der Unterschied zwischen dir und mir. Wenn sie den Damm bauen, werde ich trotzdem hier bleiben.«

Die Berichte und Geschichten in diesem Buch handeln, auch wenn sie Erfahrungen von ganz verschiedenen Reisen in ganz verschiedenen Weltgegenden wiedergeben, im Wesentlichen alle von Landschaften und Menschen, von der Lebensweisheit, die unmittelbar aus der Natur gewonnen wurde, von der Sehnsucht derer, die das Verlorene zurückgewinnen wollen, und von den Folgen, falls diese Rückbesinnung nicht gelingt.

Jäger im arktischen Eis

Olayuk Narqitarvik ist Jäger. Als Zwölfjähriger tötete er einen Polarbären im Nahkampf; er schoss eine Harpune in den weichen Unterleib des Bären, als der sich auf ihn stürzte. Im selben Jahr erlegte er seinen ersten Wal. In der Dunkelheit des Winters, wenn die Temperatur so tief fällt, dass der Atem im Wind knistert, verlässt er jeden Morgen seine Familie, um den Spuren im frischen Eis zu folgen. Bewegungslos kniet er dann über den Atemlöchern der Ringelrobben, manchmal stundenlang. Die kleinste Gewichtsverlagerung würde ihn verraten. Völlig reglos hockt er da, wohl wissend, dass er gejagt wird, während er jagt. Von jedem Loch führen Spuren von Polarbären weg. Wenn keine Robbe auftaucht, wälzt sich Olayuk manchmal wie eine Robbe herum, um einen Bären anzulocken.

Ipeelie Koonoo ist Olayuks Stiefvater, der zweite Mann seiner Mutter und als Ältester geachtet. Auch er ist Jäger. Als er mit neun Jahren seinen ersten Bären erlegte, mit einer Harpune, die sein Lieblingsonkel am Abend zuvor eigens für ihn angefertigt hatte, war er überglücklich. Bei seiner ersten Robbe war er noch zu klein, um sie allein aus dem Eis zu hieven. Doch wusste er, dass das Tier, verleitet durch den Wunsch nach Süßwasser, den Tod gewollt hatte. Wie sein Onkel es ihm beigebracht hatte, tröpfelte er Süßwasser in das Maul des Tieres, um dessen Geist zu versöhnen. Wenn man Tiere nicht anständig behandelt, lassen sie sich auch nicht erbeuten. Wenn sie allerdings nicht gejagt werden, leiden sie, wie die Inuit glauben, und dann verringert sich ihre Zahl. Die Jagd ist nötig, um die Natur im Gleichgewicht zu halten, denn alles Leben ist miteinander verquickt in dieser polaren Wüste, die neun Monate im Jahr in Dunkelheit eingehüllt ist und nur in den kurzen Sommerwochen des *upinngaaq,* der wunderbaren Zeit der Erneuerung und Wiedergeburt, strahlend hell leuchtet.

Simon Qamanirq ist sowohl Künstler wie Jäger, der jüngste der drei Männer, Neffe von Olayuks Frau Martha, des weiblichen Oberhaupts der großen Familie. Auf seinem Akkordeon spielt er schottische Tanzweisen, die Seeleute und Walfänger vor langer Zeit hergebracht hatten, und mit seinen geschickten Händen macht er aus Speckstein Tierfigürchen, die so lebendig wirken, dass sie sich zu bewegen scheinen. »Du kannst kein Tierschnitzer sein, wenn du kein Jäger bist«, sagt er. Eine Zeitlang lebte Simon unten im Süden, ging dort auf die Berufsschule und war Schlagzeuger in einer Rockband der Inuit, die sich »The Harpoons« nannte. Aber bald bekam er die Verworrenheit der Leute satt, »die tausend Wörter im Kopf haben«, und kehrte nach Norden zurück. »Für mich gibt's nichts Interessanteres als die Jagd«, behauptet er. »Da unten in Kanada habe ich immer gefroren. Mein Körper braucht Blut. Nicht mal das Fleisch, das sie essen, hat Blut.«

Drei Männer – drei Generationen von Inuit-Jägern. In den kalten Herbstmonaten verfolgen sie Karibus auf offener Tundra, im Juli holen sie sich den Narwal aus dem Eis, und so vollziehen sie mit ihrer Jagd einen jahreszeitlichen Ablauf nach, der an jene fernen Zeiten erinnert, in denen unsere Vorfahren allesamt Nomaden waren. Sie leben von der Jagd, jeder für sich, lauter Individuen. Alle Vorstellungen und Gedanken, alle kulturellen und gesellschaftlichen Begriffe, Impulse, alle Überzeugungen und sogar die Gesten spiegeln das Bewusstsein eines Volkes, das nichts von der Abstammungslehre weiß. Dinge, die wir für selbstverständlich halten – Privatbesitz von Gegenständen und Land, Gesetze und Institutionen, die innerhalb einer Hackordnung einen Menschen über den anderen erheben –, sind den Inuit nicht nur völlig fremd, sondern geradezu ein Gräuel. Würde man sie ihnen aufzwingen, wäre das das Ende ihrer Lebensweise. Die Inuit wissen das. »Wir jagen«, erklärt Olayuk, »weil wir Jäger sind.«

Die meiste Zeit des Jahres verbringen diese Männer mit ihren Familien in der kleinen Gemeinde Arctic Bay, ein unbeirrt selbstgenügsamer und unabhängiger Clan, Überlebende in einem Jahrhundert, in dem ihr Volk unsagbares Elend erdulden musste. Aber im Juni, in den zwei Wochen vor der Sonnenwende, schlagen sie ihr Lager für kurze Zeit auf dem Kiesstrand bei Cape Crauford auf, am Westufer des Admiralty Inlet, dem größten Fjord der Welt, einem riesigen Binnensee, der 800 Kilometer nördlich des Polarkreises in die Nordküste von Baffinland einschneidet. Dort, unter den dunklen Klippen der Brodeur-Halbinsel, auf einem Felsvorsprung, der über den Lancaster-Sund ragt, das reichhaltigste Gewässer der Arktis, laden sie Außenseiter in ihre Welt ein.

Die Reise nach Norden beginnt vor Morgengrauen in Ottawa und endet neun Stunden später im Eis vor dem Küstenstreifen, auf dem sich Olayuks Lager befindet. Fünf Stunden dauert der Flug zur Wetterstation und dem Ort Resolute Bay, dem höchsten Punkt in der Arktis, der von Linienflugzeugen angeflogen wird; dort steigen wir aus unserer Boeing 727 in eine deHavilland Twin Otter um. Von hier aus erstreckt sich Kanada noch über 1500 Kilometer weiter nach Norden, ein Gebiet, in dem Kanada ganz Großbritannien verstecken könnte.

Wir überfliegen die Barrow-Straße, dann den Lancaster-Sund. Aus der Luft sehen wir, wie das Eis sich mit dem schneebedeckten Land verbindet. Ringelrobben erscheinen als schwarze Pünktchen auf dem Eis. Keine Polarbären in Sicht, nur ihre Spuren, die von einem Robbenloch zum nächsten führen. An der Mündung des Prince Regent Inlet, östlich der Insel Somerset, geht das Eis unvermittelt in schwarzes Meer über. Hinter den Eisschollen gleiten dutzende von Weißwalen elegant durchs Wasser. Eine kleine Insel mit Tafelbergen erhebt sich aus dem Meer. In steiler Schräglage kurvt das Flugzeug über die hochragenden Klippen und scheucht zehntausende von Vögeln auf. Obwohl das Prinz-Leopold-Vogelschutzgebiet nur knapp 80000 Quadratkilometer groß ist, nisten dort an die 200000 Zugvogelpaare: dickschnäbelige Trottellummen, Eissturmvögel und schwarzbeinige Dreizehenmöwen. Vor uns liegt die Baffininsel, und binnen Minuten dröhnt das Flugzeug über den Strand von Cape Crauford, dreht in den Wind und landet auf seinen Schneekufen auf einem glatten Eisstreifen einen knappen Kilometer vor der Küste.

Im strahlend hellen Sonnenlicht standen wir herum, neunzehn Fremde, durch die Verheißung einer Reise zusammengeführt. Als Anthropologe möchte ich mich vor Ort über den Ökotourismus informieren. Der Leiter der Expedition ist Johnny Mikes aus British Columbia, Ausstatter und legendärer Touristenführer auf Seen und Flüssen. Er hat Olayuks Familie dazu animiert, Touren für Fremde zu organisieren. An einem warmen Septembertag im Jahr 1989 kam Mikes zufällig in eine Bucht, wo hunderte von Narwalen im Seichtwasser Nahrung suchten. Am Strand befand sich ein Inuit-Lager, wo man Narwale auf den Strand gezogen hatte. Olayuks Bruder Moses hatte gerade eine Bartrobbe erlegt, und in den blutigen Gewässern lauerten Eishaie. Mikes hatte die rohe Seite der Natur noch nie aus solcher Nähe erlebt. Als er dann mit den Inuit lebte, lernte er, dass Blut auf Schnee für sie kein Bild des Todes ist, sondern eine Verheißung des Lebens. Diese Erfahrung, so überlegte er, ist sicher auch für andere wertvoll. Dann stellte Moses ihn seinem Bruder Olayuk vor, und Olayuk erzählte ihm vom Eis und von den Schollen im Juni.

Es gibt Orte auf der Welt, an denen sich zu bestimmten Zeiten Naturerscheinungen in solch bestürzender Großartigkeit und

Schönheit zeigen, dass sie alle menschlichen Maßstäbe sprengen. Und ein solches Ereignis lockt Olayuk und seine Familie jeden Juni in ihr Lager am Cape Crauford.

Im arktischen Winter ist praktisch das ganze Meer zwischen den kanadischen Inseln oberhalb des Polarkreises zugefroren, und ein einziger Eishorizont, der die Gletscher mit einbezieht, erstreckt sich über ein Gebiet von 15 Millionen Quadratkilometer, in das die Vereinigten Staaten zweimal hineinpassen würden. Wenn die Temperatur bis auf minus 60 Grad fällt, bleiben von den Meeressäugern nur noch die Ringelrobben übrig, und für sie sind ins Eis gehauene Atemlöcher lebenswichtig. Die Eisbären überleben die lange arktische Nacht, indem sie den Robben auflauern. Andere Meeressäuger wie Weißwale, Nordwale, Walrosse und Narwale gleiten durch den Lancaster-Sund in die offenen Gewässer der Baffinbai und der Davis-Straße zwischen Kanada und Grönland. Nur sehr kleine Herden überwintern in den wenigen Wasserstellen, die dank Wind und Strömung eisfrei geblieben sind.

Im Frühling kehren die Tiere schubweise zurück und folgen dem zurückweichenden Eis. Die Zahl der Säugetiere wächst von 100000 im Winter auf 17 Millionen im Sommer an. In den ergiebigen Gewässern suchen sie nach Nahrung und warten nur darauf, sich irgendwo im Nordmeer ihre eigenen reichhaltigen »Weidegründe« zu suchen. Beim langen Schein der Mitternachtssonne entwickeln sich braune Algen unter der Eisschicht, Milliarden von Krabben und Flohkrebsen gedeihen, und Millionen von Schellfischen ernähren sich von Plankton. Eine viertel Million Robben aller Art leben von Fischen, ebenso tausende von Weiß- und Narwalen, die wiederum umherziehenden Herden von Schwertwalen zum Opfer fallen. Hier sammeln sich ein Viertel aller Weißwale Nordamerikas und drei Viertel aller Narwale, die es auf der Welt gibt.

Im Juni ist der Lancaster-Sund eisfrei. Aber das Wasser des an der Mündung 50 Kilometer breiten Admiralty Inlet bleibt zugefroren. Vom Lager am Cape Crauford aus kann man mit Motorschlitten und Kufenschlitten am Rand des Schollenfeldes entlangfahren, wo das Eis aufs offene Meer trifft, und dem Atem der Wale lauschen, der in das Wehen des Windes einstimmt.

Motorschlitten und ein Dutzend Inuit-Kinder scharen sich um das Flugzeug. Ein alter Inuit bedeutet uns, wir sollen unsere Sachen und uns selbst auf einen der Schlitten packen, die er *qamatiks* nennt. Er spricht kein Englisch, und die sanften Laute des Inuktitut, der Inuit-Sprache, klingen seltsam und angenehm.

Das Lager besteht aus Zelten, die in Reih und Glied am Hochufer ausgerichtet sind. An einem Ende der Reihe steht das Küchenzelt, am anderen Ende sind die Gästezelte. Am Strand drängen sich Motorschlitten und Kufenschlitten. Auf dem Eis sind drei Hundegespanne angebunden; die Tiere jaulen und heulen, und in der Luft hängt der stechende Geruch von Robbenfleisch und Exkrementen. Ein junger Inuit, Olayuks Sohn Eric, erklärt uns, warum er Motorschlitten mag: »Sie sind schnell, sie fressen kein Fleisch, und sie stinken nicht.«

Wir teilen uns auf, je zwei Mann für ein Zelt, und breiten unsere Schlafrollen auf dem mit Karibufellen bedeckten Boden aus. Johnny Mikes verteilt wasserdichte Stiefel und orangefarbene Überlebensanzüge. Sie sind unbequem und steif, aber lebenswichtig. Eine Minute lang ungeschützt in arktischen Gewässern, und die Lebenserwartung sinkt auf null. Im Küchenzelt werden wir den Inuit vorgestellt – Olayuk, Ipeelie, Simon, Olayuks Schwager Abraham und, am wichtigsten von allen, Olayuks Frau Martha und ihrer älteren Schwester Koonoo Muckpaloo, die über die Küche herrschen. Es sind zwei schöne Frauen, besonders Martha besticht mit ihrem strahlenden, lieben Gesicht, das verrät, wie gern sie lacht. Jemand fragt Olayuk, wie viele Kinder sie haben.

Nachdenklich zählt er an den Fingern ab. »Zehn«, sagt er schließlich. Martha knufft ihn in die Seite und zischt ihm etwas zu. Er sieht etwas einfältig drein. »Elf«, verbessert er sich.

Die Mahlzeit besteht aus Narwalsuppe, Hafermehlkuchen, Saibling und Karibufleisch. Beim Essen erfahre ich, dass Olayuk und Martha als erste ihrer Generation aus Liebe geheiratet haben. Sie wollten schon fliehen und todesmutig ihren Weg übers Eis suchen, als die Familien endlich mit der Verbindung einverstanden waren. Sie lieben sich immer noch; jede ihrer Gesten verrät es. Behutsam zieht Martha einen Kamm durch seinen schütteren Bart, Olayuk nimmt zärtlich ihre Hand in seine. Jemand fragt Martha, ob es ihr nicht lästig sei, zu so später Stunde noch Essen zu machen. »Ich bin's gewohnt«, antwortet sie, »mein Mann ist Jäger.« Olayuk wird gefragt, wie viele Robben ein Eisbär in einer Woche töten kann. »Hängt davon ab«, meint er, »wie gut er als Jäger ist.«

Es gibt weder Nacht noch Morgen, nur ununterbrochene Sonne. Irgendwann schlafen wir, mit Augenklappen und Ohrenstöpseln. Im Lager herrscht niemals Ruhe. Man schläft im Winter, die Sommer sind schnell vorbei. Nach dem Wecken brechen wir in fünf Schlitten auf, fahren südlich um den Meeresarm herum, ehe wir uns wieder nach Norden wenden, um die Schollengrenze zu erreichen. Das Eis am Ufer besteht aus zusammengedrückten Platten, aber weiter oben wird es glatt wie Glas. Vor uns erstreckt sich die karge Landschaft, so leer und trostlos, dass man nur ans Überleben denken kann. Am Horizont verschmelzen Inseln, Eis und Himmel, und das schwarze Meer wirkt wie eine schwache Luftspiegelung.

Dichter Nebel senkt sich auf uns herab und dämpft das Gedröhn der Motorschlitten, die uns, immer drei oder vier Mann auf einem Kufenschlitten, übers Eis ziehen. Die Fahrer drängen vorwärts; sie beobachten die Muster im Eis, kleine Bodenwellen aus gepresstem Schnee, die parallel zur Hauptwindrichtung verlaufen und einem verraten, wo man ist. Wenn Wolken die Sonne verdunkeln, erklärt Simon, beobachten die Inuit das gespiegelte Eis auf der Unterseite der Wolken. Ein offenes Gewässer erscheint schwarz, das Eis auf dem Meer weiß und schneebedeckter Boden sowie teilweise offene Tundra dunkler als das Meer, aber heller als schneefreier Boden. Die Wolken dienen als Landkarten. Von unseren Führern kann sich keiner daran erinnern, sich jemals verirrt zu haben.

Zwei Ringelrobben werden erlegt, als Nahrung für die Hunde im Lager. Sekunden später erreichen wir die Schollengrenze. Olayuk späht übers Wasser und spürt im Gesicht, woher der Wind weht. Er kommt aus Norden, und das ist gut. Würde sich im Eis hinter uns ein Riss auftun, könnte ein Wind aus Süden uns alle auf einer großen Scholle ins Meer hinausschieben, ohne dass wir es merken würden. Erst zwei Wochen zuvor hatten Lehrer mit einer Gruppe von Schulkindern die Zeichen im Eis falsch gedeutet und trieben auf einer Eisscholle davon. Es war Neumond, und die Flut und die stürmischen Winde behinderten die Rettungsaktion. Acht Tage lang trieben sie bis zur Baffinbai, wo sie endlich von Armeehubschraubern aufgenommen werden konnten. Trotzdem entstand keine Panik. Die Erwachsenen machten Essen und lenkten die Kinder mit Geschichten ab.

Das einzige Lebenszeichen am Rand einer Scholle ist das Geschnatter der Eismöwen, die sich um einen von einem Jäger erlegten Narwal streiten. Einer unserer Führer schneidet den Magen des Wals auf und prüft den Inhalt – Chitinkiefer von Kalmaren und Tintenfischen, die Schalen von Krustentieren, die Ohrknochen und Linsen von Fischen. Aus den Bindegewebsbändern, die sich den ganzen Rücken entlangziehen, werden später Seile hergestellt. Das dunkelrote Fleisch kann man nicht essen, es ist viel zu fett. Haut und Walspeck, der, roh gegessen, als Delikatesse gilt, hatte man bereits entfernt und verarbeitet.

Plötzlich ein Schrei vom Schollenrand. Ich schaue auf und sehe gerade noch die gesprenkelten Rücken von vier Narwalweibchen an der Wasseroberfläche, bevor sie wieder in die schwarze Tiefe hinabgleiten. Während wir hoffnungsvoll auf ihre Rückkehr warten, bittet Mike Olayuk, ein paar Worte über sein Leben zu sagen. Widerstrebend und sichtlich verlegen kommen ein paar magere Sätze. Abraham, der studiert hat und die bemerkenswerte Fähigkeit besitzt, sich mühelos in zwei Welten zu bewegen, erklärt uns später Olayuks Zurückhaltung. »In eurer Kultur gilt es, zu brillieren, an erster Stelle zu stehen und damit anzugeben, wie großartig man ist. Hier gilt: Je mehr einer kann, um so zurückhaltender ist er. Man darf nie zeigen, was man weiß, denn Wissen bedeutet Macht. Wenn man sich vordrängt, zeigt man sich seinen Feinden. In alten Zeiten könnte das ein Schamane gewesen sein, der vor dem Lager gewartet und beobachtet hat, ehe er den stärksten Mann durch einen Zauber bannte. Das haben die Weißen nie verstanden. Man kann seine Geschichten erst dann erzählen, wenn man keine Macht mehr hat. Wenn man alt geworden ist.«

Am nächsten Abend entdecken wir einen Eisbären und jagen ihn übers Eis. Nachdem wir viele Stunden vergeblich Ausschau nach Wild gehalten haben, sind die Fahrer nun darauf erpicht, so nahe wie möglich an das Tier heranzukommen. Der Bär wird gehetzt, bis er zusammenbricht, aber niemand hat etwas dagegen. Für kurze Zeit verspürt jeder Teilnehmer den prickelnden Reiz der Jagd. »Wenn dir das Spaß gemacht hat«, sagte Abraham später zu dem einzigen Vegetarier unserer Expedition, »dann solltest du's mal mit einer Jagderlaubnis probieren.«

Auf die Frage, wer den Bären zuerst gesehen hatte, erwiderte Abraham: »Das war Simon. Das heißt, eigentlich war es Olayuk, und Simon hat ihn in Olayuks Augen gesehen. Gesagt hat Olayuk nichts.«

Oberhalb des Lagers gibt es uralte Gräber, Steinhügel, die vor Jahrhunderten aufgetürmt worden sind. Gebein aus aufgebrochenen Haufen liegt unter Flechten und Moos. Rings um die Grabstätte zieht sich ein Kreis aus Leben: purpurroter Enzian, Zwergweiden und Kolonien kleiner Wildpflanzen, die vor langer Zeit aus dem reichhaltigen Nährboden der Toten erstanden sind. Ein Blumenring um das Nest einer Eiderente, ein Sämling, aus Möwendung herausgewachsen, Flechten, die langsam den Fels überziehen, ein Zoll Boden, der ein Jahrhundert gebraucht hat, um in dieser Form zu entstehen. Die Kunst des Überlebens ist staunenswert und wunderbar. Bären jagen Robben, Füchse folgen den Bären und ernähren sich von Exkrementen. Inuit schneiden Tiermägen auf, essen die Atemröhren von Muscheln, die sie in Walrossen finden, Flechten und Pflanzen aus den Därmen der Karibus und Muttermilch aus dem Bauch von Robbenbabys, die vor allem von den Alten als Delikatesse geschätzt wird. Im August erbeutetes Fleisch wird in Häute und Blasen gepackt und in Steinhaufen aufbewahrt, wo es zu gären beginnt und die Konsistenz und den Geschmack von Blauschimmelkäse annimmt; im Winter wird es dann gegessen.

Hinter den Gräbern, einen knappen Kilometer vom Strand entfernt, steigt das Land steil bis auf 500 Meter über Meereshöhe an, wenn nicht noch höher. Ich klettere eine Stunde lang über das Geröll und gelange auf einen Hügelkamm, von dem aus man über den ganzen Lancaster-Sund sieht. Der wunderbare Blick und das Gefühl absoluter Einsamkeit sind überwältigend. Kiesterrassen am Strand lassen die früheren Küstenlinien erkennen. Aus den Gletschern von Devon Island gekalbte Eisberge und das Eis, das die Mündung des Meeresarms bedeckt, werden von Wasser überspült, das in weichen Pastellfarben schimmert – rosa, türkis und milchig weiß. Die Unterseiten ferner Wolken sind mit grell leuchtenden Streifen überzogen. Luftbilder flirren über den Horizont. Flache Inseln erscheinen wie hoch aufragende Klippen, Eisschollen wie kristallene Spiralen. Das Land blendet einen mit seiner wundersamen Schönheit. In der ganzen Geschichte europäischer Forschungsreisen gab es nur wenige Regionen, die mit solcher Leidenschaft erkundet wurden, nur wenige Ziele, die größere Tragödien und Leiden verursachten.

Die Nordwest-Passage, die an der Mündung des Lancaster-Sunds beginnt, war schon immer eher ein trügerischer Traum als eine reale Route. Wer sie suchte, wurde von Sehnsucht nach Ruhm und Reichtum getrieben, und wer sich auf die arktische Nacht schlecht vorbereitet hatte, dem war der Tod gewiss. Die Reisen von Martin Frobisher, John Davis, William Baffin und Luke Foxe vor 1631 hatten bewiesen, dass es südlich des nördlichen Polarkreises keinen für die Handelsschifffahrt tauglichen Seeweg in den Orient gab. Aber schon Anfang des 19. Jahrhunderts waren diese Reisen unverständlicherweise in das Reich der Mythen gerückt, und die damaligen Erkenntnisse wurden angezweifelt. Die großartigen navigatorischen und kartografischen Leistungen wurden von Wunschbildern verdrängt, von Fantasien von einem nördlichen Polarmeer, von eisfreien Gewässern am Scheitelpunkt der Welt.

Der eigentliche Anstoß für die Suche nach einer Nordwest-Passage ging indirekt von Napoleon aus. Nach seiner Niederlage beschloss die britische Marine, ihre Stärke von 140000 auf 19000 Mann zu verringern. Aber im klassenbewussten England war es undenkbar, auch nur einen einzigen Offizier zu entlassen. So kam 1818 ein Offizier auf drei Matrosen, und ihre einzige Möglichkeit, befördert zu werden, bestand darin, mit einem Forschungsergebnis von ungeheurer Tragweite aufzuwarten. Infolgedessen segelten sie in die Arktis. Die Reisen von Edward Parry und John Ross waren die ersten von dutzenden solcher Expeditionen ins ewige Eis, und empfangen wurden sie allesamt von Inuit, die zu den Schiffen sprachen, als wären es Götter. Alle diese Unternehmungen, die mehr als ein halbes Jahrhundert dauerten und schließlich in der Suche nach dem verschollenen Polarforscher John Franklin und seiner tapferen Mannschaft gipfelten, wurden von einer wesentlichen Erkenntnis geprägt: Wer das Beispiel der Inuit missachtete, kam um, wer hingegen ihre Lebensweise übernahm, überlebte nicht nur, sondern bewies eine geradezu heldenhafte Ausdauer und erzielte Forschungsergebnisse ohnegleichen.

In den meisten Fällen scheiterten die Briten. Sie trugen enge Wollsachen, in denen der Schweiß zu Eis erstarrte. Die Inuit trugen lose Karibufelle – eine Fellschicht am Körper und eine zweite nach außen dem Wind zugewandt. Die Briten schliefen in Schlafsäcken, die nachts steif froren. Die Inuit nutzten die Wärme ihrer nackten Körper auf Schlafflächen aus Eis, die mit Karibufellen ausgelegt waren – in Schneehäusern, die in einer Stunde aufgebaut waren. Die Briten aßen salziges Schweinefleisch und hatten gegen Skorbut Limonensaft in Glasbehältern dabei, die freilich beim ersten Frost zersprangen. Die Inuit aßen Narwalhaut und den Inhalt von Karibudärmen, beides überaus reich an Vitamin C. Am folgenschwersten war die Tatsache, dass die Briten hochmütig auf Hunde verzichteten. Lieber schirrten sie ihre jungen Männer mit Lederriemen an und zwangen sie, unglaublich schwere Schlitten aus Eisen und Eichenholz zu ziehen. Als Franklins letzter Mann bei Starvation Cove auf der Adelaide-Halbinsel starb, wog allein der Schlitten knapp 300 Kilo. Allerdings befand sich darauf noch ein 360 Kilo schweres Boot, das mit silbernen Tellern, Zigarrenkisten und einem Exemplar des *Vicar of Wakefield* beladen war, kurz: mit allem, was ein Gentleman des Viktorianischen Zeitalters als Reisegepäck benötigte. Franklin und seine Leute hatten tatsächlich vorgehabt, all das hunderte von Kilometern weit über Land zu schleppen, weil sie hofften, in den endlosen vom Nordwind durchwehten Wäldern Kanadas irgendwo auf einen abgelegenen Handelsposten zu stoßen. Wie so viele ihresgleichen starben sie, wie ein Forscher anmerkte, weil sie stur an ihren gewohnten Lebensgewohnheiten festhielten und nicht bereit waren, sich an andere Gegebenheiten anzupassen.

An einem Ende des Lagers kennzeichnet ein kürzlich errichtetes Holzkreuz das Grab einer Frau, die bei der Geburt eines Kindes mitten im Winter gestorben ist. Auf die Frage nach ihrem Schicksal antwortet Olayuk: »Sie wollte ein Kind bekommen.« Diese Gefühlskälte verwirrte und entsetzte die ersten britischen Forscher. Sie hielten die Inuit für brutal und abgestumpft, ohne die leiseste Ahnung, was menschliche Güte ist. Welche Erklärung ließe sich sonst für eine Sprache finden, die keine Wörter für »Guten Tag«, »Auf Wiedersehen« und »Danke« hat; für ein Volk, bei dem man alte Menschen zum Sterben irgendwo liegenlässt und zulässt, dass Hunde einen gerade Beerdigten ausgraben und anfressen? Was die Engländer einfach nicht begriffen, war die Tatsache, dass in der Arktis keine andere Einstellung möglich ist. Die Inuit, ein geduldiges Volk, das sich nicht unterkriegen lässt, lachten, wenn sie verhungern mussten, und ertrugen Leid mit fatalistischer Gleichgültigkeit, denn sie hatten keine andere Wahl. Tod und Entbehrung erlebten sie jeden Tag. In unserem Lager gibt es eine alte Frau, die sich noch daran erinnert, wann ihr Volk zum letzten Mal gezwungen war, Menschenfleisch zu essen. Das war Ende der 30er Jahre, in einer Jahreszeit, in der »die Welt stumm geworden war«. Alle Tiere waren verschwunden. Und so entschloss sich einer aus ihrer großen Familie zu sterben, und er wurde getötet. »Jemand muss am Leben bleiben«, sagte sie, »und jemand muss sterben.«

Nachdem dies geschehen war, schnitten sich alle Frauen der Gruppe ihre langen Zöpfe ab, zum Zeichen dafür, dass sie gezwungen gewesen waren, einen aus ihrer Sippe zu opfern.

Die Furcht davor, sich der einheimischen Bevölkerung anzugleichen, machte die Briten blind für die geniale Erfindungsgabe der Inuit. Sie taten sie einfach als »Wilde« ab und begriffen nicht, dass man, um in der Arktis zu überleben, nichts Klügeres tun konnte, als die wenigen vorhandenen Rohstoffe zu nutzen – Elfenbein und Knochen, Geweihe, Speckstein, Schiefer, Häute, Felle und Treibholz, das so kostbar war wie Gold. Die Inuit litten nicht unter der Kälte, sie machten sie sich zu Nutze. Drei Lachse hintereinander gelegt, in Fell gewickelt und steif gefroren, ergaben, wenn man die Unterseite mit dem Mageninhalt eines Karibus einfettete, mit einem dünnen Eisfilm beschichtet eine Schlittenkufe. Aus einem toten Karibu konnte man einen Schlitten herstellen, aus menschlichem Kot ein Messer. Bekannt ist die Geschichte von dem alten Mann, der sich weigerte, in eine Siedlung zu ziehen. Er wollte unbedingt auf dem Eis bleiben. Damit war seine Familie nicht einverstanden, und um ihn vor Dummheiten zu bewahren, nahmen sie ihm all seine Gerätschaften weg. Da schlüpfte er mitten in einem Schneesturm aus ihrem Iglu, entleerte sich und formte aus seinem gefrorenen Stuhl eine Klinge, die er mit Spucke schärfte. Mit diesem Messer tötete er einen Hund. Aus dessen Brustkasten baute er einen Schlitten, und mit dem Fell schirrte er einen anderen Hund an und verschwand in der Dunkelheit.

Eines Morgens saß ich mit Ipeelie vor seinem Zelt und dachte über die Anpassungsfähigkeit der Inuit nach. Seine Werkzeuge lagen herum, einiges hing an dem Kreuz der jungen, verstorbenen Mutter. Ipeelie reinigte den Motor seines Schlittens mit der Feder einer Elfenbeinmöwe. Bei der Fahrt übers Eis in aller Frühe hatte die Kupplung versagt, sodass er in ein Stück Eisen, das er als Ersatzteil zu verwenden gedachte, ein Loch bohren musste. Er hielt es mit den Füßen auf dem Eis fest, nahm sein Gewehr und schoss gleichmütig ein Loch hinein.

Ganz allmählich und ohne uns anzustrengen kommen wir zu einer nächtlichen Zeiteinteilung, denn in der Nacht ist das Licht weich, und dann sind die Tiere aktiver. Spätnachmittags sind wir auf dem Eis, fahren über holprige Schollen und erleben die Mitternacht im bernsteinfarbenen Schimmer der Klippen auf der anderen Seite des Meeresarms. Gegen Mittag gibt es Frühstück, Abendessen um vier Uhr früh, und zwischendurch schlafen wir ein bisschen. Der ununterbrochene Sonnenschein hat zur Folge, dass uns der gewohnte tägliche Wechsel zwischen Licht und Dunkel fremd wird: Wir fallen alle aus der Zeit. Am dritten Morgen weiß keiner meiner Reisegefährten mehr, was wir für ein Datum haben, und unsere Schätzungen der Uhrzeit unterscheiden sich erheblich.

Wir sichten viel weniger Wild als erwartet. In den ersten sieben Tagen eines neuntägigen Aufenthalts auf dem Eis sehen wir dutzende von Vögeln und Ringelrobben, aber nur einen Eisbären, vier Narwale und eine Bartrobbe und erspähen ein paar Walrosse und Weißwale. Alle diese Tiere gibt es hier in großen Mengen, aber sie verlieren sich in der ungeheuren Weite. Die anderen Reiseteilnehmer interessiert das offenbar nicht sehr. Ein Psychiater aus Seattle spricht vom religiösen Standpunkt aus über das Land und gibt sich damit zufrieden, stundenlang von seinem Klappstuhl aus das Meer mit dem Fernglas nach Vögeln abzusuchen. Andere, ungestüm und unruhig, sind eher lästig. Während eines Gesprächs über die Bekleidung der Inuit lässt Martha einen Stiefel aus Robbenfell herumgehen; in das dunkle Fell ist ein hübsches Adlermuster eingenäht. Eine besonders geschwätzige Frau betrachtet die Näharbeit und fragt: »Wo findet man denn Felle mit so einer interessanten Zeichnung?« Später am Abend zählt sie alle

Orte auf, an denen sie schon einmal gewesen ist – eine beeindruckende Liste, die unter anderem den Amazonas, die Galapagos-Inseln, Nepal, die Antarktis und jetzt die Arktis umfasst. Sie erwähnt auch Borneo, das ich gut kenne, und ich frage sie, was sie dort erlebt hat. Sie stutzt kurz und meint dann: »Das weiß ich wirklich nicht mehr. Aber es war alles sehr interessant.«

Solche Unterhaltungen sind enervierend, denn man bekommt den Eindruck, dass das Reisen zur Ware degradiert wird und die Tatsache, irgendwo gewesen zu sein, den Leuten wichtiger ist als das Erlebnis. Bei den heutigen Preisen kann jeder jederzeit eine Reise an praktisch jeden Ort der Welt buchen. Der Begriff Ökotourismus ist zu einem Deckmantel geworden, der die Durchdringung des »Hinterlandes« überall begünstigt. Hat denn überhaupt jemand von uns das Recht, dort zu sein? Was immer man an den Forschungsreisenden früherer Zeiten bemängeln mag – sie haben jedenfalls unter vollem Einsatz ihres Lebens für ihre Erfahrungen bezahlt.

Einmal schlich ich mich kurz nach Mitternacht aus dem Lager, kletterte noch einmal auf den Hügelkamm hinauf und wanderte ein paar Stunden lang dort herum. Ich blickte über den Sund und dachte darüber nach, was die ersten Forschungsreisenden alles auf sich nehmen mussten. Einer der bedeutendsten unter ihnen war Frederick Cook, ein amerikanischer Arzt und Forscher, der zum Nordpol gelangen wollte. 1908 marschierte er mit zwei Gefährten 800 Kilometer weit durch die Eiswüste, in der sie sich verirrt hatten; sie ernährten sich von dem Fleisch, das sie von ihren toten Hunden schabten. Als sie an der Nordküste von Devon Island überwintern mussten, nur gut 150 Kilometer von unserem Lager am Cape Crauford entfernt, hatten sie nur noch vier Patronen für ihr Gewehr, einen halben Schlitten, ein zerrissenes Seidenzelt und die Lumpen, die sie am Leib trugen. Fünf dunkle Monate lang lebten sie in einer niedrigen Höhle, die sie mit den Händen gegraben hatten. Mit Messern, aus Knochen geschnitzt, töteten sie, was sie erwischen konnten, und benutzten Tierfett als Brennmaterial für Fackeln, die sie auflauernden Bären ins Maul stießen. Beim ersten Schimmer Tageslicht im Februar brachen sie auf, lebten von faulendem Robbenfleisch und kauten das Leder ihrer Stiefel, marschierten fast 500 Kilometer weit durch die Öde der zugefrorenen Baffinbai bis nach Grönland, wo sie endlich gerettet waren.

Eine zweite erstaunliche Überlebensgeschichte ist die des dänischen Forschers Peter Freuchen. 1923 nahm er an einer Expedition zur Erforschung der Westküste der Baffininsel teil. In einem Schneesturm, der allen die Sicht nahm, wurde er von seinen Kameraden getrennt. Zu seinem Schutz grub er eine Rinne in den Schnee, zog seinen Schlitten über sich und schlief völlig erschöpft ein. Als er aufwachte, hatte er kein Gefühl mehr im linken Fuß. Er versuchte, sich zu bewegen, und stellte fest, dass der Schlitten auf ihm festgefroren war. Er erwog, eine Hand zu opfern, sie absichtlich erfrieren zu lassen, um sie als eine Art von Spaten zu benutzen, befürchtete aber, sie könnte zerbrechen. Stattdessen kaute er ein Stück Bärenfell zurecht, das in der Kälte eisenhart fror. Damit gelang es ihm, eine kleine Öffnung in den Schnee zu kratzen. Als er den Kopf hinausstreckte, froren seine feuchten Lippen sofort an der Metallkufe des Schlittens fest. Er riss sich los, und Haare, Haut und Blut blieben am Schlitten kleben. Als er sich endlich befreit hatte, kroch er halb von Sinnen durch das stürmische Gestöber und wurde durch Zufall von Inuit-Jägern gerettet. Als sein Fuß auftaute, setzte Wundbrand ein, und das Fleisch seiner Zehen fiel bis auf die Knochen ab. Der Inuit-Schamane, der ihn behandelte, wollte ihm die Zehen abbeißen, damit keine bösen Geister in den Körper eindringen könnten. Doch Freuchen zog es vor, sich die Zehen mit einem Hammer selbst abzuschlagen.

Jemand hat ein Exemplar des *New Age Journal* dabei. Darin wird in einer Anzeige für Postkarten geworben, auf denen vom Aussterben bedrohte Tierarten abgebildet sind, darunter an erster Stelle die Sattelrobbe. In der östlichen Arktis gibt es etwa fünf Millionen Sattelrobben, mehr als je zuvor im 20. Jahrhundert. Und es gibt sieben Millionen Ringelrobben, auf die die Inuit schon immer angewiesen waren. Als die Europäer 1983 die Einfuhr von Robbenfell verboten, und zwar ohne nach Arten zu unterscheiden, sank das Pro-Kopf-Einkommen der Inuit-Familien auf der Baffininsel von 16000 Dollar im Jahr auf null. Simon fragt: »Wie kann man Robben mehr lieben als einen Menschen?«

Eines Abends, nach einem langen Tag auf dem Eis, wird ein Hundeschlitten-Rennen veranstaltet. Jedermann darf mitfahren. Doch obwohl die Kufen mit sanftem Knirschen über Eis und Schnee gleiten, ist das Ganze ein Fiasko. Das Geschirr verhakt sich, Hunde bellen und knurren mit gefletschten Zähnen ihre Fahrer an, Mitfahrer bleiben auf ihren Packen sitzen, während die Schlitten in alle Richtungen lossausen. Wie fern ist die Zeit, als der Schlittenführer noch mit einem kurzen Schnalzer seiner Peitsche dem widerborstigen Hund eine Ohrspitze wegschnitt und damit die Meute wieder auf die Reihe brachte. Auf dem Heimweg zum Lager murren einige Teilnehmer über den Verfall der alten Sitten. Einer fragt Abraham, ob die Leute noch ihre alten Trachten tragen. Abraham zeigt auf seine modische Jacke. »Ja«, sagt er bissig, »ich trage meinen Parka die ganze Zeit.«

Für die Inuit erfolgte der erste wesentliche Bruch mit ihrer Vergangenheit in den frühen Jahren dieses Jahrhunderts. Mit den europäischen Krankheiten, die nur einer von zehn überlebte, kamen auch die Missionare. Ihr Hauptanliegen war die Zerstörung der Macht und Autorität des Schamanen, des kulturellen Mittelpunkts der Inuit, ihres Mittlers zwischen den Menschen und dem

Universum. Auch die traditionelle Namensgebung, die alten Lieder und sogar den Gebrauch der Sprache versuchten die Missionare zu unterbinden. Der letzte anerkannte Schamane in Olayuks Gemeinde Arctic Bay starb 1964.

Damals hatte die Verlockung moderner Lebensgüter schon viele Leute aus dem Land abgezogen. Als die Inuit sich dann in Gemeinden sammelten, von der kanadischen Regierung animiert, sich anderswo anzusiedeln, tauchten weitere Probleme auf. Ende der 60er Jahre wurde die Frau eines Offiziers der Mounties von einem Schlittenhund zerfleischt. Danach mussten alle Hunde außerhalb der Siedlungen angeleint sein. Jeder Hund, der nicht gegen Tollwut geimpft war, wurde kurzerhand erschossen. Eine Staupe-Epidemie rechtfertigte eine massenhafte Abschlachtung. Zum Ausgleich stellten die Mounties, die kanadische Staatspolizei, Motorschlitten zur Verfügung. Die ersten erreichten die Baffininsel im Jahr 1962. Keine technische Errungenschaft seit der Einführung des Gewehrs hat das Leben der Inuit stärker verändert.

1955 wurde beschlossen, alle Inuit auf Tuberkulose zu untersuchen. Ärzte in Begleitung von Polizeibeamten landeten mit dem Hubschrauber in allen Nomadenlagern und brachten sämtliche Inuit – Männer, Frauen und Kinder – zur obligatorischen Röntgenuntersuchung auf das Hospitalschiff *C.D. Howe*. Jeder, bei dem man Symptome feststellte, wurde an Bord festgehalten und zur weiteren Behandlung nach Montreal oder Winnipeg geschickt. Dieses Schicksal traf jeden fünften Inuit. Die Absichten der Gesundheitsbehörden waren zwar lobenswert, aber die Folgen für die von ihren Familien Getrennten waren katastrophal.

Andere Initiativen waren, schon im Ansatz, weniger wohltätig. Erst 1959 fühlte sich die kanadische Regierung bemüßigt, ihre Ansprüche auf die nordamerikanische Arktis geltend zu machen, indem sie die Ansiedlung aktiv förderte. Inuit wurden auf unbewohnte Inseln umgesiedelt. Andere fanden Arbeit beim Bau einer Frühwarnanlage und anderer Abwehrstützpunkte während des Kalten Krieges. Familienzuschüsse wurden zwar gezahlt, aber vom Schulbesuch der Kinder abhängig gemacht. Die Nomadenlager lösten sich auf, da die Eltern in die Gemeinden zogen, um bei ihren Kindern zu sein. Mit den Schulen kamen auch Krankenstationen, Kirchen und Sozialeinrichtungen. Die Regierung führte eine Zählung durch, bei der jeder Inuit eine Registriernummer und eine Ausweismarke bekam. Schließlich wurde das »Unternehmen Nachname« eingeleitet: ein groteskes Bemühen, Menschen Nachnamen zuzuteilen, die nie welche gehabt hatten. Da wurde so mancher Inuit-Hund auf einmal als kanadischer Bürger geführt.

Nach einem halben Jahrhundert tiefgreifender Änderungen stellt sich die Frage: Was ist Tradition? Wie können wir erwarten, dass sich ein Volk nicht anpasst? Die Inuit-Sprache lebt. Die Männer sind immer noch Jäger. Sie benutzen Fallenschlingen, bauen Schneehäuser, kennen die Kraft von Heilkräutern. Sie besitzen aber auch Boote, Motorschlitten, Satellitentelefone und Fernseher. Manche trinken, manche gehen in die Kirche. Wie der Anthropologe Hugh Brody betont: Verteidigt werden muss nicht die Tradition gegenüber der Moderne, sondern das Recht eines freien, unabhängigen Volkes, sich seine Lebensumstände selbst auszusuchen.

Kanada stellt sich nun endlich dieser Herausforderung und handelt mit den Inuit der östlichen Polargegend ein erstaunliches Landvergabeabkommen aus. Am 1. April 1999 wird ein Homeland der Inuit, Nunavut genannt, vom Gebiet der Northwest Territories abgetrennt. Dieses Land mit seinen 26000 Einwohnern, das die Baffininsel umfasst und sich von Manitoba bis Ellesmere Island erstreckt, ist etwa so groß wie Alaska und Kalifornien zusammen. Neben einer jährlichen Ausgleichszahlung von 840 Millionen Dollar für die wegfallenden Regierungsbeihilfen und zur

Finanzierung des Verwaltungsaufbaus und der Infrastruktur erhalten die Inuit das verbriefte Anrecht auf 350000 Quadratkilometer, ein Gebiet, das größer ist als Neu-Mexiko. Die politische Macht über Nunavut geht auf eine neue Regierung über, der nur noch Inuit angehören. Diese Selbstverwaltung durch Einheimische ist das bisher wohl bemerkenswerteste Experiment dieser Art.

Natürlich haben sich die Inuit inzwischen weiterentwickelt und verändert wie jedes andere Volk. Ihre Kultur wird weniger durch den Walkman bedroht, dem Olayuks kleine Töchter mit dem größten Vergnügen dröhnende Rockmusik entlocken, als durch die dröhnenden Schiffsmotoren und -schrauben, die die Narwale vertreiben, und durch die geplante Vergabe von dutzenden von Lizenzen für Öl- und Gasbohrungen an der Mündung des Lancaster-Sunds. Und durch die weltweite Verbreitung von Umweltgiften, die die Milch der Inuit-Mütter fünfmal mehr belasten als die der weißen Frauen weiter südlich. Ipeelie klagt darüber, dass das Wetter von Jahr zu Jahr unberechenbarer und die Sonne heißer wird, sodass die Inuit zum ersten Mal unter Hautkrankheiten leiden, die durch das Ozonloch verursacht werden und sie ebenso bedrohen wie uns.

Mit jedem Tag schmilzt das Eis weiter. Aus blauen Pfützen werden dunkle Wassermulden voller Eisbrocken, und die Wasserrinnen im Eis verbreitern sich zu Kanälen. Wo wir vor nur einer Woche auf Eis gelandet sind, ist nun offenes Wasser, und hier treffen jetzt die Narwale und Weißwale ein, einen Tag vor unserem Rückflug. Olayuk sieht sie als Erster, und Abraham alarmiert das Lager. Mit dem Schlitten übers Eis zu fahren und später zu Fuß zu gehen ist jetzt eine riskante Angelegenheit. Olayuk geht voraus und prüft die Tragfähigkeit mit einer Harpune. Genau zu der Zeit, in der das Eis brüchig wird, jagen die Inuit die Narwale. Vorsichtig gehen wir in der Mittagsglut weiter, und während sich das Eis unter unseren Füßen senkt, fragt jemand Simon, wie das ist, wenn man tagelang auf einer Eisscholle gelagert hat und plötzlich das Eis zu schmelzen beginnt. »Du wachst morgens auf«, erwidert er, »und dann rennst du, als wär der Teufel hinter dir her.«

Alles verstummt, als wir die ersten Seufzer der auftauchenden Weißwale hören und den Wasserdampf ihres Atems sehen. Hunderte dieser wunderbaren Geschöpfe bewegen sich da in kleinen Gruppen, weiß wie Perlen, mit der Strömung. Zwischen ihnen schwimmen die Narwale, tauchen gemeinsam in die Tiefe und treiben Schellfischschwärme so schnell an die Oberfläche, dass die Fische das Bewusstsein verlieren und betäubt auf dem Wasser liegen. Jetzt setzt eine wahnsinnige Fressorgie ein, wenn auch in Zeitlupe, da jedes der gewaltigen Tiere mit erstaunlicher Anmut auf und nieder gleitet. Nur das wilde Flattern der Möwen, die aufs Wasser hinabstoßen, verrät die Aufregung der Jagd.

Olayuk lächelt, als plötzlich der Stoßzahn eines Narwals direkt vor unseren Füßen auftaucht. Das Tier sieht aus wie aus einem Bestiarium, und sofort wird einem klar, wie es das Märchen vom Einhorn beeinflusste. Im ganzen Mittelalter war der Stoßzahn des Narwals das Zwanzigfache seines Gewichts in Gold wert. In ganz Europa gab es nur fünfzig heile Stoßzähne, in die viel hineingeheimnist wurde. Und geheimnisvoll sind die schönen Tiere immer noch. Sie sind fast blind und orientieren sich unter Wasser nur an den Echos der Klickgeräusche, die sie aussenden und die zur Verständigung dienen. Wir wissen so gut wie nichts über ihr Verhalten, ihre Beziehung zur Umwelt und ihre periodischen Wanderungen, denn die meiste Zeit des Jahres leben sie unter dem Polareis. Niemand weiß, wohin sie ziehen und wovon sie sich im Winter ernähren. Es ist doch großartig, dass man ein Geschöpf erleben kann, das der Wissenschaft trotzt und sich unserer Besessenheit, die Welt in Systeme zu bringen, einfach entzieht.

Olayuk weiß nur, dass die Narwale im Frühling kommen, wie eh und je. Von ihm haben wir etwas von der Geduld des Jägers gelernt und sind dankbar, dass wir diese Tiere gesehen haben, bevor wir abfliegen. Geduld scheint überhaupt ein wesentlicher Charakterzug der Inuit zu sein. In Grönland wird von einer Gruppe Inuit erzählt, die einen langen Weg unternahmen, um in einem der wenigen grünen Täler der Insel Gras zu pflücken. Als sie ankamen, war es noch zu früh, das Gras musste erst wachsen. Also setzten sie sich hin und warteten, bis es wuchs. Ich sehe die Geduld in Olayuks Gesicht, als er den ersten Schwung Wale ankommen sieht; sie gehören zu den Höhepunkten seines Lebens. Ob er nach unserer Abreise morgen jagen wird, frage ich ihn. Mit funkelnden Augen antwortet er: »Aber sicher. Wir werden da sein.«

Träume von einem jadegrünen Wald

Mein Flugzeug nach New York hatte vier Stunden Verspätung, und so lange hatte Bruno Manser in der Halle des Regency Hotels gewartet. Er trug eine ärmellose Wollweste, eine verblichene Hose und Sandalen. Die Arme waren nackt, nur an den Handgelenken hingen ein paar dutzend schwarz angelaufener Traumarmbänder der Penan-Nomaden. Kleinwüchsig und sehnig, das dunkle Haar selbst geschnitten, eine randlose Brille auf dem Nasenrücken – er sah wirklich aus wie Gandhi, genau wie die malaysische Presse berichtet hatte.

Er hatte Hunger, aber ohne ein dunkles Jackett durfte er nicht ins Hotelrestaurant. Dieser Mann war sechs Jahre lang im Regenwald von Borneo untergetaucht und hatte jede Verbindung zur modernen Welt abgebrochen, um als Jäger und Sammler bei den nomadischen Penan zu leben. Dieser Mann war ein schweizer Schäfer, dessen Vision von einer Welt ohne Habsucht zerbrochen war angesichts der habgierigsten Abholzung, die die Welt je erlebt hat. Dieser Mann war der rebellische Krieger, der die Penan dazu bewogen hatte, die Transportwege der Baumstämme zu barrikadieren, der die Umweltschützer der Welt aufgerüttelt und die malaysische Regierung so gegen sich aufgebracht hatte, dass sie ein Kopfgeld auf ihn aussetzte. Zweimal wurde er festgenommen, und zweimal glückte ihm die Flucht. Dank der Abschirmung durch die Penan blieb er drei Jahre lang unbehelligt. In Malaysia tat man ihn als einen modernen Tarzan ab, doch er wurde zum Wegweiser für die Kräfte, die sich im Kampf um den am stärksten bedrohten Regenwald der Welt vereinten. Allerdings durfte er in New York ohne Jackett nicht in ein Restaurant.

Ein Freund hatte das vorausgesehen und ihm für das Restaurant ein Sakko mitgebracht, und mit dieser absurden Verkleidung war der Oberkellner zufrieden. Es war Sonntagabend, und das Restaurant war leer. Die Mahlzeit verlief in aller Ruhe, doch als es ans Zahlen ging, erschien eine Ratte und flitzte durch das ganze Lokal. Binnen Sekunden standen drei Kellner und der Oberkellner an unserem Tisch und überhäuften uns mit Entschuldigungen. Bruno erhob sein Glas. »Es war eine Wanderratte«, erklärte er, »und sie hatte kein Jackett an.«

Das Wasser an der Mündung des Flusses Baram hat die Farbe des Erdbodens. Weiter nördlich überspült das Südchinesische Meer die Landstriche von Sarawak, und ganze Flotten leerer Frachtschiffe hängen am Horizont; sie warten auf die Flut und die Gelegenheit, ihre Laderäume mit Baumstämmen aus den Wäldern Borneos zu füllen. An den Siedlungen am Fluss herrschen das schnelle Geld und die Verzweiflung – verschlammte Holzfällerlager, Ansammlungen von Kneipen, deren grindige Fassaden mit Blech, Plastikplatten und Abfallbrettern abgedeckt sind. Kinder kippen am Ufer Müll aus Fässern in den Fluss, und im Kielwasser jedes Lastkahns treibt der Müll wieder zum Ufer. Auf einer Strecke von über hundertfünfzig Kilometern erstickt der Fluss in Schutt und Schlick; an seinen Ufern liegen tausende von Stämmen in Stapeln von jeweils dreißig, teils um verladen zu werden, teils aber auch dazu verdammt, unter der tropischen Sonne zu verrotten.

In einem Interview tief im Wald der Penan erklärte Bruno Manser einmal: »In einer Hinsicht ist dieses Land eines der letzten Paradiese. In anderer Hinsicht ist es die Hölle. Hier wird die Existenzgrundlage eines der letzten Nomadenvölker zerstört.« Er bezog sich dabei auf die wahnwitzige Abholzerei, die im ostmalaysischen Staat Sarawak in den letzten zwei Jahrzehnten eine Größenordnung erreicht hat, die doppelt so groß ist wie im Amazonas-Gebiet und bei weitem die größte weltweit.

Der malaysische Anteil am Weltexport tropischer Hölzer betrug 1983 58 Prozent. 1985 wurden Tag für Tag pro Minute 1,2 Hektar Wald abgeholzt. Da die Urwälder der malaysischen Halbinseln bald ausgebeutet waren, richtete die Industrie ihr Augenmerk auf Sarawak. 1985 wurden 240000 Hektar Wald abgeholzt, das entsprach 39 Prozent des Sozialprodukts. Die Rechte auf weitere fünf Millionen Hektar – 60 Prozent des Waldlandes von Sarawak – wurden bereits Konzessionären zugestanden, darunter mindestens drei Viertel des traditionellen Homelands der Penan-Nomaden.

Unter den Konzessionären befinden sich auch alle acht Töchter des ehemaligen Premierministers. Der Umweltminister, der selbst einer der größten Konzessionäre ist, verkündete – eine bemerkenswerte Verdrehung der Wahrheit –, dass Holzfällen dem Wald gut tue, eine Bemerkung, die kennzeichnend ist für die Schattenwelt, die Bruno Manser im Frühling 1984 erstmals betrat. Auf das Drama, das sich um ihn herum entfalten sollte, hätten ihn auch alle seine Erfahrungen nicht vorbereiten können.

Er wurde 1954 in Basel geboren. Mit Ausnahme der letzten zwölf Jahre vor seiner Reise nach Sarawak arbeitete er in den Bergen der Ostschweiz, je nach Jahreszeit als Schafhirt oder als Fischer. Er lebte allein, holte sich, was er zum Essen brauchte, aus dem Garten, nähte sich seine Kleidung und Schuhe selbst und machte Käse, den er auf Märkten der Umgebung verkaufte. Er malte auch, aber am liebsten betätigte er sich als Höhlenforscher; nach eigener Schätzung verbrachte er etwa ein Drittel seiner Zeit in den grandiosen Höhlen der Alpen. Doch sein Traum war, ganz naiv, eine Reise in die tropischen Regenwälder, wo er sich vorstellte, unter Einheimischen zu leben, die von der modernen Zivilisation unberührt geblieben waren.

Als wir uns einen Monat nach seiner Flucht aus Malaysia in Hawaii trafen, erzählte er mir: »Als Junge habe ich immer Blätter und Federn gesammelt, und nachts lag ich im Bett und stellte mir vor, mein Zimmer wäre ein Dschungel. Ich wollte immer bei Naturvölkern leben, entsprechend ihren Sitten und Gebräuchen, und ihre Wurzeln erforschen; ich wollte ihre Religion und ihre Lebensweise kennen lernen und einfach alles über sie wissen.« In einer Bücherei stieß er auf das Schwarzweißfoto eines Penan-Jägers. Die Bildunterschrift lautete schlicht: »Ein Jäger und Sammler aus den Wäldern Borneos«. Mehr Material war nicht vorhanden. Angesichts der kargen Information suchte er weiter. Dann fiel ihm ein Bericht aus unbekannter Quelle in die Hände, in dem das Homeland der Penan beschrieben war: eine verzauberte Landschaft mit Wäldern und aufragenden Bergen, kristallklaren Flüssen und einem verzweigten System von Höhlen und unterirdischen Gängen, so ausgedehnt wie kein anderes auf der Welt. Und da stand sein Entschluss fest.

Er reiste nach Westmalaysia, lernte, sich auf Malaiisch zu verständigen, und schloss sich einer englischen Expedition an, die in den Bergen von Gunung Mulu, dem Kernland der Penan in Sarawak, Höhlen erforschen wollte. Seine Illusionen vom Paradies gerieten allerdings schon im Hafen von Kuala Baram ins Wanken, wo er an Bord eines der blank polierten Schnellboote ging, die den Baram hinauf nach Marudi fahren, der Endstation für alle Reisen ins Landesinnere. In einer Sitzreihe, die aussah, als hätte man sie aus einem modernen Düsenflugzeug herausgerissen, saß er dicht neben einer älteren Kelabit-Frau. Girlanden aus Plastikblättern und um elektrische Christbaumkerzen gewundene Blumen hingen an den Seiten der geschlossenen Kabine. Der Maschinenlärm war unerträglich. Die Klimaanlage arbeitete auf vollen Touren, und so trübte das Kondenswasser den Ausblick durch die Bullaugen; man hatte nur Sicht nach vorn, auf den Fernsehschirm, auf dem ununterbrochen Videos abliefen. Dayak-Arbeiter, die aus den Holzfällerlagern kamen oder dorthin fuhren, drängten sich wegen der Kälte aneinander und verfolgten gebannt die Weltmeisterschaftskämpfe im Ringen, die einen gewissen Hulk Hogan zum Volkshelden des ganzen Hinterlandes von Sarawak gemacht hatten. Diese Arbeiter hatten nichts mehr gemein mit ihren Vorvätern, die noch vor zwei Generationen Kopfjäger gewesen waren.

Auf dieser Fahrt flussaufwärts, in den Langhäusern an den Ufern des Baram, hatte Manser seine ersten Begegnungen mit den Kayan und den Kelabit, Brandrodungsbauern, deren Ahnen in den Wäldern Borneos Reis angepflanzt hatten, lange bevor die Flüsse entstanden waren. Von ihnen lernte er, erst die Erlaubnis der Krokodile einzuholen, bevor er einen Fluss überquere, und Blut auf den Baumstumpf zu träufeln, um die Seele des Gefällten zu besänftigen. Die Ältesten erzählten Geschichten von den Köpfen, die an den Dachbalken ihrer Langhäuser hingen, Trophäen, die sich heranwachsende Jungen zum Zeichen ihrer Mannbarkeit holten, um der künftigen Braut zu imponieren. Ein Ältester hatte auf die Schädel gedeutet und gesagt: »Alt und dünn. Ich bin wie der Sohn der Toten.«

Manchmal wurde getanzt – die Kayan-Frauen mit schönen Ohrläppchen, die ihnen bis auf die Schulter hingen, und verschlungenen Tätowierungen auf Händen und Füßen, die Männer mit Schilden und eisernen Messern. Der Tanz war ein Sinnbild des Lebens: sanft schwingende Bewegungen, ähnlich einer Brise, die durch ein Reisfeld weht, plötzlich unterbrochen von heftigen Gesten, dem Aufblitzen einer Klinge, einer wirbelnden Drehung oder einem aufstampfenden Fuß. Das ruhige Leben am Fluss und das Abbild eines Volkes, das unaufhörlich mit der drohenden Gefahr eines Überfalls feindlicher Kopfjäger rechnen muss. Unablässig floss der Reiswein. Als Manser nach dem vierten oder fünften Glas höflich ablehnte, ließen die Frauen das nicht gelten; sie nahmen seinen Kopf in ihre Hände, flößten ihm den Wein ein und sagten: »Das ist kein Gift. Es ist unsere Liebe.«

In Marudi, wo Bruno sich über die Penan kundig machen wollte, stellte er fest, dass die meisten Stadtbewohner die Nomaden noch nie gesehen hatten. Manche allerdings, die er befragte, betrachteten die Penan als peinliches Ärgernis. Ein schmutziges Volk, erklärten sie, »die suhlen sich wie Schweine im Unflat des Dschungels«. Andere wiederum sagten, sie seien sehr schön, mit einer Haut wie Seide. »Da ich bei ihnen gelebt habe«, meinte Bruno, »kann ich dir nur sagen: Wenn du diese beiden Vorstellungen aufeinander legst, erkennst du die Wahrheit.« Ein Regierungsbeamter gab ihm den Rat, in das Ubong-Gebiet zu fahren, dort könne er vielleicht Penan-Nomaden antreffen. Und das, so versicherte er ihm, werde ein recht ungewöhnliches Erlebnis sein.

Manser reiste weiter flussaufwärts, gelangte vom Baram-Fluss zum Tutoh und von dort zum Melinau – die uralte Handelsstrecke, die die Wasserscheiden des Tutoh und des Limbang miteinander verbindet. Hier, auf diesem weiten, abgelegenen Hochland, von dessen Quellwassern der Baram gespeist wird, fand er Zugang zu einer neuen Welt. Auf diesem Land lastete das Gewicht von Jahrhunderten, von Jahren ohne Jahreszeiten, von Leben ohne Wiedergeburt. Doch vor tausenden von Jahren waren die Ahnen der Penan in diesen Wald gekommen und hatten durch Anpassung eine Kultur hervorgebracht, deren Vielfalt der Vegetation entsprach, aus der sie entstanden war. Um zu überleben, hatten sich die Penan eine bestimmte Lebensweise angeeignet. Da sie keinerlei technische Hilfsmittel besaßen, um den Wald zu verändern, beschlossen sie, ihn einfach zu begreifen, um mit ihm zu leben.

Die englische Expedition blieb nur zwei Wochen lang bei den Höhlen. Als sie wieder aufbrach, beschloss Bruno, noch länger in den Wäldern zu bleiben. Von zwei halbnomadischen Penan erfuhr er, dass verschiedene Nomaden-Familien in den Bergtälern im Süden lebten. »Ich hatte eine Landkarte und einen Kompass, ein Fischernetz und ein paar Kilo Reis«, erzählte Bruno. Mit Proviant für vierzehn Tage und einem über zwanzig Kilo schweren, unhandlichen Rucksack machte er sich auf den Weg zum Ubong-Fluss.

Im Wald erwiesen sich Karte und Kompass als nutzlos. Um sich zu orientieren, folgte er den Bergkämmen und bahnte sich seinen Weg durch die unglaublich dichte Vegetation. Neun Tage lang hieb er sich Pfade im geisterhaft düsteren Wald frei, hackte jeweils zwei oder drei Stunden lang, lief dann eine Viertelstunde lang zurück, um den Rucksack zu holen, und dann wiederholte er das Ganze. Tagelang fiel kein Regen, er hatte kein Wasser, um seinen Reis zu kochen. »Abends lag ich unter meiner Decke, und am Morgen nahm ich mein Buschmesser und fing wieder von vorne an.« Vier Tage lang arbeitete sich Manser vorwärts, ohne zu essen, zwei Tage lang ohne Wasser, bis er in seiner Verzweiflung dahinterkam, dass er aus Kannenpflanzen trinken konnte, sofern sie frei von toten Insekten waren. Am neunten Tag auf dem Bergkamm stieg er auf einen Baum und sah auf der anderen Talseite den weißen Rauch vom Feuer einer Kochstelle.

Es war schon fast dunkel, als er die Fußabdrücke im Uferschlamm entdeckte. »Mir war klar, dass sie Angst haben würden, deshalb lagerte ich erst einmal. Am nächsten Morgen, nach Sonnenaufgang, hörte ich die Stimmen eines Mannes und einer Frau. Zwei Minuten lang geschah gar nichts. Ich hob grüßend die Hand. Die Frau floh. Aber der Mann kam näher. Er hatte im Flachland flussabwärts gelebt und sprach etwas Malaiisch. Nachdem jeder die Hand des anderen berührt hatte, legte er seine Finger auf die Brust; er hat mir nicht in die Augen gesehen.« Bruno Manser folgte dem Penan den Hang hinauf zum Lager, wo der ungeschickte Außenseiter die nächsten Monate die Rolle eines Kindes spielte.

»In dieser ersten Penan-Gruppe gab es einen Jungen«, erzählte mir Bruno in Hawaii, als wir unter den ausladenden Ästen eines blühenden Baumes saßen. »Er war mit sieben Fischen heimgekehrt. Ich weiß noch, dass der Anführer jeder Familie drei gab und den übrigen Fisch sorgfältig teilte. Das ist typisch Penan. Man wird nie einen mit vollem Bauch erleben, wenn ein anderer Hunger hat. Einmal ist ein alter Mann gestorben. Sein Sohn ließ ihn in seiner Hütte zurück und legte all seine Habe neben ihn, einschließlich des gesamten *tahau*, einer sehr wertvollen und seltenen Medizin. Er meinte: Wenn ich es nicht mit meinem Vater teilen kann, wozu sollte ich es dann behalten?«

Wie sich die sechs Jahre im Wald auf Manser ausgewirkt haben, ist schwer zu sagen. Er spricht so, wie er vermutlich immer gesprochen hat – bescheiden, aufrichtig und selbstlos, und seine Sichtweise lässt vermuten, dass seine Bezugspunkte nicht von dieser Welt sind. »Für die Penan ist der Tod eine Art Exil«, sagte er. »Die Toten können nicht mehr an der Jagd teilnehmen und nicht mehr am Feuer mitsingen. Das erbittert die Seele, die sich verdunkelt und vom Himmel herabfällt. Deswegen kommen mit dem Regen die Blutegel, so rächen sich die Toten an den Lebenden.« Ein Vogel ruft, und Bruno schaut auf. »Wenn der Nashornvogel in der Nacht schreit, dann weiß man, dass er die Toten ins Paradies bringt.«

Später an diesem Abend, bei einer Zusammenkunft, bei der es um die Rettung der Wildnis geht, ist Manser offensichtlich die Attraktion; etwas widerstrebend gesellt er sich zu den andern Sprechern, die sich über Stücke halb gegessener Früchte wundern, die während des Gesprächs herumgereicht werden. Als er an der Reihe ist, tritt er langsam vor und dreht sein Gesicht aus dem Scheinwerferlicht, so wie ein Penan sich vielleicht von der Sonne abwendet. Auf dem Podium wirkt er noch kleiner, als er ist. Er spricht weniger über die Penan als über die Grundsätze, die sein Leben bestimmt haben. »Wir haben die Fähigkeit eingebüßt, im gegenwärtigen Augenblick zu leben. Dabei ist die ganze Ewigkeit in diesem Augenblick enthalten. Die Sache ist ganz einfach. Du brauchst nur das Tor aufzumachen, und das Schicksal kommt dir entgegen. Mich hat es zu den Penan hingezogen, weil ich mich in der Natur wohl fühle. Mit Romantik hat das nichts zu tun. Wenn du im Dschungel lebst, wird dir klar, dass der Alltag dort keine Romantik zulässt. Da läufst du herum, die Beine tun dir weh, da sind die Blutegel und der Regen, und auf einmal siehst du etwas Wunderschönes, und das ist dein Lohn. Dann erinnerst du dich wieder daran, dass wir alle eins sind.«

Das Licht im Saal wird gedämpft, und auf einer großen Leinwand hinter dem Podium erscheinen fantastische Bilder, Szenen aus *Tong Tana*, einem ergreifend schönen schwedischen Dokumentarfilm über Bruno Manser und das Geschick der Penan. Ein Fuß tritt in einen Teich und wirbelt hinter sich Schlamm auf. Jäger schleichen geräuschlos durch den Wald. Blätter fallen säuselnd, oben protestieren Vögel gegen die einfallende Dunkelheit. Bäume werden im Sterben noch einmal lebendig und ächzen, als sie, von der Kettensäge gefällt, zu Boden taumeln. Alles lebt, alles hat einen Doppelsinn, ist durchdrungen von der Vieldeutigkeit des Geistes, der einen Ort beseelt.

In dem Film sieht Manser ganz anders aus, sein muskulöser Körper, schlank und makellos, ist mit einem Lendenschurz bekleidet, das lange Haar verliert sich im Fell eines Affen, der sich an seinen Hals klammert. Nach so langer Zeit in der Ferne, nach so vielen Monaten des Wanderns, geht sein Puls nur noch im steten Rhythmus des Waldes. Aber die unmögliche Situation, in der er sich befindet – ein Flüchtiger, der mit gespreizten Beinen auf den Höckern verschiedener Kulturen steht –, verrät eine Komplexität des Charakters, die auf dem Podium gar nicht wahrgenommen wird. »Es ist viele Jahre her«, sagt er einfach, »dass ich etwas besessen habe, was mich an die Vergangenheit erinnert. Ich verwende meine Zeit darauf, mir alles aufzuschreiben, was das tägliche Leben mit sich bringt.« Seine Tagebücher, hunderte von reich bebilderten Seiten in seiner schönen Handschrift, sind die einzige Verbindung zu seinem früheren Leben. Sonst identifiziert er sich in jeder Hinsicht völlig mit den Penan, er denkt und träumt sogar in ihrer Sprache, und sein eigenes Dilemma kommt ihm vor wie ein Teil ihrer hoffnungslosen Lage. Als einmal ein Schriftsteller meinte, vielleicht sei er in einem früheren Leben ein Penan gewesen, antwortete Manser: »Vielleicht war ich in einem früheren Leben Schweizer.«

Das Land der Penan, das Manser beschreibt, ist ein Land der Verheißung und der Trauer. Die Penan, etwa 7600 an der Zahl, von denen vielleicht noch 1000 tief in den Wäldern so leben wie ihre Vorfahren, gehören zu den wenigen echten Regenwaldnomaden, die es noch gibt. Sie sind Geistesverwandte der Mbuti-Pygmäen im Kongo und der wandernden Maku im nordwestlichen Amazonas-Gebiet; sie haben nie Landwirtschaft betrieben, sondern nutzten die wild wachsenden Sagopalmen, um ihren Bedarf an Kohlenhydraten zu decken. Der Ministerpräsident von Malaysia, Datuk Mahathir Mohamad, beschrieb sie als »wilde Geschöpfe« und sagte, seiner Regierung wäre es lieber, »sie gäben ihre ungesunden Lebensumstände und ihre Rückständigkeit auf; wir wollen nicht, dass sie herumlaufen wie Tiere«. Abdul Raham Yakub, ein ehemaliger Gouverneur von Sarawak, sagte: »Ich würde es lieber sehen, dass sie Hamburger von McDonald's essen als dieses unsägliche Zeug aus dem Dschungel.« Doch die Penan sind in Wirklichkeit alles andere als »wilde Geschöpfe in einer unwegsamen Wildnis«; sie leben in einem Wald, der ihre Heimat ist, einem mit Leben erfüllten, komplizierten Geflecht heiliger Orte, die Vergangenheit, Gegenwart und Zukunft miteinander verknüpfen.

Was die Penan zum Leben brauchen, beziehen sie aus ihrer Umgebung: Sie jagen Zwergböckchen, Gibbons und andere Affen, Sambarhirsche, Zibetkatzen, Eichhörnchen und vor allem *babui*, das in Borneo heimische Bartschwein. Die Pflanzen liefern ihnen Wurzeln, die reinigen, Laub, das heilt, essbare Früchte und Samen sowie alles für besondere Zubereitungen, die Jagdhunde kräftigen und die Mächte der Finsternis vertreiben. Die Bäume im Wald schenken ihnen Klebstoff, mit dem sie Vögel fangen, giftiges Latex für tödliche Speerspitzen, seltene Harze und Gummi zum Handeltreiben und Tauschen, Ranken für Körbe, Blätter zum Abdecken und Schmirgeln, Holz, aus dem sie Blasrohre, Boote, Gerätschaften und Musikinstrumente machen. Für die Penan sind all diese Pflanzen heilig, denn sie haben eine Seele und sind, wie die Tiere, mit magischen Kräften ausgestattet.

»In der Morgendämmerung fangen die Gibbons an zu heulen«, erzählt Bruno, »und ihre Stimmen schallen über große Entfernungen, getragen von der Thermik, die an der Grenze zwischen der Kühle des Waldes und der Warmluft darüber entsteht, sobald die Sonne auf das Laubdach fällt. Die Penan essen nie die Augen der Gibbons. Sie haben Angst, sich im Horizont zu verlieren. Es fehlt ihnen ein innerer Horizont, sie können Träume nicht von der Wirklichkeit unterscheiden. Wenn einer träumt, dass ein großer Ast aufs Lager fällt, ziehen sie bei Tagesanbruch weiter.«

Jeder Laut im Wald ist eine Äußerung des Geistes. Bäume blühen beim lieblichen Gesang des nackthalsigen *krankaputt*. Vogelrufe aus einer bestimmten Richtung verheißen Gutes, aus einer anderen jedoch könnten sie Vorboten des Unheils sein. Der Ruf eines Eisvogels oder Fledermausgleitaars kann eine Jagdgruppe zur Umkehr zwingen. Vögel wie der Spinnenfresser ermuntern die Männer zur Jagd. Ehe ein Penan zu einer längeren Wanderung aufbricht, muss er einen von rechts nach links fliegenden Weißbrauenhabicht gesichtet und den Ruf des Brachvogels und das Gebell des Bellhirschs gehört haben. Aus dem Walde geboren und in ihrem materiellen Leben in jeder Beziehung von ihm abhängig, sind die Penan vor langer Zeit zu einer Wanderung aufgebrochen, die kein Ende kennt. Da sie die Sonnenhitze fürchten, nichts von den Meeren wissen und durch die Baumkronen vom Himmel abgeschirmt sind, kamen sie dazu, im Wald die Quelle all ihrer Erkenntnisse und den Ursprung ihrer geistigen Welt zu sehen. Raum und Zeit werden nicht nach Kilometern oder Stunden gemessen, sondern nach dem Ausgang einer Unternehmung. Eine gute Jagd, die nach europäischen Maßstäben wochenlang dauert, ist für sie ein kurzer Ausflug. Als schwer und anstrengend empfinden die Penan einen Weg, auf dem sie der Sonne ausgesetzt sind. Die Länge einer Wanderung bemisst sich nach den markanten Augenblicken: der Entdeckung von Wildfrüchten, einer Stelle, an der Sagopalmen stehen, der Möglichkeit, ein Wildschwein zu töten. Der Verlauf der Zeit wird am Treiben der Insekten gemessen, der Schmalbienen, die zwei Stunden vor der Dämmerung ausschwärmen, der schwarzen Zikaden, die Punkt sechs Uhr abends den Wald in Schwingung versetzen. Sofern die Penan-Wanderungen einem Muster folgen, dann wird es durch den heiligen Lebenszyklus der Sagopalme bestimmt. So eine Wanderung kann zwanzig Jahre dauern, bis sie beendet ist, und die Route wurde von den Ahnen festgelegt, zu einer Zeit, da die Erde noch jung war.

Bruno Manser kam nicht als Umweltschützer nach Sarawak. Die Umstände und die Geschichte teilten ihm diese Rolle zu. Über hundert Jahre lang wurde Sarawak von einer bemerkenswerten Familiendynastie regiert, den Nachkommen von James Brooke, einem englischen Abenteurer, der sich mit Hilfe der königlichen Marine 1841 ein Handelsmonopol gesichert hatte. Die männlichen Nachkommen der Brooke-Familie, bekannt als die Weißen

Radjas von Sarawak, herrschten bis 1946, als die Engländer in der »Götterdämmerung« des British Empire die Herrschaft übernahmen. 1963 wurde Sarawak selbstständig. Für die Penan sind die noch sehr lebhaften Erinnerungen an die Kolonialzeit zur Legende geworden. Für sie war es eine Epoche, in der man sie in Ruhe gelassen hatte, in der die Wälder unberührt blieben, ein riesiger, unbesiegbarer grüner Schutzmantel, der ihre ganze Welt umhüllte. Fragt man heute die Penan, was sie sich wünschen, so werden neun von zehn antworten: die Rückkehr der Briten. Angesichts dieses Erbes war es nur natürlich, dass sie sich Hilfe suchend an die unter ihnen lebenden Europäer wandten, um ihr Land zu schützen.

»Ende 1984 kam ich mit dem Abholzen in Berührung. Die Leute baten mich um Hilfe.« Manser erinnert sich an das erste Mal, als Regierungsbeamte mit dem Hubschrauber eintrafen. Die Penan erwarteten, dass man über das Land sprechen würde. Sie waren wie vom Donner gerührt, als ein Anthropologe ihre Schädel vermessen wollte. »Die Beamten kamen, um zu jagen. Sie wollten die Namen von Flüssen und anderen auffallenden Landmarken wissen und trugen sie in ihre Karten ein. Sie teilten den Penan mit, das Land gehöre dem Staat und werde abgeholzt.«

Widerstand regte sich, aber anfangs nur zögernd. Erst nach vier Ansätzen gelang es im Herbst 1985, die Vertreter der Nomadensippen zu einem Treffen zusammenzubringen. Als Sekretär der Penan legte Manser der Regierung ein Manifest vor, in dem diese um Schutz für 1300 Quadratkilometer ihres Homelands baten, auf dem sie schon immer gelebt hatten. Sie erhielten nie eine Antwort. »Ich war ziemlich naiv«, sagte Manser. »Das Gebiet war so klein, dass man es zu Fuß in drei oder vier Tagen durchqueren konnte. Ich hatte wirklich geglaubt, dass die Regierung darauf verzichten würde.«

Versuche, die internationale Presse dafür zu interessieren,

schlugen fehl. Daraufhin versperrten Manser und eine Gruppe erbitterter Penan beim Bau einer Brücke, die in ihre Wälder führte, einem Bulldozer den Weg. Der Fahrer ging weg, aber am nächsten Morgen standen am Straßenende dreißig Bulldozer in Begleitung von Polizisten und Vertretern der Baugesellschaft. Isoliert und bedrängt, zogen sich die Penan zermürbt zurück. Wieder ein Jahr, in dem der Wald erbebte, und Bruno war ein gebrandmarkter Mann.

Er zog sich in den Wald zurück; die Penan-Sippe hatte ihn als Sohn adoptiert. Täglich erfuhr er mehr über ihr Leben. Er lernte mit Speer und Blasrohr zu jagen. Sie zeigten ihm *tajem*, die Quelle ihres Speergifts, und ein weiteres dutzend Pflanzen, mit denen man seine Wirkung verstärkte. Sie brachten ihm bei, hunderte von Früchte tragenden Bäumen zu bestimmen, zeigten ihm dutzende von Heilpflanzen und wie man Fischgifte gewinnen konnte. Er gab es auf, sich westlich zu kleiden, ließ seine Haare lang wachsen und bedeckte seine Beine mit einem *chawat*, der es ihm ermöglichte, sich geräuschlos an Wild heranzuschleichen. Im Wald ging er barfuß. Er machte Feuer wie sie, mit Feuersteinen und faserigen Samenhüllen. Er lernte die sechs Palmen kennen, die Sago lieferten, und wurde kräftig, als er ihre Stämme zerschlug, um das stärkehaltige Mark zu gewinnen. Sie lehrten ihn zu weben, Rattan mit Pflanzensaft und dem Schlamm aus den Wasserlöchern von Wildschweinen zu schwärzen. Sie legten ihm *jongs* um die Handgelenke, Armbänder mit eingravierten Symbolen, die dafür sorgten, dass seine Träume mit den Träumen der Penan eins wurden.

Das Sonderbarste war wohl, dass er sich plötzlich in einer Welt befand, in der es zwischen Materiellem und Spirituellem, zwischen Natürlichem und Übernatürlichem keine Unterscheidung mehr gab. Er durchschaute die Bedeutung von Vorzeichen, entdeckte die Zufluchtsorte der Geister, erkannte das Wesen der Toten und den tieferen Sinn von Tabus. Er sah bei Geburten zu, bei denen die Männer als Hebammen halfen, und die Frauen sich mit dem Rücken an Baumstämme pressten; das zu Boden gleitende Kind durfte nur von der Mutter aufgenommen werden, und die Nabelschnur wurde mit einer Bambusklinge durchtrennt. Er sah Menschen sterben, deren Körper dann in Schlafmatten eingerollt und an einen Ort getragen wurden, an dem sie sich gern aufgehalten hatten. In diesen sechs Jahren erlebte er nie einen Streit unter den Penan. Nur einmal sah er, dass ein hungriges Kind es versäumte, seine Mahlzeit zu teilen; es war ein Erdhörnchen, und fortan trug das Kind diesen Namen.

Lachend erinnerte er sich, wie unbeholfen er anfangs den Penan begegnet war. Jetzt reiste er mit leichtem Gepäck, hatte lediglich ein Blasrohr mit einem daran festgebundenen Speer, einen Köcher mit vergifteten Pfeilen und einen *parang*, ein Buschmesser, bei sich. Wenn er Durst bekam, trank er von Kletterpflanzen im Wald. Einen Baum erkletterte er nur, um die Sterne zu sehen. Er konnte den Fährten von *babui* und Hirschen folgen. Er konnte die Stabzeichen lesen – mit Symbolen behängte Zweige oder Triebe, die die Kommunikation zwischen den weit verstreuten Penan-Sippen ermöglichten. Die Stabzeichen verrieten ihm, wo und wann sich eine Gruppe aufgeteilt hatte, die weitere Marschrichtung jeder Splittergruppe und die voraussichtliche Dauer ihrer Wanderung, Schwierigkeiten im Gelände und ob Proviant vorhanden war oder nicht. Ein Stabzeichen zum Beispiel, das er am Melinau-Flussgraben bemerkt hatte, übermittelte durch seinen Aufbau folgende Botschaft: Das große Blatt ganz oben zeigte an, dass der Anführer der Gruppe das Zeichen gesetzt hatte; drei kleine ausgerissene Schösslinge taten kund, dass diese Stelle einmal von drei Familien besetzt gewesen war; ein gefaltetes Blatt besagte, dass die Gruppe Hunger hatte und auf der Suche nach Wild war; verknoteter Rotang zeigte die voraussichtliche Anzahl der Tage an, die die Wanderung dauern würde, und Stöckchen und Späne am Boden ließen erkennen, um welche Gruppe es sich handelte und in welcher Richtung sie weitergezogen war. Zwei kleine, gleich lange Holzstückchen, diagonal angeordnet, bedeuteten, dass es etwas gab, an dem alle Penan teilhatten, und dass alle Menschen des Waldes eins waren. In all den Jahren unter den Penan sah Bruno nie ein Stabzeichen ohne diese schlichte Botschaft.

Bei aller Lebensfreude und Schönheit war das Leben im Wald oft schwierig und manchmal auch gefährlich. Zweimal lag Manser mit Malaria darnieder, und oft erkrankte er, weil er das Opfer von Parasiten wurde. Einmal wurde er von einer giftigen Viper ins Bein gebissen und musste um sein Leben kämpfen. Er hatte nur einen Begleiter dabei, einen Penan-Jungen, den er zu überreden versuchte, die Wunde aufzuschneiden und das Gift auszusaugen, aber der Junge hatte Angst. So setzte Bruno selbst das Messer an seine Wade und schnitt tief ins Fleisch hinein, um das Gift zu entfernen. Der durchtrennte Muskel rutschte unter die Haut; mit einem Angelhaken zog er ihn wieder an seinen Platz, ehe er die Wunde mit Blättern und Rattan verband. Drei Tage lang befand er sich fiebernd und fantasierend an der Schwelle zum Tod und litt qualvolle Schmerzen.

In all den Monaten ging die Abholzerei weiter. Im Frühling des Jahres 1987 entlud sich der Groll der Penan und aller Dayak-Völker im Baram-Gebiet. Als ein zweiter Appell an die Regierung unbeantwortet blieb, schritten die Einheimischen zur Tat. Am 31. März 1987 errichteten die Penan, mit Blasrohren bewaffnet, eine Sperre vor einer Holzfällerstraße, die in das Tutoh-Becken führte. Binnen einer Woche blockierten hundert Kayan bei Uma Bawang eine Straße, die ihr Territorium durchschnitt. In beiden Fällen waren die Sperren dürftig, nur ein paar junge, mit Rattan zusammengebundene Bäume. Ihre eigentliche Stärke waren die

Menschen dahinter. Diese Barrikaden aus Männern, Frauen und Kindern, aus Alten und Jungen, erschien anfangs wie eine Donquichotterie, die der Regierung bloß peinlich war. Aber bald wurde daraus ein Symbol: der kraftvolle Ausdruck von Mut und Entschlossenheit. Acht Wochen nach Beginn der Straßensperren kam der Betrieb in sechzehn Holzfällerlagern zum Erliegen, für die Holzindustrie ein Verlust von mehreren Millionen Dollar. Die Bewegung griff um sich. Im Oktober 1987 sperrten Gemeinschaften der Penan, Kayan und Kelabit im Baram- und Limbang-Gebiet an dreiundzwanzig Stellen Straßen. Insgesamt wurden die Sperren von etwa 2500 Penan aus 26 Siedlungen besetzt.

Diese dramatische Aktion bestürzte die malaysische Regierung über die Maßen, und, wie vorauszusehen, wurde Bruno Manser dafür verantwortlich gemacht. Zum Teil sogar mit Recht. »Ich kann sagen«, gibt Manser zu, »dass die Blockaden von mir initiiert worden sind. Blockaden zu bauen ist bei den Penan keine Tradition. Aber bevor ich nach Sarawak kam, hat es schon Blockaden von anderen einheimischen Gruppen gegeben.« Neu war diesmal das Ausmaß des Protests und die Tatsache, dass Mansers Beteiligung zuverlässig dafür sorgte, dass die Medien weltweit darüber berichteten.

Die malaysische Presse veröffentlichte Berichte, in denen Manser als ein Radja der Penan beschrieben wurde, als weißer Tarzan, der auf einem Bambusthron durch den Wald getragen wird. Die Regierung bezeichnete ihn als subversiven Zionisten und Kommunisten, eine schwer wiegende Verunglimpfung in einem islamischen Land, in dem man sich noch sehr gut an den blutigen Aufstand der Linken in den 50er Jahren erinnerte. Mit dem Etikett »Bedrohung der nationalen Sicherheit« stellte sich die Regierung selbst einen Freibrief aus, um Manser zu erledigen. In Wirklichkeit war seine Rolle viel differenzierter. Ein australischer Umweltschützer, der eine Zeitlang mit Bruno und den Penan im

Wald gelebt hatte, erklärt: »Er gehörte zur Familie. Es gibt keine Spezialisten bei den Penan, aber jeder hat eine bestimmte Fähigkeit. Einer kann zum Beispiel gut den Bellhirsch anlocken, ein anderer ist ein Heiler und wieder ein anderer der beste Jäger. Bruno war derjenige, der ihre Botschaft in die Welt bringen konnte, das war seine Stärke.«

Nur ein einziges Vergehen konnte man ihm anlasten: dass sein Visum abgelaufen war. Dennoch ließ die Regierung kein Mittel unversucht, um Manser aus dem Homeland der Penan zu vertreiben. Auf seine Ergreifung wurde eine Belohnung ausgesetzt, und bezahlte Denunzianten reisten in den Wald. Angeheuerte Polizeispitzel drohten schwanzbewehrte Dämonen loszulassen, um die Frauen zu vergewaltigen. Penan-Männer wurden zusammengeschlagen, einer kam dabei zu Tode. Die Sicherheitskräfte ließen Polizeikontrollpunkte einrichten und schickten Kommandoeinheiten aus, die die Gebiete durchforsteten, in denen Manser angeblich gesehen worden war.

Vom Frühjahr 1987 bis Mitte 1990, als er endlich verkleidet und mit falschem Pass fliehen konnte, wurde Bruno Manser von der Armee und den Sicherheitskräften gejagt; nur die Penan, die ihn mit einem großen Schutzkreis umgaben, wussten, wo er sich aufhielt. Ein kanadischer Fotograf, den die Penan gut kannten, erinnert sich, wie ihn ein Ältester beiseite nahm. »Der alte Mann legte einen Kreis aus kleinen weißen Steinen auf den Boden. Einen Stein tat er in die Mitte. Dann legte er Stöckchen um den Kreis herum, die auf den Mittelpunkt ausgerichtet waren. Die Stöckchen sind die Polizisten, sagte er, der Steinkreis ist der Schutzring der Penan, der sich, mit Bruno in der Mitte, geschlossen durch den Wald bewegt.«

Innerhalb des Kreises war Manser unaufhörlich in Bewegung, wechselte von einer Nomadengruppe zur nächsten, blieb oft längere Zeit allein auf abgelegenen Berghängen, im Schutz von

Höhlen oder in der Stille des Waldes. Nach drei Jahren bei den Penan konnte er sich allein ernähren; er sammelte Früchte, fischte mit dem Netz und jagte mit dem Blasrohr. Doch vermisste er in der Einsamkeit die Kameradschaft in den Lagern, das Tanzen am Abend und die Liebesgedichte, die am Feuer vorgetragen wurden. Er vermisste die menschliche Wärme. Doch er hatte schon beschlossen, keine Familie zu gründen, obwohl er sie hätte ernähren können. Nun wurde seine Entscheidung durch die Umstände bestätigt und bekräftigt. Obwohl er einsam war, gehörte er einem ganzen Volk an, das ihn Lakei Penan nannte, Penan-Mann.

Trotz des Schutzringes kam Manser zweimal nur um Haaresbreite davon. Das erste Mal ganz am Anfang, als ihn eine Polizeiwache bei einer Routinekontrolle sichtete. Er rannte los und war überrascht, als er Kugeln über seinen Kopf hinwegzischen hörte. Einige Monate später wurde er von einem malaysischen Reporter verraten; der Mann war zu einem heimlichen Treffen aller Anführer der Penan eingeladen worden, um darüber zu berichten. Der Reporter kam mit einem Hubschrauber, mit dem er auch wieder zurückflog. Am selben Tag kehrte der Hubschrauber mit einer Patrouille zurück, die das Gebiet schon eine Woche lang durchkämmt hatte; die Männer hatten Sturmgewehre dabei. Manser entkam, indem er in die Stromschnellen des Magoh-Flusses sprang. Wieder fielen Schüsse. Manser behauptet, die Malaysier hätten absichtlich danebengeschossen, aber die Penan waren da nicht so sicher.

»In jener schweren Zeit hat er die Penan bestimmt angefeuert und ermutigt«, meint ein kanadischer Journalist. »Einmal war ich bei einer kleinen Gruppe, die sich eine auf Band aufgenommene Botschaft von Bruno anhörte. Das Band wurde von einem Siedlungsdorf zum andern weitergereicht. Bruno sang auf Penan selbst verfasste Lieder über die Regierung. Sie müssen wahnsinnig komisch gewesen sein, denn die Penan bogen sich vor Lachen. Einer erklärte mir stolz: Er versteht unsere Sprache, er macht sehr gute Witze. Das war sicher auch einer von Brunos Beiträgen. Mitten im Kampf behielt er seinen Humor, und das spornte die Leute an.« Er fuhr fort: »Unglaublich, dass ihn nie ein Penan verraten hat. Ich glaube, sie waren alle der Meinung, wer so etwas tut, ob Mann oder Frau, würde nicht mehr zu den Penan gehören und hätte fortan kein Volk und kein Homeland mehr.«

Während Manser auf der Flucht war, gingen die Blockaden weiter. Die Regierung erließ daraufhin Gesetze, die die Behinderung von Holztransporten ausdrücklich verboten und Forstbeamte ermächtigten, Wachleute einzustellen, um die Sperren abbauen zu lassen. Diese wurden offiziell als »Vertreter der Sägewerke« deklariert. Trotz Hunger, Hitze und Erschöpfung, Schikanen der Holzfällerfirmen und ständiger Festnahmen gingen die Proteste weiter. Dutzende von Penan kamen ins Gefängnis. Vom Herbst 1987 bis 1989 wurden sporadisch Sperren in ganz Sarawak errichtet. Am 10. September 1989 kam es zu einer entscheidenden Kraftprobe: Einheimische aus neunzehn Gemeinschaften im Gebiet des oberen Limbang und des Baram bauten zwölf neue Straßensperren auf. Innerhalb von fünf Tagen breitete sich die Bewegung bis nach Belaga im Süden aus. Im Oktober blockierten elf Langhäuser der Iban Straßen im Bintulu-Distrikt. 1989 hatten sich etwa 4000 Dayaks dem Protest angeschlossen, so dass zeitweise fast in halb Sarawak das Holzfällen eingestellt wurde. Und die Blockaden gehen weiter. Bis zum heutigen Tag gibt es in Sarawak Männer und Frauen der Penan, die nicht mehr im Schutz des Waldes leben, sondern in Strohhäusern, der glühenden Sonnenhitze ausgesetzt, um sich und ihre Kinder den Maschinen in den Weg zu legen.

Die Sprache ist ein Ausdruck der Seele eines Volkes. In der Sprache der Penan gibt es vierzig Wörter für Sago, aber keines für »Auf Wiedersehen« oder »Danke schön«. In einem Wald, in dem solcher Überfluss herrscht, in einer Kultur, in der das Teilen von Gütern ein unwillkürlicher Reflex ist, in einem Leben des endlosen Umherwanderns, haben bestimmte Wörter keine Bedeutung. Bestimmte Auffassungen sind gegenstandslos. Für die Penan ist das Land ein lebendes Wesen, durchdrungen von spiritueller Kraft und Bedeutung. Grundbesitz und Papiere, die einem Menschen das Recht geben, die Erde zu schänden, sind für die Penan etwas völlig Unvorstellbares.

James Wong, der Umweltminister von Sarawak, ist der Meinung, das Land gehöre der Regierung; in einer bemerkenswerten Stellungnahme ging er kurz auf die dunklen Unterströmungen der Protestbewegung ein. Auf die Penan bezogen sagte er: »Wir wollen nicht, dass sie herumlaufen wie die Tiere. Sollte man ihnen denn nicht beibringen, hygienisch zu leben wie wir und saubere Sachen zu essen?« Man hat Mühe, eine solche Erklärung in Einklang zu bringen mit dem Bild der Penan, die in ihren sauberen Flüssen baden und mit ihren Pflanzen im Wald so geschickt und kundig umgehen wie ein Chemiker mit den Substanzen in seinem Labor.

Ich erinnere mich an einen Morgen in Sarawak im Jahr 1989, als ein paar Kollegen und ich unser »sauberes« Essen mit Asik Nyelik teilten, einem Penan-Nomaden aus Sungai Ubong, der zu der Sippe gehörte, auf die Bruno Manser damals im Wald als erste gestoßen war. Asik hatte schlecht in einem Bett geschlafen, sah beim Frühstück müde aus und saß unbehaglich auf einem Stuhl. Aus einem Glas trank er Wasser, wie ein Hirsch es getrunken hätte, indem er den ganzen Mund hineintauchte. Dann kam das Frühstück, eine erbärmliche Portion kalte Bohnen aus der Konservenbüchse, ein trauriges Spiegelei und eine Scheibe Konservenwurst.

Asik blickte höflich in die Runde, dann auf seinen Teller, dann wieder auf uns, die wir diese Sachen aßen. Er drehte seinen Teller, suchte vielleicht nach einem Blickwinkel, aus dem die Sachen appetitlicher aussahen. Mit mitleidvollem Blick stand er auf, schlüpfte aus dem Haus und ging in den Wald. Eine Stunde später stieg am Rand der Lichtung Rauch auf. Wir fanden Asik über ein Feuer gebeugt, über dem er ein Zwergböckchen briet, das er mit dem Messer erlegt hatte. Huldvoll lud er uns ein, sein Frühstück mit ihm zu teilen.

Eine Woche später erklärte Asik einem Regierungsbeamten: »Wir Penan wissen nur, dass wir Menschen kein Land machen können, das kann nur Gott. Wenn unser Land in Sungai Ubong einem andern gehört, möchten wir ihn fragen: Wann hast du das Land gemacht? Wann hast du die Früchte tragenden Bäume dort gepflanzt? Wo sind die Gräber deiner Ahnen? Wir sagen, das Land gehört den vielen, die tot sind, den wenigen, die leben, und den unzähligen, die noch geboren werden. Unsere Tränen sind wie der Regen vom Himmel, wenn wir an unsere Kinder und Kindeskinder denken. Wenn der Boden unserer Gebiete krank ist, kommt das nicht von Gott, sondern von anderen Menschen – von der Regierung. Wir treten ein für das, von dem wir wissen, dass es richtig ist, und sie nennen uns Verbrecher. Wir sind wie Fische ohne Wasser. Wir sind Kinder, allein gelassen in einer leeren Hütte ohne Vater und Mutter.«

Schon im Frühjahr 1990 hatte sich die Holzindustrie von Sarawak, dank der massiven Unterstützung der malaysischen Regierung, wieder völlig erholt. Da Bruno Manser nun nichts mehr tun konnte, verließ er drei Monate später den Wald, der sechs Jahre lang seine Heimat gewesen war, um in der Welt weiter vom Kampf der Penan zu berichten. Bis zum heutigen Tage opfert er seine ganze Zeit, um für die Sache der Penan zu kämpfen. Er ist der letzte der Träumer.

»In der Zeit, die ich bei ihnen verbracht habe«, erklärte er mir, »habe ich mit angesehen, wie ein Drittel ihres Homelands zerstört wurde. Im restlichen Teil werden jetzt Straßen gebaut. Bald werden alle Kreuzungen betoniert sein, das Straßennetz wird flächendeckend sein, und dann ist das Schicksal der Wälder besiegelt. Das Land meiner Sippe, der Penan, die ich 1984 als erste in Ubong angetroffen habe, ein Gebiet von nur 180 Quadratkilometern, wird jetzt von vierzig Bulldozern überrollt. Zusammen ziehen sie jeden Tag 1600 Stämme aus dem Wald. Fast ebenso viele sind gefällt und ausgemustert worden.«

In ganz Sarawak liegen Sago und Rattan, Palmen, Lianen und Früchte tragende Bäume zerstört auf dem Waldboden. Der Nashornvogel hat zusammen mit den Fasanen das Weite gesucht. Die Bäume fallen, und eine einzigartige Lebensweise, von hoher Moral geprägt und in sich stimmig, nach der die Menschen jahrhundertelang selbstverständlich gelebt haben, wird innerhalb einer einzigen Generation vernichtet.

Die weiße Dunkelheit

Haiti – ein Begriff, der aus lauter Klischees besteht: Armut, malträtierte Landschaft, Politiker von der übelsten Sorte, die offenbar nur in zwei Dingen konsequent sind: in ihrer Habgier und in der Missachtung des Volkes. Doch wenn man vor lauter Müdigkeit oder angetan vom Glanz der im weichen Licht schimmernden Stadt alles vergessen kann, was man von diesem unruhigen Land gehört hat, dann suche man sich irgendwo einen ruhigen Ort, vielleicht unter den ausladenden Zweigen des heiligen *mapou*-Baums oder, bei Tagesanbruch, auf einer Hotelveranda. Sodann atme man tief durch und lausche dem Rhythmus des Landes, und man wird Stimmen vernehmen, die von einem anderen Haiti sprechen, dessen Schönheit und Zauber es über alle Länder der beiden Amerikas erhebt.

Die reizvolle Aufgabe beim Reisen ist es doch, allein und unbeeinflusst das Wesen eines Volks zu erkennen und zu verstehen, die Aura des Ortes wahrzunehmen und in sich aufzunehmen. In Haiti beginnt man damit in Port-au-Prince. Die Hauptstadt, am spitzen Ende einer Bucht gelegen und auf beiden Seiten von Bergen flankiert, breitet sich auf einer tropischen Ebene aus. Hinter den Bergen erheben sich wiederum andere Berge, die zusammen ein trügerisches Bild von weitem Raum erzeugen, der Haitis Menschenmassen und die harten Zahlen der Statistik weniger drastisch erscheinen lässt. Die Insel, die nur 26000 Quadratkilometer umfasst, wird von über sieben Millionen Menschen bewohnt und gehört somit zu den dichtest besiedelten Ländern der Erde. Port-au-Prince ist eine wild wuchernde Stadt, auf den ersten Blick ein ungezügeltes Chaos, am Wasser liegend, halb verfallen, in den Dunst nasser Wäschestücke eingehüllt. Halb fertiggestellte öffentliche Gebäude. Von blühenden Bäumen gesäumte Straßen, die nach Fisch, Schweiß, Exkrementen und Asche stinken. Prachtvolle Regierungsgebäude und ein Präsidentenpalast von einem unwirklichen Weiß. Man hört die Schreie vom Markt und das unmelodische Getöse der Maschinen, Dieselabgase steigen einem in die Nase. Die Verwahrlosung und der Charme jeder karibischen Hauptstadt kommen hier zum Ausdruck.

Doch wenn man zum ersten Mal durch die Innenstadt fährt, vielleicht unten an den Docks vorbei, wo die Buden auf schimmernde Kreuzfahrtschiffe blicken und Männer mit Beinen wie Ambosse Karren voller blutiger Häute vorbeiziehen, nimmt man noch etwas wahr. Die Leute auf den Straßen gehen nicht, sie schweben und strahlen Stolz aus. Es sind schöne Menschen, fröhlich, lebhaft, sorglos. Der Nachmittagsregen hat die Stadt gewaschen, die jetzt keck und verwegen wirkt. Aber da ist noch mehr. In einem Land, dem es materiell an vielem mangelt, verschönern die Menschen ihr Leben durch Fantasie: Leere Coladosen werden zu Köfferchen und Trompeten, Gummireifen verwandeln sich in Schuhe, Busse in kaleidoskopartige Ausstellungsvehikel, die kraftvolle naive Kunstwerke durch die Stadt tragen. Und das Aussehen der Dinge ist noch nicht alles, sondern es liegt etwas in der Luft, eine elektrische Schwingung, eine primitive, elementare Energie, die nirgendwo sonst in beiden Teilen Amerikas zu spüren ist. Hier blickt man auf einmal durch die Linse Afrikas, die scharf auf die Neue Welt eingestellt ist.

Als Kolumbus zum ersten Mal an der Insel anlegte, die man später Hispaniola nannte, fand er ein tropisches Paradies vor. Nirgendwo auf seinen Reisen hatte er ein Land von solcher Fülle gesehen, wo das Wasser der Flüsse so klar war und die Bäume in den Himmel ragten. Er beschrieb die dort heimischen Arawakan-Indios als großzügig und gutherzig. Entzückt sandte er ein Schreiben an Königin Isabella und ersuchte sie dringend, die Herrschaft über diese Insel zu übernehmen. Die Spanier brachten alle Elemente der europäischen Zivilisation des 15. Jahrhunderts mit, und binnen fünfzehn Jahren hatten Krankheiten und unmenschliche Grausamkeit die Bevölkerung von 500 000 auf 60 000 dezimiert. Über hundert Jahre lang lastete das Gewicht des Todes auf der Insel, und die westliche Hälfte mit ihren zerklüfteten Bergen und ohne schiffbare Flüsse, später die französische Kolonie Saint Domingue und noch später Haiti, blieb praktisch menschenleer.

Doch gegen Ende des achtzehnten Jahrhunderts zog Saint Domingue dank der Sklaverei und des Zuckers – 74 000 Tonnen jährlich – den Neid ganz Europas auf sich. Nur 36 000 Weiße und ebenso viele freie Mulatten herrschten über ein Heer von fast 500 000 Sklaven und erbrachten zwei Drittel von Frankreichs Überseehandel, ein Ertragsvolumen, das die gesamte Jahresausfuhr aller in Verfall geratenen »indischen« Besitzungen Spaniens weit übertraf. Jedes Jahr waren die Frachträume von über 4000 Schiffen mit riesigen Vorräten an Indigo, Fellen, Baumwolle, Kaffee, Kakao und Zucker gefüllt. In Frankreich hingen über ein Fünftel der 27 Millionen Bürger des Ancien Régime wirtschaftlich vom Handel ab. Diese Konzentration von ungeheurem Reichtum machte Saint Domingue zum Juwel in der Krone des französischen Empire und zur begehrtesten Kolonie jener Zeit.

All dem machte 1791 ein Sklavenaufstand ein Ende, der einzig erfolgreiche in der Geschichte und die vielleicht größte Revolution, die Amerika je erlebt hat. Es begann mit einer nächtlichen Voodoo-Zeremonie auf einer abgelegenen Hügelkuppe bei Bois Caiman in der Nähe von Morne-Rouge. Dort stand am 14. August unter den dürren Zweigen einer kränkelnden Akazie eine alte Frau wie betäubt im Bann der Nacht und erbebte unter dem Einfluss des Geistes, der von ihr Besitz ergriffen hatte, während der Wind über den Boden fegte und Blitze von allen Seiten auf die Erde schossen. Ogoun, der Gott des Feuers und des Krieges, rief nach dem Buschmesser und schlug mit einem einzigen Hieb dem schwarzen Schwein von Afrika den Kopf ab, sodass Blut daraus hervorsprudelte. Der Schrei nach Freiheit erschallte im Klang der Muschelhörner über die nördliche Ebene. Bei Tagesanbruch brannten die Plantagen, und der Feuerschein eines ganzen Landes färbte die Wolken bis zu den Bahamas rot.

Die Sklaven, die sich erhoben hatten, um die Ketten der Sklaverei abzuwerfen, waren in der Folgezeit dazu aufgerufen, die mächtigsten Nationen Europas zu besiegen: erst die Franzosen, dann die Spanier, dann die Engländer, und danach fielen die Franzosen abermals auf der Insel ein. 1801, auf der Höhe seiner Macht, entsandte Napoleon die größte Streitmacht, die je von Europa abgesegelt war. Sie stand unter dem Kommando seines Schwagers Leclerc und hatte zwei Aufgaben: erstens, den Mississippi hinaufzusegeln, um die sich ausdehnenden Vereinigten Staaten einzukreisen und die französische Hegemonie in Nordamerika wiederherzustellen; und zweitens auf der Hinfahrt, gewissermaßen nebenbei, den Sklavenaufstand in der früheren Kolonie Saint Domingue zu zerschlagen. Leclerc und seine 30 000 Mann haben den Mississippi nie gesehen; sie wurden auf Haiti vernichtet.

Die aufständischen Sklaven, die in den gewundenen Tälern der bergigen Insel lebten, kamen aus vielen Gegenden Afrikas. Unter ihnen gab es Handwerker, Musiker, Kräutersammler, Schnitzer, Metallarbeiter, Bootsbauer, Bauern, Trommelmacher, Zauberer und Krieger, Männer von königlichem Geblüt und solche, die in Afrika schon als Sklaven geboren waren. Alle hatten sie am eigenen Leib ein verruchtes Wirtschaftssystem erlebt, das sie aus ihrer Welt gerissen hatte, aber entscheidend war, dass sie gemeinsame Traditionen besaßen, die ihnen niemand nehmen konnte: einen Fundus an religiösen Überzeugungen, politischem Organisationsgeschick, landwirtschaftliche und medizinische Kenntnisse sowie musikalische und tänzerische Talente. Die Weiterentwicklung dieser Traditionen, ihre Verschmelzung und ihre Wandlungen, wurde beeinflusst durch die völlige Abgeschiedenheit, die in den ersten Jahren des 19. Jahrhunderts die Insel abschirmte.

Die Nation, die sich in der Epoche der Revolution dann bildete, war in den Augen der internationalen Gemeinschaft ein Paria. Über hundert Jahre lang war Haiti die einzige unabhängige schwarze Republik und stellte damit, in jenem imperialistischen Zeitalter, durch ihre schiere Existenz eine Bedrohung für die etablierte Ordnung dar. Die Regierung von Haiti unterstützte jeden revolutionären Kampf, der die Aufhebung der Sklaverei versprach. Als symbolische Geste kaufte die Regierung sogar Schiffsladungen von Sklaven, die in die Vereinigten Staaten unterwegs waren, nur um den Gefangenen die Freiheit zu schenken. Außerdem missachtete Haiti internationale Handelsinteressen, indem es den Erwerb von Grund und Boden durch Ausländer strikt verbot. Sogar die römisch-katholische Kirche wurde entmachtet; in den ersten, prägenden Jahren der Nation war die Kirche dort praktisch nicht vorhanden.

Doch nun entstand in Haiti eine andere Form von Isolation. Der Zusammenbruch der kolonialen Infrastruktur, bestehend aus Brücken und Straßen, führte zu einer zunehmenden Ungleichheit zwischen den beiden Bevölkerungsteilen, den Bauern und der städtischen Elite. Die Bauern waren Sklaven gewesen, viele der Städter hingegen Nachkommen der freien Mulatten, die in der Kolonialzeit reich geworden waren und alle Rechte französischer Bürger genossen hatten, sogar das abscheuliche Recht, Sklaven zu halten. Nach der Unabhängigkeit spitzte sich die Verschiedenheit der beiden Gruppen zu, und es entstand eine Kluft, die viel einschneidender war als Klassenschranken. Es waren zwei unterschiedliche Welten, die in einem Land nebeneinander existierten.

Die städtische Elite, vielleicht fünf Prozent der Bevölkerung, holte sich ihre Anregungen aus Europa. Diese Leute sprachen französisch, waren katholisch und lebten nach Pariser Vorbild. Im Hinterland bildeten die ehemaligen Sklaven auf der Grundlage ihrer überlieferten Traditionen eine Gesellschaft ganz anderer Art. Die Bauern auf dem Lande nannten sich treffenderweise *ti guinin* – Kinder von Guinea in Afrika, ihrem alten Homeland, das sich allmählich in ein mythisches Reich verwandelt hatte. Mit der Zeit erwuchsen aus der Kollektiverinnerung eines ganzen entrechteten Volks neue Sitten und Lebensgrundsätze; hier formte sich die eigentümliche Kultur der neuen Generationen.

Heutzutage lässt sich das afrikanische Erbe überall auf dem Land erkennen. Auf den Feldern schwingen Männer in einer Reihe ihre Hacken zum Takt kleiner Trommeln. Hinter ihnen dampfen Kessel mit Hirse und Yamswurzeln für das festliche Erntemahl. Mitten in einem kleinen Dorf an der Landstraße, einem *lakou*, hält ein runzliger alter Mann Hof. An jeder Kreuzung schießen Märkte aus dem Boden, die die Frauen aus den Bergen wie Magnete anziehen. Man sieht sie mit dem, was sie anzubieten haben, die Pfade entlangwandern, sieht den wiegenden Gang der Mädchen mit ihren Reiskörben auf dem Kopf, die Silhouette einer entschlossenen Matrone, die ein halbes Dutzend mit Auberginenkörben beladene Esel hinter sich herzerrt. Und man hört vielerlei Geräusche, das Echo ferner Gesänge, das Getümmel des Markts und den rhythmischen Tonfall des Kreolischen, der jedes Wort so verkürzt, dass es in das westafrikanische Metrum passt.

All diese Eindrücke, so unterschiedlich sie sind, haben einen gemeinsamen Nenner: die Gemeinschaft. Die Arbeit im Kollektiv, kommunaler Grundbesitz, die Autorität des Patriarchen, die dominierende Rolle der Frauen auf dem Markt – das sind die Schlüssel zu einer komplexen, gemeinschaftlichen Welt.

Aber diese Bilder allein reichen nicht aus, um den Zusammenhalt der bäuerlichen Gesellschaft zu erklären. Wirklich verständlich werden sie, ähnlich wie bei der Erkundung der Psyche, erst durch Symbole, durch unsichtbare Laute sozusagen, die man wahrnimmt, indem man sie spürt. Was die Menschen in diesem Land der Überlebenden und der Geister, der Lebenden und der Toten, wesentlich miteinander verbindet, ist die Vodoun-Religion. *Vodoun*, allgemein als Voodoo bekannt, ist ein Wort der Fon, eines Stammes in Dahomey, dem heutigen Benin, und bedeutet »Geist« oder »Gott«. Dabei handelt es sich nicht um einen schwarzmagischen Kult, sondern um ein System tief religiöser Glaubenssätze, in denen die Beziehungen zwischen Mensch, Natur und den übernatürlichen Kräften des Universums erklärt werden. Wie alle Religionen vermengt Voudoun das Unbekannte mit dem Bekannten, schafft Ordnung aus dem Chaos und macht das Mysterium verständlich.

Vodoun besteht nicht nur aus einer Reihe spiritueller Vorstellungen, sondern fordert eine bestimmte Lebensweise; es ist eine Lebensphilosophie und ein ethischer Kodex, der das Verhalten der Menschen untereinander regelt. In einer Vodoun-Gesellschaft findet man, wie in einer christlichen oder islamischen Gemeinschaft, eine holistische Geschlossenheit: eine eigene Sprache, ein komplexes System aus traditioneller Medizin, Kunst und Musik, das von den afrikanischen Vorfahren beeinflusst ist, eine auf der mündlichen Weitergabe von Liedern und Volksbräuchen beruhende Erziehung und ein Rechtsempfinden, das den moralischen Grundsätzen einheimischer Völker entspricht.

Die Religion lässt sich nicht aus dem Alltagsleben herauslösen. Wie in Afrika gibt es auch in Haiti keine Trennung zwischen dem Heiligen und dem Profanen, zwischen Materie und Geist. Jeder

Tanz, jedes Lied, jede Handlung ist ein Teil des Ganzen, jede Geste ein Gebet für das Überleben aller. Vodoun ist keine animistische Religion. Die Gläubigen schreiben den Wesen der Natur keine Seele zu; sie dienen der *loa*, den mannigfachen Manifestationen Gottes. Zu ihnen gehören Agwe, der geistige Herrscher über das Meer, Ogoun, der Geist des Feuers, des Krieges und der metallischen Elemente, aber auch Erzulie, die Göttin der Liebe, Guede, der Engel des Todes, und Legba, der Geist des kommunikativen Austauschs zwischen allen Sphären. Die Vodoun-Anhänger verehren in der Tat hunderte von *loa*, da sie alles Leben, alle materiellen Dinge und sogar abstrakte Vorgänge als heilige Aspekte Gottes betrachten. Gott, der als höchste Instanz über dem Pantheon thront, ist weit entrückt, aber mit den *loa* können die Haitianer täglich verkehren.

Die Geister leben unter dem Großen Wasser und verbringen ihre Zeit teils in Haiti, teils in der mythischen Heimat Guinea. Doch manchmal schlagen sie ihre Wohnstatt an Orten von großer Schönheit auf; sie tauchen vom Grunde des Meeres auf, bewohnen die fruchtbaren Ebenen oder steigen von Berggipfeln über felsige Pfade hinab. Sie wohnen in Steinen, in feuchten Höhlen, in der Tiefe verfallener Brunnen. Die Gläubigen fühlen sich zu diesen Orten hingezogen wie wir zu Kathedralen. Wir verehren ja auch nicht die Gebäude, sondern gehen dorthin, um die Gegenwart Gottes zu erfahren.

Im Sommer wandern die Geister in Haiti umher, die Menschen folgen ihnen, und die Straßen sind wochenlang von Pilgern überfüllt. Die höchste Verehrung gilt einem Wasserfall namens Saut d'Eau, wo Erzulie Freda, die Göttin der Liebe, dem Zorn katholischer Priester entrann, indem sie sich in eine Taube verwandelte und im schillernden Dunst verschwand. Saut d'Eau ist den Vodoun-Anhängern doppelt wichtig, denn dort wohnt auch Damballah Wedo, der Schlangengott, der Hort allen spirituellen Wissens und der Ursprung aller fallenden Wasser. Als der erste Regen fiel, so berichtet die Sage, erschien darin ein Regenbogen, Ayida Wedo. Damballah verliebte sich in Ayida, und in ihrer Liebe umschlangen sie sich zu einer kosmischen Helix, welche die ganze Schöpfung befruchtete.

Der Wasserfall hat ein tiefes, verborgenes Becken in den steil abbrechenden Kalkstein gegraben. Im Juli erbebt der Pfad, der zum Wasserfall hinabführt, drei Tage lang unter den Massen derer, die da kommen und gehen. Ein nicht abreißender Strom von rund 15000 Pilgern findet sich hier ein, und das Becken, das sich in die Bergwand schmiegt, wird zu einem riesigen Festzelt, das alle aufnimmt. Es ist ein freudiges Ereignis; man sieht es an den Gesichtern der Kinder, der jungen Stutzer aus der Stadt, die katzengleich über die Felsen springen, und der zerlumpten Bauern, die höhnisch über den fetten, lächerlichen Regierungsbeamten grinsen. Doch für die Frommen ist es auch eine Gelegenheit zur Reinigung und Heilung und einmal im Jahr die Möglichkeit, der Kraft des Wassers teilhaftig zu werden, zu baden und zu trinken und ein Fläschchen mit dem kalten, dünnen Blut der Gottheit abzufüllen.

Im klaren, kühlen Licht der Morgendämmerung sammeln sich die Pilger im Umkreis des Beckens, wo die Kräutersammler ihre staubigen Stände aufbauen und rußverschmutzte Kästen, dicke Wurzelstöcke, Tüten mit heilenden Blättern und Bottiche mit Wasser und Kräutern anbieten. *Houngans* und *mambos*, Vodoun-Priester und -Priesterinnen, sprechen vom Zauber, den sie aus Tau machen können, binden unfruchtbaren jungen Frauen bunte Schnüre um oder wickeln sie um die Bäuche fülliger Matronen, die sie dann zu gegebener Zeit vom wachsüberzogenen Stamm des heiligen Mapoubaumes herabhängen lassen, um den Segen der Götter zu erflehen. Man braucht nur die Hand ins Wasser zu halten, um zu spüren, wie wohl es tut. Manchen genügt es schon, in die flachen, silbern schimmernden Wassermulden einzutauchen und ihre Opfergaben, Mais- und Reishäufchen, am Rand stehen zu lassen. Aber die meisten gehen direkt zum Wasserfall. Frauen und Männer, Alte und Junge, erklimmen mit nacktem Oberkörper die glitschigen Felsstufen zur Kante des Wasserfalls. Dort oben gabelt sich der Fluss zweimal, sodass nicht nur einer, sondern drei Wasserfälle mehr als dreißig Meter tief hinabstürzen. Alles Wasser, das nicht als Dunst zerstäubt, schlägt mit großer Wucht gegen den Felsen, sodass viele kleine Wasserfälle entstehen, von denen jeder heilig ist.

Die Pilger streifen die Kleider ab, werfen sie ins Wasser, und mit ausgestreckten Armen flehen sie die Geister an. Junge Männer stellen sich direkt unter den Sturzbach, der ihre betäubten Leiber gegen den Felsen schlägt. Im donnernden Getöse, den durchdringenden Schreien und dem Gebrüll der Kinderscharen gehen ihre Gebete unter. Alles ist ständig in Bewegung, fließt ineinander – das Sehen und Hören, die leidenschaftlichen Gebete, die üppige Vegetation, urzeitlich und wunderbar.

Die Leichtigkeit, mit der die Haitianer in ihrer spirituellen Welt ein und aus gehen, ist eine Folge des ungewöhnlichen Zwiegesprächs zwischen Menschen und Geistern. Die *loa* sind mächtig und können dem sehr schaden, der sie kränkt, doch sie sind berechenbar und belohnen Männer und Frauen, die ihnen angemessen dienen, mit einem guten Geschick. Doch ebenso wie die Menschen die Geister ehren müssen, sind diese auch abhängig von den Menschen. Sie kommen, wenn sie in Gesängen beschworen werden, getragen vom Rhythmus der Trommeln. Der Gläubige, von dem sie Besitz ergreifen, verliert jedes Bewusstsein seiner selbst und wird selbst zum Geist, nimmt dessen Charakter und dessen Kräfte an.

Eines Nachts wurde ich von einem berühmten Vodoun-Priester

eingeladen, dessen Tempel sich an der Küste, gleich hinter einer Straßenkreuzung befand. Stumm sah ich zu, wie ein weiß gekleidetes Mädchen – eine der *hounsis*, der Initiierten des Tempels – aus der Dunkelheit in den hellen Säulenhof trat. Sie wirbelte links und rechts herum, stellte eine Kerze auf den Boden und zündete sie an. Die *mambo*, mit einem Tongefäß in der Hand, wirbelte gleichfalls herum und zeichnete dann mit Reismehl aus dem Gefäß ein kabbalistisches Muster auf die Erde. Das war ein *vévé*, das Zeichen des *loa*, der angerufen wurde. Nachdem die *mambo* einige Trankopfer vergossen hatte, winkte sie eine Gruppe von *hounsis* in den Säulengang und führte sie gegen den Uhrzeigersinn um den Pfosten in der Mitte herum, den *poteau mitan*, wo dann alle gleichzeitig vor den Priester hinknieten. Mit einer heiligen Rassel in der Hand rezitierte der *houngan* in ritueller Sprache eine komplizierte Litanei, mit der alle Mysterien einer uralten Tradition beschworen wurden.

Dann setzten die Trommeln ein, erst das durchdringende Stakkato der *cata*, der kleinsten Trommel, die mit zwei langen, dünnen Stöcken geschlagen wird. Es folgte der fließende Rhythmus der *seconde* und dann das Dröhnen eines anschwellenden Donners – die *maman*, die größte der drei. Jede Trommel hatte ihren eigenen Rhythmus, ihre eigene Tonhöhe, und doch ergab sich eine überwältigende klangliche Einheit. Die Stimme der *mambo* schnitt durch die Nacht, und zu ihren unheimlichen, beschwörenden Tönen schlugen die Trommler unaufhörliche Wirbel, die in ihrer gebündelten klanglichen Wucht so eindringlich waren, dass sich die Palmen oben voller Sympathie im Rhythmus wiegten.

Die mitgerissenen Initiierten bewegten sich durch den Säulengang wie ein Mann, alle vom selben Herzschlag durchpulst. Alle *hounsis*, auf den *poteau mitan* ausgerichtet und ganz auf die Trommeln konzentriert, blieben in sich versunken. Ihr Tanz war kein Ritual von Ausgeglichenheit und Anmut, keine Allegorie, sondern ein Frontalangriff auf die Kräfte der Natur. Im körperlichen Sinne war es ein Tanz von Schultern und Armen, von Füßen, die dicht über dem Boden die immer gleichen, scheinbar einfachen Schritte wiederholten. Aber es war auch ein Tanz voller Zielstrebigkeit und Entschlossenheit, ein Tanz, der die Beständigkeit und Einheit der Gruppe symbolisierte.

Der Tanz dauerte vierzig Minuten, und dann geschah es. Die *maman* brach aus, entfloh dem festen Rhythmus der andern Trommeln und kehrte dann, mit einem stark synkopierten Rhythmus und durchbrochenem Kontrapunkt wieder zurück. Ein Gefühl qualvoller Leere stellte sich ein, hoffnungsloser Verwundbarkeit. Eine der Initiierten erstarrte. Die Trommel dröhnte unbarmherzig, schwere tiefe Schläge, die direkt auf das Rückgrat der Frau zu zielen schienen. Bei jedem Schlag fuhr sie zusammen und begann dann, mit einem Fuß wie festgewurzelt, in einer unregelmäßigen Pirouette herumzuwirbeln, aus der sie bald ausbrach und stolpernd und fallend durch den ganzen Säulengang stürzte, dabei ins Leere griff und um sich schlug, sich dann kurz fasste und aufs neue von den unaufhörlichen Trommelschlägen angetrieben wurde. Auf der Schallwelle dieser Trommeln überkam sie der Geist. Der heftige Ausbruch der Frau ließ nach, langsam hob sie ihr Gesicht zum Himmel. Der göttliche Reiter hatte sie bestiegen, sie war selbst zum Geist geworden. Der *loa*, der Geist, den das Ritual beschworen hatte, war unter uns.

Nie zuvor hatte ich ein so unmittelbares und kraftvolles Phänomen miterlebt wie das Vodoun-Schauspiel, das nun folgte. Die Initiierte, eine zierliche Frau, schoss durch den Säulengang, hob große Männer hoch und schwenkte sie herum wie Kinder. Sie ergriff ein Glas und zerbiss es im Mund, schluckte einen Teil der Splitter und spuckte den Rest aus. Dann brachte ihr die *mambo* eine lebende Taube. Die *hounsis* opferte sie, indem sie ihr erst die Flügel brach und ihr dann den Kopf abbiss. Gleich fuhr der Geist

in zwei weitere *hounsis*, und für eine halbe Stunde verwa
sich der Säulenhof in ein Pandämonium, in dem die *mamb*
herraste, aus Wasser und Rum bestehende Trankopfer vergoss und
den Geistern mit der Rassel den Weg wies.

Der Rhythmus änderte sich, und die Geister erschienen von
neuem, stiegen diesmal aus einem Feuer auf, das am Fuß des *poteau mitan* brannte. Von einer *hounsis* wurde gewaltsam Besitz ergriffen, sie zitterte am ganzen Leibe, ihre Muskeln zogen sich zu-
sammen, und ein Krampf kroch ihr wie eine Schlange die Wir-
belsäule hinauf. Sie kniete sich vor das Feuer und rief etwas in einer uralten Sprache. Dann stand sie auf, wirbelte in immer enge-
ren Ringen wie ein Kreisel um den *poteau mitan* herum und fiel,
noch immer kreiselnd, ins Feuer. Dort verharrte sie unglaublich
lange und sprang dann mit einem einzigen gewaltigen Satz, der
Glut und Asche im Säulengang auffliegen ließ, heraus. Sobald sie
wieder fest auf beiden Füßen stand, starrte sie ins Feuer und
kreischte wie ein Rabe. Dann griff sie in die Glut, nahm zwei bren-
nende Holzscheite, schlug sie aufeinander und ließ eines fallen.
Das andere leckte sie mit einer lasziven Zungenbewegung ab.
Dann nahm sie ein rotglühendes Holzstück von der Größe eines
kleinen Apfels zwischen die Lippen. Wieder begann sie zu kreisen, dreimal um den *poteau mitan* herum, bis sie am Ende in den
Armen der *mambo* zusammenbrach. Das glühende Holzstück hatte sie noch im Mund.

Für Ungläubige ist es ungeheuer beunruhigend mitzuerleben, wie
Geister auf diese Weise Besitz von Menschen ergreifen. Die Kräfte, die dabei wirksam werden, sind primitiv, unmittelbar und un-
bestreitbar vorhanden; denen, die ihre eigenen Götter nicht kennen, erscheinen sie zerstörerisch. Mitanzusehen, wie geistig gesunde und in jeder Hinsicht ehrbare Menschen in direkte Verbindung mit dem Göttlichen treten, erfüllt uns entweder mit Furcht

– die ihr natürliches Ventil im Unglauben findet – oder mit Neid. Die meisten Psychologen, die versucht haben, Besessenheit aus wissenschaftlicher Sicht zu begreifen, gehören der ersten Kategorie an; vielleicht gelangen sie deshalb zu verwirrenden Folgerungen, die auf völlig ungesicherten Annahmen beruhen. Zunächst einmal tun sie, da sich das mystische Weltbild der Vodounisten auf Dinge stützt, die sich dem Kalkül der Wissenschaftler entziehen – etwa die Existenz von Geistern –, das persönliche Erlebnis einer Besessenheit als reine Äußerlichkeit ab. Der Gläubige sieht in der Spaltung der Persönlichkeit, die für eine Besessenheit kennzeichnend ist, ein Zeichen göttlicher Gnade, der Psychologe hingegen nur das Symptom einer »gravierenden psychischen Störung«. Ein prominenter haitianischer Arzt räumte zwar ein, dass sich Besessenheit innerhalb der strengen Rahmenbedingungen eines Rituals ereignet, kam aber dennoch zu dem Schluss, dass sie das Ergebnis »eines auf dem Land weit verbreiteten Krankheitsbildes ist, das jedoch keineswegs auf individuelle oder gesellschaftliche Erlebnisse zurückzuführen ist, sondern auf die genetische Disposition des haitianischen Volkes«, also eine in der Rasse verankerte Psychose. Solch unangemessene Erklärungen sind typisch für uninformierte Beobachter.

Bis zu Beginn des 20. Jahrhunderts wurde dem Vodoun zumeist nur die Rolle eines Katalysators in der einzigen erfolgreichen Sklavenrevolte der Geschichte zugestanden. Die Ansicht, dass Vodoun, Voodoo also, etwas Übles, Makabres sei, kam erst nach 1915 auf, als das amerikanische Marine Corps Haiti besetzte. Zwanzig Jahre später wurde die Insel von Missionaren und Marines überschwemmt, die vorwiegend aus dem amerikanischen Süden kamen und die teils fasziniert, teils entsetzt waren von allem, was sie in der berüchtigten Schwarzen Republik sahen – oder zu sehen glaubten. Die Amerikaner zu Hause allerdings genossen die Sensation. Es erschienen Romane über Haiti (*Voodoo Fire in Haiti, Black Baghdad, A Puritan in Voodooland, The White King of La Gonave, Cannibal Cousins, The Magic Island*), die ihrerseits eine Reihe minderwertiger Hollywoodfilme nach sich zogen (*I walked with a Zombie, The White Zombies, Zombies on Broadway, Zombies of the Stratosphere*). Diese Bücher und Filme, in denen man nadelbesteckte Puppen sah oder für den Kochtopf gezüchtete Kinder oder Zombies, die angriffslustig aus ihren Gräbern krabbelten, hätte man zu jeder anderen Zeit sofort vergessen. Doch zu dem Zeitpunkt übermittelten sie der amerikanischen Öffentlichkeit eine wichtige Botschaft: Jedes Land, in dem so abscheuliche Dinge geschehen, kann nur durch militärisches Eingreifen gerettet werden. Diese falschen und absurden Darstellungen sind verantwortlich dafür, dass Vodoun in dem Ruf steht, ein gottloser, schwarzmagischer Kult zu sein.

In Wirklichkeit ist Vodoun eine komplexe metaphysische Weltanschauung, entstanden aus tief religiösen Vorstellungen, die ihre Wurzeln in Afrika haben. In ihrem Mittelpunkt steht der heilige Kreislauf von Leben, Tod und Wiedergeburt. Der Vodoun-Anhänger fürchtet den Tod nicht wegen seiner Endgültigkeit, sondern weil sich in diesem kritischen und schmerzlichen Augenblick das Spirituelle vom Physischen trennt. Ein Teil der Seele, der *ti bon ange*, der kleine gute Engel, geht unter das Große Wasser. Ein Jahr und ein Tag nach dem Tod wird er in einem der wichtigsten Vodoun-Riten feierlich zurückgerufen und vom *houngan* in ein *govi* gesteckt, in ein kleines Tongefäß, das nun seinen Platz im innersten Heiligtum des Tempels findet. Die Seele, anfangs noch einem bestimmten Verwandten zugeordnet, wird allmählich Teil des riesigen Reservoirs der Ahnenenergie, aus dem die Archetypen auftauchen, welche die *loa* sind, die 401 Geister des Vodoun-Pantheons. Für die Haitianer ist dieses Zurückrufen der Toten keine isolierte, sentimentale Handlung, sondern etwas so Elementares und Unausweichliches wie die Geburt. Aus dem Mutterschoß kommt man als Tier, die geistige Geburt bei der Initiation macht einen zum Menschen, aber erst die endgültige Wiederkehr lässt die eigene Geburt als etwas Heiliges und Elementares erkennen.

Die Besessenheit, die Rückkehr der Geister in den Körper, vervollständigt den heiligen Kreislauf: vom Menschen zum Ahnen, vom Ahnen zum kosmischen Prinzip, vom Prinzip zur Persönlichkeit, die zurückkehrt, um die Identität als Mann oder Frau aufzuheben. Wenn Vodounisten ihren Göttern dienen, schenken diese ihnen auch neues Leben. Die entscheidende Erfahrung im Vodoun-Ritual wird in dem Augenblick erlebt, in dem der *loa* auf die Beschwörung antwortet und aus der Erde aufsteigt, um den Körper in Besitz zu nehmen. In vieler Hinsicht ist Vodoun der in seinem Kern demokratischste Glaube, da seine Anhänger nicht nur direkten Zugang zu den Geistern haben, sondern sie tatsächlich in ihrem Körper empfangen. Der Augenblick, in dem ein Geist in einen Körper eingeht und den der Tänzer und Autor Maya Deren als »weiße Dunkelheit« bezeichnet, hat keinen pathologischen Hintergrund. Vielmehr handelt es sich um die Manifestation göttlicher Gnade, eine Offenbarung im Vodoun-Glauben. Haitianer sagen oft: »Weiße gehen in die Kirche und sprechen über Gott. Wir tanzen im Tempel und werden Gott.«

Natürlich gibt es auch weniger wohltätige Vodoun-Kräfte – die Schwarzmagie und die Medizinmänner, die mit Hexenkräutern umgehen. Wenn man fragt: Warum gibt es Zauberei im Vodoun?, könnte man ebensogut fragen: Warum gibt es das Böse in der Welt? Sofern es darauf überhaupt eine Antwort gibt, dann wohl die, die Krishna einem seiner Jünger gegeben hat: »Um die Handlung spannender zu machen.« Nun kennt nahezu jede Religion die Begriffe Dunkelheit und Licht. Im Christentum gibt es den gefallenen Engel, der der Teufel ist, und das Christuskind, den Sohn Gottes. Für die Vodoun-Anhänger ist Zauberei lediglich die Manifestation der dunklen Seite des Universums. Die Kräfte des Bösen mit der magischen Kraft des Positiven in Schach zu halten ist das Ziel dieser Religion.

Der Gott des Krieges und des Feuers wohnt im Norden, im Schatten eines *mapou*-Baumes, der nahe der Dorfmitte von Plaine du Nord die Stelle markiert, an der sich einmal im Jahr ein schlammiger Teich über einer trockenen Straßenbettung ausbreitet. Wie das Wasser von Saut d'Eau gilt auch dieser Schlamm als sehr heilkräftig, und jedes Jahr strömen tausende von Pilgern herbei. Im Unterschied zu Saut d'Eau ist das Gelände von Häusern umgeben, welche die gesamte Energie der Pilger bündeln und auf eine kleine, hoch aufgeladene Stelle lenken. Statt der souveränen Gelassenheit von Damballah herrscht hier die wilde Energie von Ogoun.

Rings um das Becken brennen Kerzen für den Geist, und die Pilger in heller Baumwollkleidung beugen sich bedenklich weit über den Schlamm und opfern Rum, Fleisch, Reis und Wein. Auf einer Seite ist eine ganze Batterie von Trommeln aufgestellt. Die vom Geist Besessenen steigen ins Becken, verschwinden und tauchen verwandelt wieder auf. Ein junger Mann, von dem nur noch die Augen zu sehen sind, gleitet wie ein Reptil an den Beinen nackter, lehmbeschmierter Frauen vorbei. Daneben tauchen Kinder wie Enten nach Münzen. Am Fuß des Mangobaums verfüttert Ogoun Blätter mit Rum an einen Opferstier, der von einigen Leuten gestreichelt wird, bevor die Machete seinen Hals durchtrennt.

All das beobachtete ich an meinem letzten Tag in Haiti. Plötzlich spürte ich, wie mir etwas Flüssiges, aber weder Wasser noch Schweiß oder Rum, auf den Arm tropfte. Als ich mich umdrehte, drängte sich ein Mann an mich, dessen Arm mit Nadeln und kleinen Klingen gespickt war; das Blut strömte über die Narben aus vergangenen Jahren, spritzte über den Blätterverband an seinem

Ellbogen und tropfte von seiner Haut auf meine. Der Mann lächelte. Auch er war besessen, so wie der junge Mann, der rittlings auf dem sterbenden Stier saß, so wie die im Schlamm watenden Tänzer und Frauen. Männer und Frauen, die Nachkommen derer, die in Ketten aus ihrer afrikanischen Heimat verschleppt worden waren, wurden willkommen geheißen von einem neuen Land, das sie ihrerseits mit den Kräften der Finsternis und des Lichts erfüllt hatten. »Haiti wird dich lehren, dass Gut und Böse eins sind«, sagte mir einmal ein Vodoun-Priester. »Wir verwechseln beides nie. Aber wir trennen es auch nicht.«

Der Leopard mit dem Wolkenmuster

Eines Morgens in Tibet wachte ich vor Morgengrauen auf, spritzte mir eiskaltes Wasser ins Gesicht und ließ meine Gefährten zurück, um ins samtene Licht hinauszuwandern und den Hang zum Kloster »Leuchtender Kristall« in Shekar zu erklettern. Am Fuß des Berges zog sich ein Feldweg den Fluss entlang und schlängelte sich dann durch ein Gewirr von Häusern auf kleinen, umzäunten Grundstücken, weiße Mauern und Simse, davor Stapel von krummem Brennholz, über den Fenstern Sonnensegel, blau, rot und gelb, die Farben im Licht des anbrechenden Tages noch gedämpft. In den Höfen Yaks, ernst und reglos. Aus einem nicht sichtbaren Tempel hörte ich den gemurmelten Sprechgesang der Mönche. Butterlampen und Kerzen erhellten mir den Weg, bis die Sonne aufging und sich über den spitzen Berggipfel erhob, auf dem eine verlassene Burgruine stand. Während ich zur Klosterpforte hinaufstieg, glitten die Schatten den Berg hinunter und gaben den Blick auf Mauern und Schutt frei, auf abgetragenen Fels und die Überreste unbekannter und ungeahnter Bauten. Dann versanken die Schatten ganz und wichen einer Strahlenflut, die unparteiisch alle Reste des uralten Klosters in Sonnenlicht badete.

Als ich vor den roten Holztoren stand, die mit eisernen Riegeln versperrt waren, hatte die strahlende Sonne das Dämmerlicht verjagt. Da ich nicht weiterkam, versuchte ich, über die Mauer zu klettern, erst einen steilen Felskamin hinauf bis zu dem Punkt, an dem mich die Angst packte. Ich wusste nun nicht, was schlimmer war – weiterzumachen bis ganz oben hin oder die Rückkehr zu wagen. Ich kletterte wieder zurück und setzte mich gedemütigt auf einen Stein. Doch auf einmal, ganz unerwartet, ging der Riegel auf, das Tor öffnete sich, und dahinter kam ein sanfter, liebenswürdiger junger Mönch zum Vorschein.

Er begleitete mich zu einem steinernen Pfad, den jahrhundertelanges Begehen geglättet hatte. Wiederhergestellte Mauern zu seiner Rechten führten zum Mittelpunkt der Anlage, einem Tempel, der unversehrt geblieben oder restauriert worden war – das ist in Tibet schwer zu sagen. Auf dem goldenen Dach stand ein Dharma Chakra, das Rad der Religion, getragen von zwei heiligen Hirschen in Kupfer und Gold, das Symbol des buddhistischen Pfades: Leben in unaufhörlicher Bewegung.

Zur Linken verliefen unkrautüberwachsene Feldwege durch Ruinen und zwischen behauenen Steinen hindurch, ein verschlungenes Netz von Pfaden, das sich den Berg hinaufzog. Mit einer leichten Verbeugung dankte ich dem Mönch und ließ die Stille des Klosters hinter mir. Als ich zurückschaute, sah ich, wie er die Sonne grüßte; er stand allein auf einer Terrasse, von der aus man auf die fernen, fruchtbaren Felder im Tal blickte.

Vor zwei Generationen lebten hier noch vierhundert Mönche. Aus den verstreuten Meditationshütten, die im 13. Jahrhundert wie Schwalbennester an den Felsen hingen, wurde im siebzehnten Jahrhundert unter dem fünften Dalai Lama ein richtiges Kloster, ein namhaftes religiöses Zentrum mit der größten Bibliothek Tibets (die Bücher wurden mit Holzplatten gedruckt). Bis zum Eintreffen der britischen Expedition, die 1921 als erste den Mount Everest erkunden sollte, hatten die Mönche und die Einwohner von Shekar noch nie einen Europäer gesehen. Der Leiter dieser Expedition, Oberstleutnant C.K.Howard-Bury, berichtete von einem grandiosen Bergkamm, auf dem bewehrte Mauern aufragen »zu einem sonderbaren, fast gotisch anmutenden Bauwerk auf dem Gipfel, wo täglich Räucherwerk abgebrannt wird«. Am Fuß des Berges, auf der Straße, die Shekar mit Tingri verbindet, trafen die britischen Bergwanderer einen im Staub liegenden Pilger an, einen Mongolen, der vor sechs Monaten aus Lhasa gekommen war und sich auf Katmandu zubewegte, immer eine Körperlänge weiter. Für die jungen Engländer, die gerade das Inferno von Flandern durchgemacht hatten, war es ein überwältigendes Beispiel für religiöse Hingabe. Fünfzig Jahre später, während der chinesischen Kulturrevolution, wurde das gesamte Shekar-Kloster von Kindern mit Dynamitstäben in die Luft gesprengt. Aber das war nur eine Untat in dem Sturm der Zerstörung, der mehr als eine Million Tibeter das Leben kostete und an die 6000 Tempel der Weisheit und göttlichen Verehrung in Schutt und Asche legte.

Der Pfad durch die Trümmer stieg mehr als 500 Höhenmeter an, an den Mauern einer Burg entlang, in der Tibeter einst vor den plündernden Heerscharen aus Nepal Schutz fanden. Ruinen säumten den Pfad bis zum Gipfel, der extrem ungeschützt war. Wer an so einer Stelle baute, missachtete die Gesetze der Schwerkraft. Der Gipfel bestand nur aus einem Haufen zerborstener, von Gebetsfahnen umwickelter Felsbrocken und Mauerreste. Am Fuß der Mauern befanden sich Aschehäufchen, abgebranntes Räucherwerk und getrocknete Blüten. Ein Schwarm Dohlen flog kreischend über mich hinweg, und im Norden erspähte ich einen braungelben Geier, der im Wind abdrehte. Die Gebetsfahnen, blau und weiß, hatten die Farben des Himmelsgottes, die Raum und Licht symbolisieren. Als ich nach Süden blickte, sah ich in der Ferne eine weiße Bergspitze einsam in den Horizont ragen: den Mount Everest, von den Tibetern Chomolangma genannt, Göttliche Weltenmutter, der höchste Punkt der Erde und das Ziel unserer Reise.

Als ich beim Abstieg am Kloster vorbeikam, erblickte ich den jungen Mönch, der in der Sonne mit einem verwahrlosten Hund spielte. Ich rief einen Gruß hinüber, und er winkte mich in eine kleine Zelle auf einer Felskante, von der aus man einen Blick auf die Ruinen hatte; dort wohnte er. Wir verständigten uns mit Lächeln und Gesten. Ich gab ihm ein Foto von meinen Kindern. Er schenkte mir ein Messingmedaillon an einer blauen Schnur, das ich mir um den Hals hängen sollte, wenn ich in den Bergen kletterte. Wir tranken Tee aus schwarzen indischen Blättern mit Yak-Butter und Salz, und ein seltsames Schweigen erfasste uns, erfüllt von seiner Sehnsucht, die Welt kennen zu lernen, in die Seine Heiligkeit, der vierzehnte Dalai-Lama, geflohen war, und meiner Sehnsucht, den Ort verstehen zu können, an dem Geist und Religion nahezu das ganze tägliche Leben durchdrangen. Wir verabschiedeten uns mit dem Gefühl, einander eines Tages vielleicht doch noch mitteilen zu können, dass sich meine Reise in seine Berge als Gewinn bringend erwiesen hat und sein Ziel auch meines geworden ist, nämlich eins zu werden mit allem, was ist.

Wir hatten nicht vor, den Everest zu besteigen, wir wollten nur den verborgenen Abfluss des Kama Chu erkunden, der im Eis am Fuß der Ostwand seinen Anfang nimmt. Dort, in dem britischen Schilderungen zufolge schönsten Tal des Himalaya, zwischen Wiesen und Felsgesimsen, die auf den Kangshung-Gletscher blicken, leben Schneeleoparden und Blauschafe. Südlich des Flusses erhebt sich ein Wall eisbedeckter Bergriesen – Lhotse, die Schwester des Everest, Chomo Lönzo und Pethangtse, alle höher als die höchsten Berge Nordamerikas, und schließlich Makalu, der fünfthöchste Berg der Erde, überwältigend in seiner unübertroffenen Schönheit. Auf einer Strecke von 37 Kilometern überwindet der Kama Chu fast 5000 Höhenmeter, stürzt über mehrere gewaltige Wasserfälle in die tiefste Schlucht der Erde, den Canyon des Flusses Arun, der älter ist als das Himalaya-Gebirge.

Unterhalb der steilen Felsen und Eisfelder des Makalu, nur 25

Kilometer vom Fuß des Everest entfernt, stehen riesige Lärchen- und Tannenwälder. Im Unterholz aus Bambus, Rhododendron, Bergeschen und Birken weiter flussabwärts hofften wir, die scheueste aller Katzen anzutreffen, den Nebelparder, ein so seltenes und geheimnisvolles Geschöpf, dass frühe Beobachter seine Herkunft auf den Säbelzahntiger zurückführten. Der zurückgezogene Einzelgänger, der vermutlich nur nachts umherpirscht, ist in der Wildnis Zentralasiens nie fotografiert worden. Den regionalen Legenden zufolge ist er ein Baumbewohner, halb Mensch, halb Tier, der durchs Geäst gleitet und Jagd auf Affen und Fasane macht und dabei doppelt so weit springen kann, wie er lang ist. Wie ein Schatten fällt er auf die Erde, um Moschushirsche und Kleine Pandas zu erbeuten.

Er wiegt knapp sechzig Pfund, viel weniger als ein Schneeleopard, und ist samt Schwanz zwei Meter lang, also ziemlich klein, doch seine auffallenden oberen Eckzähne sind, im Verhältnis zur Schädelgröße, länger als die irgendeiner anderen Katze – daher der Vergleich mit dem Säbelzahntiger. Auf Fotos, die von diesen Tieren in Gefangenschaft gemacht wurden, erkennt man einen durchdringenden Blick, enorme Pfoten und, zum Halten des Gleichgewichts, einen ungewöhnlich langen Schwanz, der bis zum Ende die gleiche Dicke hat. Die Brust ist grellweiß, das dichte Fell mit dunklen Rosetten gesprenkelt, die wie Wölkchen über den gelblichen Pelz gleiten. Der Schneeleopard lebt im allgemeinen oberhalb der Baumgrenze, nahe am Eis, doch der Nebelparder hält sich in Wäldern unterhalb von 4000 Metern auf. Einst reichte sein Lebensraum von den Ausläufern des Himalaya bis nach Borneo und Sumatra, aber nun hat sich sein Vorkommen derart verringert, dass er in der Wildnis zu einer Art göttlicher Erscheinung in Tiergestalt geworden ist.

In dem Tal, das zum Fuß des Chomolangma führt, einen Nebelparder zu suchen war eine närrische Idee, der Traum von zwei

Amerikanern, Vater und Sohn, Daniel und Jesse Taylor-Ide. Daniel, Sohn und Enkel von Arztmissionaren, war in den Ausläufern des Himalaya aufgewachsen und sprach fließend Hindi. Sein Großvater, ein Cowboy aus Dodge City, wurde religiös, ging ins Priesterseminar und studierte Medizin und fuhr 1914 mit seiner Frau nach Indien. Als zwei Jahre später Daniels Vater Carl auf die Welt kam, hatte die Familie Taylor ihre Wahlheimat in Mussoorie gefunden, einer Berggarnison, in die britische Offiziere und ihre Frauen flüchteten, um der Sommerhitze zu entgehen und sich im Zwielicht indobritischer Herrschaft zu vergnügen. Mit Mussoorie als Stützpunkt zogen die Taylors jedes Jahr mit Kindern und Ausrüstung auf einem Ochsenkarren sechs Monate lang umher – eine mobile medizinische Versorgungsstation, die über die ausgefahrenen Dschungelpfade Nordindiens holperte. Das ging so ein Vierteljahrhundert lang. Carl Taylor wuchs im Wald auf, so frei wie ein Zigeuner und so wild wie Mogli. Als er alt genug war, um Medizin zu studieren, entschied er sich für Harvard, wo er der erste Bewerber war, der seine Anatomieausbildung an der Seite eines Vaters erhalten hatte, der Tiger sezierte.

Nach dem Medizinstudium und vier Jahren Militärdienst in Panama während des Zweiten Weltkriegs kehrte Dr. Taylor 1947 mit seiner jungen Familie, zu der jetzt der zweijährige Daniel gehörte, nach Indien zurück. Es war das Jahr der Teilung, der Abtrennung Pakistans von Indien, und an den neuen Grenzen gab es gewaltsame Auseinandersetzungen. Von Muslimen und Hindus gleichermaßen unterstützt und mit dem Rückhalt von Nehru und Mountbatten fuhr Taylor kreuz und quer durch die Zone des Schreckens und leistete überall ärztliche Hilfe. An manchen Orten, durch die er kam, waren tausende von Frauen und Kindern blutigen Massakern zum Opfer gefallen. Später entfloh er dem Gemetzel und fuhr nach Norden, nach Nepal, wo er 1949 als Mitglied der ersten Gruppe aus dem Westen in das uralte und bis dahin abgeschnittene Königreich gelangte. Mit dem legendären Ornithologen Robert Fleming jagte er Vögel in 6000 Meter Höhe auf dem Annapurna und dem Dhaulagari. Die beiden waren die ersten Ausländer, die diese hohen Gipfel erklommen. Nach einem fatalen Sturz auf dem Dhaulagari rettete Taylor seine Haut, indem er seinen Gewehrlauf an Ort und Stelle in den Schnee steckte und sich daran festhielt.

Bei einem solchen Vater erlebte Daniel keine gewöhnliche Kindheit. »In unserer Familie wurde Wert auf gute Tischmanieren gelegt«, schrieb er einst, »aber ebenso wichtig war das geräuschlose Gehen; beides musste ich lernen. Jagen und Bergsteigen lagen uns im Blut.« Dr. Taylor hielt nicht nur für Professoren Freisemester in regelmäßigen Abständen für wichtig, sondern auch für Kinder; und so nahm er seine Kinder alle fünf Jahre aus der Schule und zeigte ihnen die Welt. 1955, als Daniel zehn war, begleitete er seinen Vater ein Jahr lang auf der Suche nach Heilpflanzen. Andere Abenteuer folgten. Als die Familie 1961 England verließ und nach Indien fuhr, stellte sie ihr Fahrzeug am Fuß des Berges Ararat an der türkisch-iranischen Grenze ab. Wenige Stunden später wurden sie von Banditen überfallen.

In all diesen Jahren hatte Daniel Berge bestiegen. Im Sommer 1965 machte er fünf Erstbesteigungen in Nordindien. Auf dem Rückweg aus den Bergen begegnete er einem Trupp von Straßenarbeitern, tibetischen Flüchtlingen. Mit einem tauschte er die Kleider und blieb zwei Wochen lang bei ihnen, lebte wie sie, zerschlug Steine mit kleinen Hämmern, schlief im Freien, beschaffte sich Wasser aus dem Straßengraben und aß, was gerade da war. In dieser Zeit holte er sich eine leichte, aber unheilbare Pilzkrankheit, die ihm den Dienst in Vietnam ersparte.

Stattdessen fuhr er, nachdem er eine Saison lang als Bergführer im Teton-Gebirge in Wyoming gearbeitet hatte, zum Mount Logan, dem höchsten Berg Kanadas, und half der kanadischen Armee, eine Forschungshütte auf dem Gipfel zu bauen. Als sie damit fertig waren, fuhr er als erster Mensch auf Skiern den Logan hinab. Dennoch zog es ihn unausweichlich in den Himalaya zurück; 1968 nahm er bei der Tibetischen Exilgemeinde in Mussoorie eine Stelle als Berater an. Da er dank Harvard mit dem Schulwesen vertraut war, wollte er beim Aufbau eines Schulsystems für die Flüchtlingskinder behilflich sein. Doch Seine Heiligkeit, der vierzehnte Dalai-Lama, beauftragte ihn damit, Vorschläge auszuarbeiten, wie sich die Religion und die Identität eines Volkes bewahren ließen, das möglicherweise tausend Jahre lang im Exil leben musste. Dieses entscheidende Erlebnis zeigte Daniel, in welchem Ausmaß sich der Dalai-Lama seinem Volk verpflichtet fühlte, wie sehr ihm seine Kultur und sein Heimatland am Herzen lagen.

Von Indien zog Daniel weiter nach Katmandu, wo er für die U.S. Agency for International Development als Berater für Familienplanung arbeitete. Mit 24 verfügte er über einen Etat von einer Million Dollar und hatte freie Hand in einer Stadt, die zum Mittelpunkt der Gegenkultur geworden war, zu einer Karawanserei des Geistes auf einer Route, die in Richtung Süden bis nach Goa reichte und in Richtung Westen bis nach Europa und Amerika. Von 1969 bis 1971 blieb Daniel in Nepal, kaufte sich ein Motorrad und setzte einen Phantom II Rolls-Royce von 1928 instand, der, in Einzelteile zerlegt, über Land nach Katmandu getragen und zuletzt 1961 beim Besuch von Königin Elisabeth benutzt worden war. Er verliebte sich in die Tochter seines Chefs: Jennifer Ide. 1980 bekamen die beiden einen Sohn, Jesse Taylor-Ide, aber da waren sie schon wieder in den Staaten und wohnten auf einem Berg in West Virginia.

Jesse kam, wie sein Vater, in Amerika zur Welt, wuchs aber im Himalaya auf. Als er sechs Monate alt war, nahmen ihn seine Eltern im Kanu auf eine Fahrt durch den nepalesischen Dschungel mit, wo sie den sagenhaften achteckigen Brunnen suchten und auch fanden, jene heilige Stätte der Hindus, an der sich Rama und Sita trafen und liebten. Mit zwei Jahren trug ihn sein Vater zwei Monate lang auf dem Rücken durch den Dschungel des Barun-Tals, wo eine Gruppe von Abenteurern und Wissenschaftlern nach Spuren des Yeti forschten, des behaarten menschenähnlichen Wesens, das im Westen als »der abscheuliche Schneemensch« bekannt ist. Mit fünf Jahren sah er erstmals den Potala-Palast in Lhasa, die Residenz des Dalai-Lama, und stieg die schmalen Gänge hinauf, die zu dunklen Kammern führten, in denen friedliche Buddhas im Licht winziger Kerzen saßen. In Zimmern voller Schätze sah er zu, wie runzlige alte Pilger Münzen in Yakbutterlaibe steckten. Mit neun schlief er auf den Wiesen des Kyrong-Tals, und mit ihm die erste Gruppe von Ausländern in diesem Tal, seit Heinrich Harrer abgereist war und in der Ferne sein Buch *Sieben Jahre in Tibet* schrieb. Im selben Jahr wanderte Jesse um den Kailas herum, den Berg, der Hindus und Buddhisten gleichermaßen heilig ist, denn er beherbergt die Quellen des Indus und des Brahmaputra. Mit fünfzehn kam er zum ersten Mal in das Kama-Tal und begleitete seinen Vater bei der Zweitbesteigung des Kartze, eines Siebentausenders, den George Mallory 1921 als Erster bestiegen hatte, als er einen Weg zum Gipfel des Everest suchte. Aber im Gegensatz zu Mallory schleppte Jesse ein Snowboard mit hinauf und sauste damit hinab, die zweithöchste Skiabfahrt, die je gemacht worden war.

Jetzt, mit siebzehn Jahren, lebte er zwei Monate lang im Dschungel auf der südlichen, der indischen Seite des Himalaya, im Talle-Tal in Arunchal Pradesh, bei den Aputani, einem Volksstamm, der als Stamm der Rattenjäger bekannt ist. Dort, umgeben von dichtem Bambusdickicht in einem Bergwald, in dem es nie aufhört zu regnen, arbeitet er nun als Naturforscher. Er hat 23 Fotofallen aufgestellt, Kameras mit Blitzgeräten, die an Wildpfaden, Flüssen und in Baumkronen angebracht sind. Es gibt zwei Arten von Fallen.

Bei den einen wird ein Foto gemacht, wenn ein Tier einen feinen Laserstrahl durchbricht, der quer über einen Pfad verläuft. Bei den anderen sorgt eine plötzliche Lichtveränderung im Beobachtungsfeld für eine Aufnahme.

Nachdem Jesse seine Kameras angebracht hatte, ging er auf die Rattenjagd. Mitten in der Jagdsaison, wenn der Bambus in Blüte stand, konnten zwei Aputani-Jäger an einem Tag tausend Nager erlegen, wie er feststellte.

»Sie sind wie Hot Dogs«, erzählte mir Jesse, als wir uns in Lhasa kennen lernten. »In der ersten Nacht, in der ich bei ihnen war, zog der Jäger einen Bambusspieß aus dem Feuer, brach Beine und Schwanz ab und gab sie mir zu essen. Schmecken ganz gut, ähnlich wie Eichhörnchen. Dann schabte er die versengten Haare ab und steckte das Ganze ins Feuer, um es zu braten. Die Leoparden fressen auch Ratten, aber die lassen den Kopf übrig. Die Aputani lassen gar nichts übrig.«

Es gab Probleme: Wolkenbrüche lösten Aufnahmen aus, neugierige Affen stießen Kameras von den Ästen. Trotz allem ist Jesse aufgrund von Spuren im schlammigen Boden überzeugt, dass er sich Fotos von Zibetkatzen, Malaienbären, Kleinen Pandas und wilden Hunden verschaffen konnte. Spuren, die von Nebelpardern stammen könnten, hat der Regen verwischt. Ob es ihm gelungen ist, das scheue Tier zu fotografieren, wird sich erst in einigen Wochen herausstellen, wenn der Film in Delhi entwickelt worden ist. Dennoch hat sich die Mühe gelohnt, auch wenn er den Wald schleunigst verlassen musste, nachdem ihn ein Fieber beinahe umgebracht hatte. Nach diesem Probelauf hat er nun anspruchsvollere Pläne: Er will die Nordseite der Berge erkunden. Seit der britischen Everest-Expedition 1921, die im Grunde nur dem Ziel diente, die beste Route zum Gipfel zu finden, hat noch niemand Flora und Fauna auf dem Kama Chu erforscht. Fünfundsiebzig Jahre später ist der Mount Everest immer noch gefährlich, aber doch recht bekannt. In dem schrecklichen Frühjahr, in dem zwölf Bergsteiger ums Leben kamen, hatten an die dreißig Expeditionen versucht, den Gipfel zu erreichen, alle von der nepalesischen Seite aus. Zu entdecken bleiben dort jetzt nur noch die wunderbare Tierwelt und die Menschen, die diese tibetischen Täler als Heimat betrachten.

»In Abgeschiedenheit zu leben ist unser Geschick«, schrieb der Dalai-Lama einst und fasste damit mehrere tausend Jahre Geschichte in einem Satz zusammen. Seine Heiligkeit begriff sehr gut, welches Bild sich der Westen von Tibet machte: verborgen hinter Bergen und einem Schleier von Mythen, ein friedvolles Bergvolk, heiter und stolz, frei von den Fesseln der Zeit, in Einsamkeit lebend auf dem Dach der Welt. So ein Bild nimmt man bereitwillig an, wenn man in der Morgendämmerung auf dem Gipfel des Pang La steht, einem 5700 Meter hohen Pass auf unbefestigter Straße, die von Shekar aus 130 Kilometer nach Süden in Richtung Kharta und zu den nördlichen Ausläufern des Everest führt. Bei bitterer Kälte sahen wir von einem Wald felsiger Hügelgräber aus die Sonne über dem Himalaya aufgehen, jenem massiven Bergwall, der vier der fünf höchsten Gipfel der Welt umfasst, jeder über 8700 Meter hoch. Vom Kanchenjunga im Osten, über den Makalu, Lhotse, Everest, Nuptse und Cho Oyu haben wir hier der Welt großartigstes geologisches Panorama und das langsam ablaufende Drama zweier zusammenprallender Welten vor Augen. Vor 40 Millionen Jahren driftete der indische Subkontinent von Afrika weg, schob sich unter Asien, wobei er das Gesicht des Kontinents zerquetschte, und dabei rollte sich die Erdkruste auf wie ein Teppich und stülpte Gebirge auf, die bis zum heutigen Tag weiter himmelwärts wachsen, jährlich um mehr als einen Zentimeter. Die Wucht des Aufpralls war so groß, dass sich ein Gebiet, halb so groß wie die Vereinigten Staaten, 5000 Meter über Meereshöhe hob und das Hochland von Tibet bildete. Während sich die Gebirge in die Höhe schoben, grub sich der Fluss Arun, der seit Anbeginn der Zeiten südwärts fließt, ein immer tieferes Bett, durch Ablagerungen fossiler Muscheln und Täler, deren Wände bis zum Himmel reichten.

Der Weg vom Pang La hinunter fällt steil in Serpentinen ab und führt, an kleinen Ansiedlungen vorbei, in Täler und Schluchten, die von gesprenkelten Steinen und gekrümmten Felsen gesäumt sind. Bei dem Dorf Phagdruchi gabelt sich der Weg; eine Abzweigung führt nach Rongbuk und zum Basislager des Everest, die andere nach Kharta und den Pässen zum Kama Chu. Wir folgten der zweiten Route, hinunter zum Abfluss des Arun, einen schmalen Feldweg entlang durch eine Landschaft voller Ruinen, den Resten von dutzenden uralter Festungen, die einst die Zugänge nach Nepal überwachten. Hier bekam man ein anderes Bild von Tibet zu sehen: weniger das abgeschiedene Land, von den Winden der Zeit hermetisch abgeriegelt, als vielmehr einen Umschlagplatz für den Handel eines Reiches im Herzen Asiens.

Im Westen weiß man verständlicherweise wenig vom alten Tibet. Bis 1979 haben weniger als 2000 Menschen diesem Land einen Besuch abgestattet, und die meisten davon gehörten der britischen Militärexpedition unter dem Kommando von Sir Francis Younghusband im Jahr 1904 an. Europäer mochten zwar Schwierigkeiten haben, nach Lhasa zu gelangen, andere jedoch nicht. Im 18. Jahrhundert drängten sich in den Straßen der tibetischen Hauptstadt Tataren, Moskowiter, Chinesen, Kashmiris und Nepalesen, Kaufleute und Händler, die aus allen Regionen Zentralasiens kamen. Die Klöster zogen Mönche und Pilger an, die zum Teil von weither kamen, sogar vom Schwarzen Meer. Einige tibetische Kleiderschnitte und Muster finden sich in der persischen Hoftracht wieder.

Auch waren die Tibeter nicht immer friedlich. Ihre Armeen

kämpften 1681 in Ladakh, griffen 1720 die Mongolen an, gingen vereint von 1788 bis 1792 und dann erneut 1854 gegen nepalesische Eindringlinge vor. Younghusband musste sich den Weg nach Lhasa 1904 freikämpfen und tötete mehr als 1000 tibetische Krieger in offener Feldschlacht. Jahrhundertelang tobten in ganz Tibet größere und kleinere Kämpfe. Die Vorstellung von diesem Land als einem irdischen Paradies, einer Kultur, die auf einer kosmischen Meritokratie gründet, ist eine Illusion.

Wie jede komplexe Gesellschaft hatte auch Tibet seine Unzulänglichkeiten. Die Macht war in Händen einer aristokratischen Elite, die von den großen Gelugpa-Klöstern aus dirigiert wurde. Die Bestimmung des Dalai-Lama ist eine Ehrfurcht gebietende Veranstaltung, angeregt durch Orakel und befrachtet mit magischer und kosmologischer Bedeutung; zugrunde liegt dem allen die buddhistische Überzeugung, dass sich ein Bodhisattva Zeitpunkt und Ort seiner Wiedergeburt selbst aussucht. Aber die Angelegenheit ist nicht frei von Politik. Das ganze Ritual war zumindest teilweise eine Erfindung des 17. Jahrhunderts: die Sucherdelegationen, die Deutung der Zeichen und die grundlegende Auffassung, dass das Gedächtnis und die spirituelle Kraft eines geistigen Führers in der Seele eines Kindes bei dessen Geburt vorhanden sein kann. Doch verschiedentlich haben Jungen, durch göttliche Vorzeichen auserkoren und als Gott gesalbt, das Erwachsenenalter in diesem Amt nicht erreicht, kamen aufgrund von Intrigen und Betrug ums Leben. Mindestens ein Dalai-Lama wurde vergiftet. Ein anderer starb im Bett, nachdem ein Feind die Balken, die das Dach trugen, angesägt hatte. Ein dritter missachtete die buddhistischen Gelübde und vergnügte sich auf einer Insel in einem See am Fuß des Potala-Palasts mit Liebesspielen.

Die Tatsache, dass auch die Tibeter sterblich sind, die Angehörigen eines Volks also, das sich mit Politik und Machtansprüchen, aber auch mit geistigen Dingen auskennt, schmälert ihr

Erbe keineswegs. Im Gegenteil, ihre Herrschaft ist völlig legitim, und diese Einsicht wird durch eine realistische Betrachtung ihrer Geschichte und Traditionen verstärkt. Der Ursprung des jetzigen Konflikts zwischen China und Tibet liegt im 13. Jahrhundert, in der mongolischen Eroberung Asiens. 1207 kapitulierten die Tibeter vor Dschingis Khan und unterwiesen die Eindringlinge vierzig Jahre lang in religiösen Dingen. Unter Kublai Khan eroberten die Mongolen 1279 China, gründeten die Yüan-Dynastie und brachten das alte Land in ein Reich ein, dem Tibet bereits angehörte. Auf diese Tatsache, nämlich dass sich damals beide Nationen den Mongolen ergaben, stützen die Chinesen heute ihre Ansprüche. In der Erinnerung der Tibeter ist jene Zeit jedoch nur der historische Augenblick, da sich zwei souveräne Nationen nacheinander ein und demselben Feind unterwerfen mussten. Als die Yüan-Dynastie zusammenbrach, forderte Tibet seine Unabhängigkeit zurück.

Die Gesellschaft, die sich im Lauf der Jahrhunderte entwickelte, war keineswegs vollkommen, aber sie machte immerhin ihre eigenen Fehler und schuf sich ihre eigenen Schwierigkeiten. Ständig den Blick nach Osten und Süden gerichtet, um Invasionen abzuwehren, im Kampf gegen Hader und Intrigen im eigenen Land, so erlebte Tibet die unerquicklichen Begleiterscheinungen des Reifens zu einer Nation. Als die Nepalesen 1788 das Land überfielen, bis nach Shigatse vordrangen und das heilige Kloster Tashilunpo plünderten, schmiedete Tibet ein Bündnis mit China. Der Ch'ing-Kaiser entsandte ein Heer, das die Nepalesen in die Flucht schlug und sich nach dem Sieg weigerte, wieder abzuziehen. Die Chinesen unterhielten eine milde Besatzung in Lhasa, bis die Ch'ing im späten 19. Jahrhundert an Macht verloren. Nun aber sah sich China selbst Feinden gegenüber, denn die europäischen Mächte drängten vom Chinesischen Meer her nach Asien. Zu Beginn des 20. Jahrhunderts war die chinesische Herrschaft in Tibet eher symbolisch, jedenfalls kaum spürbar. Welchen Anspruch China auch hatte, er endete 1911, als die Ch'ing-Dynastie gestürzt wurde. Von 1913 an bis zum Einmarsch der Roten Armee 1949 war Tibet wieder unabhängig, auch wenn es mit den Schwierigkeiten der bevorstehenden Veränderungen zu kämpfen hatte. Der heutige Anspruch Chinas auf Tibet, auf ein Land und ein im ethnischen wie im historischen Sinne einzigartiges Volk, ist ein Anachronismus, etwa so zeitgemäß wie ein Anspruch Englands auf Amerika, weil das einmal eine britische Kolonie war.

Unser Weg endete an einem Holzsteg über den Kharta Chu, einen wilden Gebirgsfluss, der durch ein breites, baumloses Tal voller Felsbrocken strömt. Am anderen Ufer, auf einer Anhöhe, befand sich das Dorf Yueba, eine Ansammlung von Steinhäusern, die aus der Erde zu wachsen schienen. Es war eine schöne Landschaft – braune und rostrote Felder, hellgelbe Gerstenhalme, in der Ferne ein kleines Kloster auf einem schneebepuderten Berghang, umringt von Lärchen, deren Wipfel wir sahen. Kaum waren wir am Ende des Wegs angelangt, erschienen schon die Dorfbewohner, Hirten in Schaffellumhängen und selbst gesponnenen Wollhosen, alte Männer und Frauen, die mit schwarzen Perlschnüren spielten und silberne und kupferne Gebetsmühlen drehten, Mütter und kleine Kinder, deren Gesichter mit Yakbutter und Ruß schwarz verschmiert waren. Unter ihren wachsamen Blicken schlugen wir unser Lager auf und warteten auf den Rest unserer Gruppe. Wir waren elf, einschließlich der offiziell mitgeschickten Begleiter, und fuhren in drei Geländewagen. Proviant und Ausrüstung folgten auf einem Lastwagen, zusammen mit drei Sherpas, die wir in Katmandu als Köche angeheuert hatten. Unser Dolmetscher war ein Angestellter der Regierung namens Lhakpa, ein Tibeter aus Shekar, der in Dharamsala aufgewachsen war. Er war hoch gewachsen und sah gut aus, hatte ein sanftes Wesen und lächelte gern. Aber in seiner Rolle als Waldhüter fühlte er sich nicht wohl. Die grüne Uniform schlotterte an seinen langen Gliedern, und die viel zu große Militärmütze hatte er schräg aufgesetzt, was, je nachdem, flott oder plump wirkte. Wie die hier ansässigen Bauern und Hirten trug er Segeltuchschuhe, ein miserables Schuhwerk für jemanden, der durch Eis und Schnee gehen muss.

Daniel und Lhakpa trafen sich mit den Dorfbewohnern, verhandelten über den Mietpreis für Yaks, die wir brauchten, um unsere Reise fortsetzen zu können, während alle andern im Lager blieben und letzte Vorbereitungen trafen. Das Gespräch drehte sich um den eigenartigen Wetterumschlag. Im Himalaya ist der November im Allgemeinen ein Monat mit klarem Himmel, warmen Tagen und kalten Nächten, ideal also, um längere Wegstrecken zurückzulegen. In diesem Jahr war es früh Winter geworden, und der Schnee hatte die drei hohen Pässe, die vom Kharta-Tal zum Kama Chu führten, schon weiß eingekleidet. Als die Engländer den Everest erstmals von Osten her erkunden wollten, kamen sie durch dieses Lager, marschierten den Kharta flussaufwärts und erklommen den weit entfernten Langma La, einen 6000 Meter hohen Pass, der zum Kungshung, der Ostwand des Berges, führt. Wir hatten vor, den Samchung La zu besteigen, den ersten der Pässe, dann das herrliche Tal der vierzehn Seen zu durchqueren, um weiter flussabwärts den Kama zu erreichen. Unterwegs wollten wir Kameras anbringen, oberhalb wie unterhalb der Baumgrenze und auch in den dichten Wäldern am Unterlauf. Weitere Fotofallen wollten wir auf unserem Weg durch das Tal zur Ostwand auf Bergvorsprüngen aufstellen, aber auch auf den Matten, die von Schneeleoparden und Blauschafen häufig aufgesucht wurden. Nach zehn Tagen wollten Daniel und ich dann mit dem Rest der Gruppe über den Langma La nach Kharta zurückkehren. Jesse würde derweil mit einem Bergführer unseren Weg zurückverfolgen, die Kameras wieder einsammeln und uns in Kharta treffen.

Der Plan war gut, aber die jahreszeitlichen Umstände machten ihn zunichte. Die Yak-Hirten, die wir eingestellt hatten, teilten Daniel mit, dass zwei Pässe, der Langma La und der Samchung La, zu tief verschneit seien und eine Überquerung viel zu gefährlich sei. Da blieb uns nur noch der Shao La auf der Route, die die Engländer im August 1921 genommen hatten, als sie sich nach Verlassen der Ostwand wieder vom Everest zurückzogen. Howard-Bury war vorangegangen und im starken Regen hinabgeklettert, inmitten der Lärchen, die am Rand der Schneefelder wuchsen, vorbei an schönen Seen und Schwärmen von kreischenden Königshühnern, die im Gras unter dem Eis nach Nahrung suchten. Mit etwas Glück, so wurde Daniel gesagt, könnten wir den Shao La überqueren, dem Kama Chu bis zum Fuß des Chomolangma folgen und umkehren, bevor uns der Schnee den Rückweg über den Pass versperrte.

Wir hatten also kaum eine Wahl. Am Morgen brachen wir auf, den schmalen Pfad am Südufer des Kharta Chu hinauf, verstärkt durch ein Dutzend Yak-Hirten, von denen jeder zwei proviantbeladene Tiere vor sich hertrieb. Jesse ging voraus; mit ihm zu gehen machte mir Freude. Tags zuvor hatten wir uns aus dem Lager geschlichen und waren einen steilen Hügel hinaufgeklettert. Oben in der Burgruine hatte er mir dann eine interessante Geschichte von seinem Vater erzählt. In der Nähe von Mussoorie, wo die Familie lebte, hatte Daniels Großvater, ein frommer Christ, einen *sadhu*, einen umherwandernden Heiligen, kennen gelernt. Das beiderseitige ernsthafte Interesse an Mysterien und spirituellen Dingen machte sie, was ungewöhnlich war, zu innigen Freunden. »Über die fünf Sinne hinaus, die wir kennen, gibt es noch andere, von denen die Wissenschaft nichts weiß«, hatte Großvater Taylor dem jungen Daniel erklärt. »Diese Sinne können wir entwickeln;

das Gebet ist ein Mittel, aber es gibt auch andere Möglichkeiten. Ein Jäger spürt zum Beispiel eine nahende Gefahr. Alle diese Sinne führen zum Wissen.«

Von der Familie dazu ermutigt, suchte Daniel als Kind den *sadhu* auf, saß neben ihm, wenn es möglich war, und ließ sich weder von dessen Nacktheit noch von dem schmutzigen Lendenschurz, dem dreizackigen Fischspeer, den verfilzten Haaren voller Asche und dem hüftlangen Bart stören. Der *sadhu* nahm den Jungen unter seine Fittiche, brachte ihm bestimmte Mysterien und Einsichten nahe und unterwies ihn in Meditationstechniken. Diese Lektionen hat Daniel nie vergessen, auch nicht, als er sich neuen Abenteuern zuwandte wie etwa der Suche nach jenem sonderbaren Geschöpf, das *metoh kangmi* genannt wurde, abscheulicher Schneemensch – dem Yeti der tibetischen Sagenwelt. In einer Schulbücherei sah Daniel erstmals die Fußstapfen dieses Wesens auf Fotos, die der bekannte Bergsteiger Eric Shipton 1951 bei seiner Rückkehr vom Everest mitgebracht hatte. Ein Jahr später vertrat ein berühmter Schweizer Zoologe die Theorie, der Yeti sei ein Überbleibsel einer ausgestorbenen Rasse, ein weit entfernter Verwandter des Menschen.

Daniel war fasziniert und begann mit Nachforschungen, die einen Großteil seines Lebens in Anspruch nehmen sollten. Aus alten Büchern über den Himalaya erfuhr er, dass seine großen Helden, die englischen Bergsteiger von 1921, George Mallory und Guy Bullock, Oberstleutnant Howard-Bury und Major Wheeler, dem Yeti tatsächlich begegnet waren, als sie über den Shao La kamen, eben den Pass, den wir auf unserem Weg zum Kama Chu auch überqueren mussten – einer schemenhaften Gestalt, einem dunklen Fleck auf dem Eis. Die ganzen 50er-Jahre hindurch brachte so gut wie jede Himalaya-Expedition irgendeinen Nachweis für die Existenz dieses Wesens mit: Fußabdrücke im Schnee oder Gerüchte, er sei in einem entlegenen Dorf gesichtet worden.

Daniel richtete jetzt sein Leben auf die Suche nach dem Yeti aus; er nahm jede Stellung an, die es ihm ermöglichte, diesem Geheimnis auf die Spur zu kommen und im Hinterland des Himalaya herumzureisen. Dabei lernte er Russisch, Urdu und Nepali, kartografierte unvermessene Täler und zeichnete die Straßen ein und überstand als Erster unbeschadet die Fahrt mit dem Floß den Sun Kosi hinab, den Goldenen Fluss von Nepal.

Nach über zwanzig Jahren machte Daniel eine Entdeckung, die aus seinem Kindheitstraum ein intensives Forschungsvorhaben werden ließ. Im Tal des Barun, auf der Südseite des Himalaya in Nepal, fand er etwas, was auf eine unbekannte Bärenart hinzudeuten schien, zwar mit dem üblichen asiatischen Schwarzbären verwandt, aber doch deutlich anders. Er sammelte in den Dörfern Schädel, zeichnete Beschreibungen von herumziehenden Jägern auf, und die auf vielen Expeditionen gesammelten Zeugnisse ergaben ein sehr aussagekräftiges Bild – den Hinweis auf die Existenz einer seltenen, nur hier beheimateten Art, die in den entlegensten Regionen des Himalaya auf Bäumen lebte und sehr scheu war. Noch erstaunlicher war die von Anekdoten und Intuition gestützte Möglichkeit, dass dieses unbekannte Wesen in der Tat der Yeti der Sage war.

Es verging einige Zeit, in der Daniel den Zoologen vom Smithsonian Institute laufend Schädel und Berichte schickte. Die Wissenschaftler begrüßten diesen neuen Zeitvertreib, wussten aber nicht so recht, was sie mit den Aufzeichnungen anfangen sollten.

Eines Abends in Katmandu schließlich erzählte Daniel seinem früheren Zimmergenossen in Harvard, Seiner Königlichen Hoheit König Birenda, die Geschichte. Wie die meisten Nepalesen hatte der König nur wenig Interesse am Yeti, aber die Vorstellung von einer neuen Bärenart fesselte ihn. Wenn so ein Geschöpf existierte, fragte der König, was könnte man dann zu seinem Schutz unternehmen, in einem Land, in dem innerhalb einer Generation ganze Wälder abgeholzt worden waren und die Flüsse infolge Auswaschung eine dunkle Färbung angenommen hatten? Aus diesem Gespräch ergab sich für Daniel eine neue Zielsetzung. Weshalb den Yeti jagen? Oder diesen kuriosen Bären? Worauf es jetzt ankam, war die Erhaltung des Lebensraums, damit alle Geschöpfe, wirklich existierende wie nur in der Fantasie vorhandene, eine Überlebenschance hatten. Nach zwei Jahrzehnten ließ er vom Yeti ab. Jahre später, als endlich der Makalu-Barun-Nationalpark geschaffen worden war, wurde Daniel von König Birenda für seine Verdienste um den Naturschutz geadelt.

Ein Park, der einen einzelnen versickernden Flusslauf schützte, war nur der Anfang. Laut Jesse lebt sein Vater noch immer so, wie der weise *sadhu* es ihn gelehrt hatte. Eines Morgens im Jahr 1985 wachte Daniel auf, während draußen ein Schneesturm um sein Haus auf einem Berggipfel in West Virginia fegte; er hatte die ganze Nacht lang meditiert und über eine völlig neue Art von Schutzzone nachgedacht, ein internationales Naturreservat mit dem Mittelpunkt Chomolangma. Aber das Ziel war letztlich, den gesamten Himalaya zum Naturschutzgebiet zu machen.

Einen Monat später sollte er in Katmandu einen Vortrag halten. Beim Bankett, zu dem auch König Birenda kam, traf er den chinesischen Verantwortlichen für die geologische Bestandsaufnahme im Grenzland. Daniel forderte ihn auf, sich den Chomolangma doch einmal selbst anzusehen; der Beamte willigte ein, unter der Bedingung, dass er hingeflogen würde – eine unerfüllbare Forderung. So schien es jedenfalls. Daniel entschuldigte sich kurz, ging zum König hinüber und lieh sich den königlichen Hubschrauber; nur den Treibstoff musste er bezahlen.

In der Morgendämmerung waren sie in der Luft, und der chinesische Geologe war völlig hingerissen von dem unbeschreiblich schönen Panorama, nicht nur den Gebirgsketten, sondern auch den üppigen Tälern, die weit nach Tibet hineinreichten. Mit Da-

Der Inuk-Älteste Ipeelie Koonoo an der Mündung des Amiralty Inlet
am Lancaster-Sund, dem nördlichsten Punkt von Baffinland

Olayuk Narqitarvik und seine Frau Martha, Cape Crauford
Ipeelie Koonoo und sein Hundegespann, Cape Crauford, Baffinland
Linke Seite: Durch den Lancaster-Sund ziehen jedes Frühjahr 17 Millionen Meeressäuger zu ihren Futterplätzen in der gesamten Arktis

Von Regen und Wind aus Kalkstein gemeißelte Bergspitzen, Borneo

Bau von Holztransportstraßen im Landesinneren von Sarawak, Borneo

Mutter und Kind der Penan in Sarawak, Borneo
Älteste der Penan in einem Nomadenlager am Ubong-Fluß, Borneo

Vodoun-Priester beim Zubereiten einer Kräutermedizin, Haiti

Geistbesessene Hounsis in Mariani, Haiti

Rechte Seite: Hounsis bei der Bereitung einer Kräutermedizin,
die angeblich bösen schwarzmagischen Kräften entgegenwirkt

Giftmischer einer Geheimgesellschaft in Schutzkleidung
und mit Nasenstöpseln aus Baumwolle, Haiti

niel an seiner Seite berichtete er darüber in Peking, und einen Monat später begannen tatsächlich die Verhandlungen über ein Naturschutzgebiet, das nicht von unbeteiligten Bürokraten verwaltet und bewacht werden sollte, sondern von den Menschen, die in diesem Gebiet leben. Es war eine kühne Idee und so neuartig, dass es Daniel in weiteren Verhandlungen gelang, das Areal des künftigen Naturschutzparks mit dem Mount Everest als Mittelpunkt von Mal zu Mal zu vergrößern, bis es schließlich über 2,4 Millionen Hektar umfaßte, ein Gebiet, größer als ganz Massachusetts. Als Jesse mir diese Geschichte erzählte, blickte ich nach Osten zu den fernen, schneebedeckten Gebirgen. Der Chomolangma-Naturschutzpark füllte den ganzen Horizont aus. Der Traum seines Vaters ist wahr geworden.

Wir bewältigten rund 700 Höhenmeter, und die Felder und Dörfer rückten immer tiefer. Im Schnee am Fuß des Shao La schlugen wir unser Lager auf. Sobald die Sonne unterging, sank die Temperatur unter den Gefrierpunkt. Die Sterne leuchteten verheißungsvoll, doch die Vorboten des Winters machten sich unheilvoll bemerkbar. Der Wind fegte über die zugefrorenen Bäche, und die Berberitzen- und Rhododendronsträucher, die trotz der Höhe hier wuchsen, lagen unter tiefen Schneewehen. Von einem Kamm oberhalb des Lagers aus sah ich die Hirten im knietiefen Schnee die Yaks zum Weiden den Hang hinauftreiben; sie hatten schon befürchtet, es könnte nicht mehr genügend Gras vorhanden sein. Später ging ich mit ihnen zu ihrem Feuer zurück, wo sie eng aneinandergedrängt scherzten und lachten, getrocknetes Yakfleisch und *tsampa*, Gerstenmehl, aßen und *rakshi* tranken, aus Korn gebrannten Schnaps. Am Morgen würde Eis an ihren Kleidern hängen, aber sie machten sich nicht die Mühe, Zelte aufzuschlagen; lieber schliefen sie zusammengerollt unter Schaffellen im Freien, dicht um das Feuer herum.

In der Nacht schneite es, aber nach der Dämmerung brach die Sonne durch, und als wir uns zum Pass aufmachten, war die Luft warm. Erst stieg der Pfad ganz leicht an, doch dann ging es steil nach oben in das baumlose, in Wolken eingehüllte Hochtal. Der Weg führte um einen schönen See herum, an steinernen Pferchen und befestigten Unterständen vor Höhleneingängen vorbei zum Fuß des Passes, 300 Meter Aufstieg über einen tief verschneiten Pfad. Vom Talgrund aus erhaschte ich wiederholt einen Blick auf drei winzige Gestalten auf dem Sattel. Eine Stunde später gingen sie stumm an uns vorbei, drei junge Frauen in Wollröcken mit bunten Schürzen, tief unter ihrer verbotenen Holzlast gebeugt, die Augen mit langen, türkisgeschmückten Haarflechten vor der Sonne geschützt. Das Holz stammte von Weißtannen, dem einzigen Baum im Himalaya, dessen Holz sich mit Hilfe von Keilen und Hämmern aus den Hauptästen des Rhododendronbaums leicht zu Brettern und Balken verarbeiten lässt. Im tiefen Tal des Kama Chu wird das Holz im Frühling gesammelt, wobei allerdings bis zu 90 Prozent des Baums ungenutzt auf dem Waldboden liegen bleiben. Dann wird es bis zum letztmöglichen Zeitpunkt im Herbst zum Trocknen gestapelt, bis die Holzfäller es, gegen winterliche Verhältnisse ankämpfend, in Hundertpfundlasten über den Pass nach Kharta schleppen. Meist wird es zu Tür- und Fensterrahmen verarbeitet und gelangt auf diese Weise bis nach Shekar und darüber hinaus. Denn in Tibet wird kräftig gebaut, da zehntausende von Chinesen das Land überschwemmen. Die einst stillen Gassen von Lhasa, die Verbindungswege zwischen den heiligen Stätten, sind voller Nudelstände und Karaoke-Bars. Die Tibeter stellen weniger als die Hälfte der Bevölkerung, und die Chinesen besitzen 80 Prozent der Geschäfte. Die tibetische Hauptstadt ist zu einem chinesischen Vorposten geworden.

Eine Wolkenhaube hing über dem Sattel des Passes, und der Wind blies ungestüm von Süden. Alles war mit Eis überzogen –

die roten und gelben Gebetsfahnen, die die höchste Stelle anzeigten, die mit Anrufungen beschrifteten Mani-Steine am Fuß
des großen Steinhaufens und auch der Pfad, der durch die Schneewehen zum Kama Chu hinabführte. Auf der Suche nach einer geschützten Stelle im Windschatten eines Felsvorsprungs stolperte
ich über ein paar Holzfäller, die im Schnee schliefen; die Kälte
machte ihnen anscheinend nichts aus. Ihr einziger Schutz bestand
aus dünnen, geflickten chinesischen Uniformjacken, zerlumpten
Hosen und schmutzigen Segeltuchschuhen ohne Socken. Er-
schrocken sprangen sie auf, schulterten ihre Lasten und kletterten mühevoll den Hang hinunter, gerade rechtzeitig, um zu sehen, wie Jesse auf seinem Snowboard den engen Weg hinabsauste.

Während unsere Yaks sich stetig zum Pass hinaufschleppten,
warteten Daniel und ich, ziemlich beunruhigt über das raue Wetter, im Schutz der Felsen. Zwei Pässe zum Kama waren bereits unpassierbar geworden. Der Shao La, 5500 Meter hoch, war der
mittlere der drei. Aber bei diesem Schneefall und den heftigen
Windböen, die einem die Sicht nahmen, mussten wir wohl oder
übel auch die Möglichkeit in Betracht ziehen, dass wir den Winter über im Kama Chu festsitzen würden.

»Für die Tibeter ist ein Pass ein energiegeladener Ort«, sagte
Daniel, der in dem brausenden Wind kaum zu hören war, »ein
Übergang zwischen zwei Welten. Gebetsfahnen bringen Glück, so
wie die Papierfetzen mit den darauf vermerkten Segenswünschen,
die die Reisenden in die Luft werfen, wenn sie die Wasserscheide
überqueren. Aber der Schnee ist das Werk von Dämonen, ein
Schneesturm stellt den Pilger auf die Probe, wie ernst es ihm ist.
Dieser Schnee wird nicht schmelzen. Der wird nur höher.«

Hinter dem Pass begann ein langer, sanfter Abstieg. Die Yak-
Hirten fingen unversehens an zu singen, einer nach dem andern,
während sie ihre Tiere vorantrieben. Weit unterhalb des Sattels
legte sich der Wind, und das Einzige, was wir noch hörten, waren

ihre Stimmen, das Gebimmel der Yak-Glöckchen und das Scharren der Stiefel auf dem felsigen Pfad ins Tal. Ein Lichtstrahl schnitt ein Loch in die Wolken, das langsam größer wurde und den Blick auf schwarze Felsen in Bergeshöhe freigab. Im Süden tauchte eine Kette von Bergspitzen auf, eindrucksvoller als jede in Amerika. Als sich dann die Wolken hoben, enthüllten sie vor uns den Himalaya mit dem Makalu und dem Chomo Lönzo, ein so atemberaubender Anblick, dass die eisbedeckten Felswände im Vordergrund zu kleinen Vorgebirgen schrumpften. Noch aufgewühlt von diesem Anblick bemerkte ich, dass Tandu, einer der Hirten, etwas abseits stand und zum Pass zurückschaute. Vielleicht war es nur ein grausamer Zufall, vielleicht spürte er auch etwas. Zwei Wochen später jedenfalls, als wir wieder in Kharta waren, erfuhren wir, was geschehen war: Kaum hatten wir damals den Shao La verlassen, war keine 300 Meter vom Pass entfernt eine Lawine den Hang hinabgedonnert und hatte einen Holzfäller, der allein unterwegs war, in den Tod gerissen.

Es war schon spät, als wir den Fuß des Passes erreichten, und die letzten Kilometer bis zum Lager wurden zu einem Wettlauf gegen das schwindende Licht. Selbst im Dunkeln, umgeben vom Duft der Rhododendren und wilden Rosen, sah man, dass hier kein Schnee lag. Erschöpft stellten wir unsere Zelte auf einer Wiese auf, in der Nähe des Flusses, dem wir gefolgt waren, seit wir in das Tal gekommen waren. Heißer Zitronentee und eine Mahlzeit aus Reis und Curry hoben die Moral, und in der kalten Nachtluft verließ ich das Lager und kletterte auf mehreren großen Felsbrocken herum. Das Lärchengehölz, das auf einer Seite des Tals silbern im Mondlicht schimmerte, wirkte wie ein Felsgarten. Zwar war mir bewusst, welche Entfernungen wir zurückgelegt hatten, und auch die Anwesenheit des ungeheuren Mount Everest, aber am meisten beeindruckte mich die zarte Schönheit der Pflanzen und Bäume: Bergeschen und Birken, Weiden, Geißbart und

Mohnblumen, dutzende von bekannten Arten, die in dieser Höhe wuchsen. Die Engländer waren damals, als sie zum ersten Mal an den Kama Chu kamen, ähnlich beeindruckt, und George Mallory schrieb: »Wenn alles über den Chomolangma, die Göttliche Mutter der Welt, gesagt worden ist, komme ich noch einmal zurück auf das Tal, den Talgrund mit der großen Weide, wo unsere Zelte standen, wo das Vieh graste und wo man Butter machte, auf den Fluss, dem wir über das saftige Gras der Uferhänge unter der Hochmoräne bis ans Talende folgten, auf die wenigen seltenen Pflanzen, die Steinbrechstauden, den Enzian und die Primeln, die hier so viel Wasser bekommen, und auf das vertraute Blau einer milden Luft, die einen hier bezaubert. Zwar beuge ich mich vor den Göttinnen, kann aber dennoch den Geist nicht vergessen, der zu ihren Füßen herrscht, weil er liebenswürdiger ist als der ihre, vielleicht etwas scheu, aber gleichbleibend freundlich in den wechselnden Winden und den wechselnden Launen der Berge.«

Die Engländer hatten den Kama Chu im August erlebt. Nun war es November. Auf dem Rückweg zum Lager bemerkte ich, dass die Yakhirten jetzt Zelte aufgeschlagen hatten, schwarze Schatten vor dem Hintergrund der Felsen.

Kurz nach Mitternacht begann es zu schneien, und es hörte drei Tage lang nicht auf. In der Früh standen die Yaks bauchtief im frischen Pulverschnee, und Tal und Gehölz hatten sich verwandelt. Jesse, Daniel und ich verließen die anderen, machten uns kurz vor Mittag in einer Schneepause auf und wanderten bis zum Rand des Tals, wo sich der Weg gabelte: Ein Pfad führte ostwärts steil nach oben in Richtung Everest, der andere verlief durch Lärchen und Birken hinab zur Schlucht des Kama Chu. Nach einer Stunde hatten wir den Fluss erreicht, unterhalb der Stelle, wo sich das Flussbett zu einem langgestreckten See erweitert, der durch einen Gletscher entstanden war. Wir folgten ihm eine Weile und hielten Ausschau nach Wildfährten, vor allem von hier lebenden Raubkatzen. Jesse wurde auf eine Holzbrücke aufmerksam. Leoparden scheuen das Wasser, und die Brücke bot den einzigen trockenen Übergang weit und breit. Auf der anderen Seite der Brücke fand er eine schwache Spur, vielleicht die eines Schneeleoparden, den der frühe Wintereinbruch in ein Gebiet unterhalb seines normalen Lebensraums getrieben hatte. Aber der Kot, den wir wenig später entdeckten, belehrte uns eines Besseren. Der Kot des Schneeleoparden riecht süßlich, während dieser einen scharfen, stechenden Geruch hatte, ähnlich dem der gewöhnlichen Hauskatze. Daniel zufolge war es der Kot des Nebelparders.

»Wie kannst du nur so sicher sein?«, fragte ich.

»Bin ich gar nicht«, sagte er und grinste. »Aber bei dieser Katze ist sowieso nichts sicher. Über sie gibt es nur Anekdoten. Ich habe keinen Schimmer, was das für ein Tier ist, aber sonst weiß auch niemand was. Deswegen ist das ja so eine tolle Sache.«

Daniel brachte unter Schwierigkeiten eine Kamera unter der Brücke an, und Jesse und ich stellten einen Monitor zwischen zwei Steine und versteckten die Verbindungskabel unter Reisern und Rinde. Dann überprüften wir den Winkel, um sicher zu sein, dass alles, was über die Brücke lief, eine Aufnahme auslösen würde.

»Bei den vielen Holzfällern, die hier rüberlaufen, kriegen wir bestimmt jede Menge Beine drauf«, bemerkte Jesse.

»Aber bei dem Schnee kannst du froh sein, wenn du wenigstens die kriegst«, meinte sein Vater.

Den ganzen Nachmittag folgten wir dem Tal flussabwärts und brachten auf dem Pfad noch eine Reihe von Fotofallen an, überall dort, wo wir Spuren von den Beutetieren des Leoparden vorfanden: Fußabdrücke oder Kot von Katzenbären, Moschustieren oder Fasanen. David arbeitete mit so wildem Eifer, als könnte er mit seiner Anstrengung die Raubkatze herbeizaubern. Aber als sich nach dem langen Tag ein Sturm über dem Makalu zusammenbraute, machten wir uns flussaufwärts auf den Rückweg und kletterten durch den Wald zum Lager, gerade noch rechtzeitig, denn nun setzte der Schneesturm ein, und es schneite die ganze Nacht.

Nach einem Tag im Lager, an dem wir nur kurz eine Kamera auf dem Hochpfad zum Everest installierten, und einer weiteren Nacht und einem Tag mit heftigem Schneefall fragten wir uns, ob wir vielleicht doch umkehren mussten. Am dritten Morgen war der Himmel immer noch grau und schneeverwirbelt, und jetzt bekamen sogar die Hirten Bedenken. Ihre Tiere hatten drei Tage lang nichts gefressen, und es sah nicht so aus, als würde sich der Sturm legen. Wegen des Wintereinbruchs war keiner von ihnen erpicht darauf, noch hunderte von Metern zur Ostwand des Chomolangma hinaufklettern zu müssen.

Während Daniel, Lhakpa und ein paar andere im Küchenzelt berieten, sah ich, wie Tandu, der stille Anführer der Tibetergruppe, einen großen, flachen Stein in den Schnee legte. Dann entzündete er ein Feuer mit trockenem Lärchenholz, verbrannte Räucherwerk und grüne Äste und fügte als Opfergaben Tsampa, Yakbutter und Tee hinzu; dabei sang er mit tiefer Stimme eine melodische Weise, sodass alle aus den Zelten kamen und sich in großem Kreis um das Feuer aufstellten. Die rituelle *puja*, eine feierliche Bitte, in diesem Fall um gutes Wetter, hatte sofort zwei positive Auswirkungen: Erstens einte sie unsere Gruppe, sodass jeder Gedanke an einen Rückzug über den Pass sogleich aufgegeben wurde, und zweitens hellte sich der Himmel auf. Binnen einer Stunde verschwanden die Wolken, und die Sonne kam zum Vorschein. Am nächsten Tag, nachdem die Yaks mit Bambus gefüttert worden waren, das die Hirten unten im Tal des Kama Chu gesammelt hatten, begannen wir unseren Aufstieg zur Everest-Ostwand.

An den folgenden Tagen zogen wir an den über 3 000 Meter hohen, blendend weißen Felswänden des Makalu und des Chomo Lönzo vorbei, gelangten durch Lärchenwälder und über die Baumgrenze hinaus auf Schneefelder, die sich kilometerweit über die Flanken der gewaltigen Berge erstreckten. Am Tag schien die Sonne warm, und das Licht war sehr hell. Nachts fiel die Temperatur auf zwanzig Grad unter Null, und nur noch die ganz hell klingenden Glöckchen der Yaks waren zu hören. Die Tage wurden durch den Donner der Lawinen eingeläutet, die sich wie Wolken die glatten Bergwände hinabwälzten. Drei Tage lang folgten wir auf unserem Weg den Spuren eines Schneeleoparden, während über uns Lämmergeier kreisten und Raben und Milane durch die Lüfte schossen.

Der Everest kam erst in Sicht, als wir einen Kamm erklommen hatten, wo wir auf mehrere buddhistische Steingräber stießen, die man dort im Angesicht des heiligen Berges errichtet hatte. Anfangs war der Gipfel kaum zu sehen, wurde von Lhotse und Chomo Lönzo und den beiden Gletschern Kangshung und Kangdoshung überdeckt. Aber je näher wir kamen, um so gewaltiger wirkte der Berg. Als wir unser höchstes Lager erreichten, auf einer Schneefläche, von der aus man auf den Kangshung blickte, knapp unterhalb einer Reihe von vorspringenden Felskanten, über die Blauschafe liefen, beherrschte der Berg all unsere Gedanken. Ihm so nah zu sein, mit Pethang Ringmo in Sichtweite, den Wiesen, die den Engländern 1921 so sehr gefallen hatten, vermittelte uns etwas von ihrem großartigen Erlebnis. George Mallory sah den Everest zuerst von Norden, als er den Rongbuk-Gletscher erstieg und dem Lama des legendären Rongbuk-Klosters seine Aufwartung machte, einem einfachen Mönch, der die Begeisterung der Engländer nicht nachempfinden konnte. »Großes Mitgefühl ergriff mich«, bemerkte der Lama später, »dass sie wegen so einer unnützen Sache so viel Leid auf sich nahmen.«

Aber für Mallory und seine Gefährten, die alle den Tod nicht fürchteten, war der Berg ein erhebendes Abenteuer, eine ungeheure Verlockung und völlig unberechenbar. Mallory beschrieb seinen ersten Eindruck: »Wir waren etwa 300 Meter aufgestiegen, als wir innehielten, um das zu sehen, weswegen wir gekommen waren. Als die Wolken vor den hohen Hängen aufrissen, sahen wir nach und nach, aber immer nur stückchenweise, die grandiosen Bergwände und Gletscher und Bergketten durch die davontreibenden Wolken, bis schließlich, unvorstellbar hoch in den Himmel ragend, ein gewaltiger weißer Fangzahn auftauchte, ein Auswuchs aus dem Gebiss der Welt – der Gipfel des Everest.«

Obgleich sich der Lama verblüfft gefragt hatte, was einen Menschen dazu bewegen mochte, heiligen Boden zu betreten und den Berggeist zu stören, näherten sich die Engländer der Bergspitze mit einer Ehrerbietung, die selbst die Tibeter kaum aufgebracht hätten. Um sich die Mönche gewogen zu machen, bezeichneten Mallory und Howard-Bury ihre Expedition als Pilgerreise von Bergverehrern. Ihre Erklärung sollte absichtlich etwas mysteriös klingen, aber im Grunde umschrieb sie, was sie wirklich waren – Bergsteiger, die bereit waren, alles zu opfern, um den Gipfel des Unbekannten zu erreichen. Die Verwandtschaft der englischen Wörter *sacrifice* und *sacred* zeigt an, dass »opfern« etwas mit »heilig machen« zu tun hat, und wenn Mallory in seiner berühmten Erwiderung auf die Frage nach dem Grund für die Everest-Besteigung sagte, der Berg sei eben einfach da gewesen, wollte er damit nur aussagen, dass er eine reine, heilige Erfahrung machen wollte.

In der Stille des weiträumigen Pethang Ringmo blickten wir zur Silhouette des Berges hinauf, einschließlich dem Zugang von Norden. Mit dem Fernglas konnte ich noch die erste und die zweite Stufe erkennen sowie die Bergvorsprünge, auf denen Mallory und sein Begleiter Sandy Irvine am 8. Juni 1924 zum letzten Mal gesehen worden waren, als sie zügig dem Gipfel zustrebten; genau 75 Jahre später wurde Mallory gefunden.

Wie alle anderen Expeditionsteilnehmer waren sie völlig unzureichend bekleidet; sie trugen einfache Wollwesten, Flanellhemden, Wollkittel, Knickerbocker aus Gabardine, weiche Wickelgamaschen und pelzgefütterte Motorradhelme aus Leder. Sie wussten nichts von der Todeszone, der Höhe, in der jeder Aufstieg infolge Sauerstoffmangels zu einer albtraumhaften Willensanstrengung wird. Sie hatten keine Ahnung, dass der Gipfel in der Strahlströmung liegt, wo Winde mit 250 Stundenkilometern Eiskristalle in dunklen Streifen vom Gipfel fegen. Sie hatten Sauerstoff dabei, benutzten ihn aber nicht und hatten kein Vertrauen zu dem primitiven Apparat, der in der Kälte dauernd versagte. In 8200 Meter Höhe lasen sie im Schnee Shakespeare, in fadenscheinigen Zelten, die gerade für den Schlamm von Flandern ausgereicht hätten.

Als der Nebel aufzog, der ihr Andenken zur Legende werden ließ, gab es einen Zeugen, einen hervorragenden Bergsteiger in ihrer Mannschaftsreserve, Noel Odell, der nie daran zweifelte, dass sie den Gipfel erreicht hatten. Er stellte auch nie das hehre Ziel in Frage, das sie alle 650 Kilometer zu Fuß von Indien durch Tibet geführt hatte, nur um die Ausläufer des Berges zu erreichen. Odell schrieb über Mallory: »Er war ein Mann von liebenswürdigem Charakter, der ihn bei allen beliebt machte, und seine natürlichen Gaben schienen ihn, geistig wie körperlich, zu großen Taten zu befähigen. Mein letzter Blick auf ihn zeigte mir, dass er in guter Verfassung war; er und der andere hervorragende Mann, der ihn begleitete, hatten eine so großartige Vision, wie sie nur wenigen Sterblichen vergönnt ist, doch selbst von diesen durften nur wenige eine so erhabene Szenerie erleben.«

Als ich in den Ausläufern des Everest an diese Männer dachte, blickte ich hinauf zu einem Berg, der jeden vierten Gipfelstürmer getötet hat. Es war ein Ehrfurcht gebietender Anblick. Nun stand ich schon auf einem Aussichtspunkt, der höher war als irgendeiner in Nordamerika, doch der Berg erhob sich noch gut drei Kilometer höher – kannelierte Bergrippen, leuchtende Vorsprünge und blaugrüne Eiszacken, schimmernde Formationen, die jeden Moment herabbrechen konnten. »Erinnern wir uns«, schrieb Mallory, »dass der höchste aller Berge zu einer Härte fähig ist, die so furchtbar und tödlich sein kann, dass klügere Menschen gut daran tun, an der Schwelle zu solch gewaltiger Unternehmung zu schauern und sich zu besinnen.« Als bekannt wurde, dass Mallory und Irvine bei ihrem Gipfelsturm den Tod gefunden hatten, zogen sich die englischen Bergsteiger, die im vorgeschobenen Lager gewartet hatten, aus dem Tal zurück. »Wir waren eine traurige kleine Gruppe«, schrieb Teddy Norton, Leiter der Expedition von 1924, der schon 8500 Meter Höhe ohne Sauerstoff bewältigt hatte, »aber wir nahmen den Verlust unserer Kameraden sofort hin, in der realistischen Einstellung, die unsere Generation im Weltkrieg hatte lernen müssen, und keiner von uns haderte mit dem Schicksal. Dennoch waren wir erschüttert.«

»Diese Männer hatten etwas Homerisches«, sagte Daniel eines Abends, als wir beide den Kamm oberhalb unseres Lagers entlangwanderten, an einer Blauschafherde vorbei, die auf den windgepeitschten Terrassen graste. »Nach diesem Krieg, der so viele Opfer gefordert hatte, waren lebensvolle Augenblicke wertvoller als das Leben an sich. Das erklärt wohl auch Mallorys Bereitschaft, weiter zu klettern und Risiken einzugehen, die vor dem Krieg unvorstellbar gewesen wären. Diese Leute waren nicht anmaßend, aber der Tod hatte keine Schrecken mehr für sie. Sie hatten zu viel gesehen, um sich noch zu fürchten. Es war nur noch wichtig, wie man lebte. Ich empfand es immer als Schicksal, dass sie ihr Ende im Himalaya fanden, und nicht nur wegen dieses einen Berges.«

»Wie meinst du das?«, fragte ich.

»Nun ja, deshalb sind wir doch alle hergekommen, weil die Landschaft und die Religion die Menschen aus dem Westen so anzieht. Bei mir hat es mit dem Yeti angefangen. Ich wollte ihn unbedingt finden, wollte beweisen, dass es ihn gibt. Aber mit der Zeit hörte dieses Wesen auf, ein Mysterium zu sein, und wurde stattdessen zum Symbol für das Unbekannte, zu einem Bild, in dem sich für mich Bekanntes mit nur Gefühltem vereinen ließ. Deshalb habe ich mich mit dem Naturschutz beschäftigt. Wir brauchen auf der Erde alle einen Ort, an dem wir uns auf die Abgründe unseres Wesens besinnen können. Wenn das Land geschützt wird, kann jede Generation aufs neue nach dem Yeti suchen und die Wissenschaft vom Leben, nämlich die Ökologie, neu entdecken und sich in der Kunst der vergewaltigten Wissenschaft, nämlich in der Magie, ausbilden. Am Ende werden wir ein Gespür dafür entwickeln, wer wir sind, und wissen: So wie wir sind, sind wir eben.«

Der Nebelparder entzog sich uns am Ende doch. Nach mehreren Tagen am Fuß des Everest kehrten wir auf demselben Weg zurück und stellten fest, dass unsere Kameras alle tief eingeschneit waren. Zwei Monate später verlautete allerdings aus Delhi, dass Jesse in den indischen Wäldern tatsächlich eines dieser scheuen Tiere auf seinen Film bekommen hatte – die erste Aufnahme von einem Nebelparder, die je in Zentralasien gemacht wurde.

Eine Leidenschaft in der Wüste

Als junges Mädchen träumte sie davon, im Sand der Arabischen Halbinsel zu versinken. Als sie zwanzig Jahre alt war, gelang es ihr auch. Krank und fiebrig aus dem Nil aufgetaucht, sägte sie sich die Haare mit dem Taschenmesser ab und ging in die Sahara, auf eine Wanderschaft in den Tod. Monate später stand sie barfüßig und in Lumpen vor dem Tor des Palastes ihrer Großtante in Sidi Bou Said in Tunesien. Die Diener wurden losgeschickt, um Entlausungspulver zu holen. Die Telefondrähte nach New York, London und Paris summten, als bekannt wurde, in welchem Zustand sie sich befand. Er entsprach nicht dem, was die Baronin D'Erlanger von ihrer Nichte erwartet hätte. Doch für Lavinia Currier war es typisch; sie war nur enttäuscht, dass sie in der Wüste keinem lebenden Heiligen begegnet war, der sie in die Arme geschlossen und ihr die Wunder der Sufi-Mystik enthüllt hätte. Als sie achtzehn Jahre später in der jordanischen Wüste gefragt wurde, was aus ihrem Wunschtraum geworden sei, schaute sie bei einer Hitze, die Polaroid-Filme zum Schmelzen brachte und die Schauspieler zur Verzweiflung trieb, in die Runde der Komparsen und sagte lächelnd: »Dieser Film hier, der ist aus meinem Wunschtraum geworden.«

Die Dreharbeiten dauerten fünf Jahre; es war der erste Film nach *Lawrence von Arabien*, dessen Außenaufnahmen in Jordanien gemacht wurden: *A Passion in the Desert*, Lavinia Curriers eigene Verfilmung einer berühmten, umstrittenen Liebesgeschichte von Honoré de Balzac. Sie spielt in Ägypten zur Zeit des unseligen Einfalls von Napoleon im Jahr 1798 und beschreibt die Wandlung des französischen Offiziers Augustin Robert, die im Wahnsinn endet. Robert soll den exzentrischen Maler Venture de Paradis begleiten, einen der Künstler im Armeetross, die den Auftrag haben, die alten Baudenkmäler aufzuzeichnen. Die Männer verirren sich im Sandsturm, und Venture, halb wahnsinnig vor Durst, nimmt sich das Leben. Augustin stolpert orientierungslos durch den Wüstensand und stößt auf ein Beduinenlager, aus dem er wieder flieht. Er wird gejagt, findet in den Hügeln Zuflucht in einer feuchten, dumpfigen Höhle und erwacht am nächsten Morgen in den Armen eines wunderschönen weiblichen Geschöpfs mit Namen Simoon. Viele Monate lang beschützt ihn Simoon und enthüllt ihm die Geheimnisse des Lebens in der Wüste. Ihre Liebesgeschichte, leidenschaftlich, sinnlich, dramatisch, hat alle Elemente einer großen Filmromanze. Mit einer kleinen Ausnahme: Simoon ist ein afrikanischer Leopard.

Ben Daniels, ein englischer Bühnenschauspieler, studierte noch an der Schauspielschule, als er mit 30 seine erste Filmrolle, als Augustin, bekam; daraufhin beschäftigte er sich eingehend mit Tieren, verbrachte viel Zeit im Londoner Zoo, ahmte ihre Bewegungen nach und versuchte sich so weit in sie einzufühlen, dass er ihre inneren Regungen nachempfinden konnte. Aber er hätte nicht im Traum damit gerechnet, dass er einmal in eine so absonderliche Lage geraten könnte, in eine rosafarbene Sandsteinkammer in der verlassenen nabatäischen Felsenburg Petra, während draußen der Schnee durch die jordanische Nacht wirbelt und die Filmleute in diesem Felsennest vor Kälte schaudern; zu seinen Füßen liegt seine Filmpartnerin Mowgli, einer der drei Leoparden, die seit ihrer Geburt darauf abgerichtet wurden, einmal Simoon zu spielen. Eine gewaltige Herausforderung. Wenn der Film ein Erfolg werden soll, muss diese Beziehung stimmig sein. Eine Stunde lang sind Daniels und die Katzen allein dran. Es gibt kein Drehbuch. Er muss in jeder Szene auf eine Bewegung, auf irgendeinen Hinweis der Leoparden lauern. »Das ist, als würde man mit einem Schauspieler improvisieren, der nicht weiß, dass er spielt«, erklärt er. »Und der einen von einer Sekunde auf die andere umbringen kann.«

Die Spannung in der Höhlenkammer ist greifbar. Die reduzierte Crew besteht nur aus Lavinia Currier, ihrem russischen Kameramann Alexis Rodionow, der schon *Orlando* gedreht hat, zwei Kamerateams und dem Tiertrainer Rick Glassey, der, ohne im Bild zu sein, ständig mit Mowgli redet. Alle anderen sind draußen, auch ein jordanisches Ärzteteam mit Blutreserven, falls eine Transfusion nötig sein sollte. Am Höhleneingang stehen Judy, Glasseys Frau, und ihre 16jährige Tochter Brooke, die einzigen außer Rick, die mit Mowgli umgehen werden können, wenn er ausbricht. Alles ist möglich. An einem Drehort biss der Leopard die Leine durch, entsprang durch einen Felsenkamin und konnte gerade noch rechtzeitig eingefangen werden, ehe er eine Gruppe entsetzter israelischer Touristen aufscheuchte, die die Ruinen besichtigten. Ein andermal sprang er von der Höhle aus unmittelbar an Rodionows Kopf vorbei. Der Russe zuckte nicht einmal zusammen. »Leoparden sind kein Problem«, meinte er lakonisch, »die sind nur wie Menschen, die verrückt sind.«

Aber so einfach ist es nicht. Vielleicht mit Löwen oder Tigern, aber Leoparden sind höchst exzentrische Wesen, so unberechenbar, dass sie noch nie bei einer größeren Filmproduktion mitwirken durften. Rick Glassey hat zwanzig Jahre lang mit großen Raubkatzen gearbeitet. »Einen Leoparden zu zähmen ist ein Ding der Unmöglichkeit«, erläutert er. »Je mehr man versucht, sie zu trainieren, um so weniger physischen Kontakt hat man zu ihnen. Wenn man ihnen Fleisch anbietet, setzt man sie unter Druck, und je stärker sie sich unter Druck fühlen, um so weniger Kontakt hat man. Bei Leoparden muss man auf alles gefasst sein.«

Lavinia Currier hatte kein Interesse daran, die Wildkatzen zu zähmen, selbst wenn es möglich gewesen wäre. Sie wollte das Gegenteil erreichen. »Wir mussten es schaffen, ihnen alles Antrainierte abzugewöhnen, damit sie wieder so neugierig wurden und sich so frei fühlten, wie wir es für den Film brauchten. Die Disney-Masche, empfindsame Tiere aus ihnen zu machen, die wie Menschen eine innere Stimme haben, hätte mit den Leoparden nicht geklappt, und für den Film hätte es sowieso nicht gepasst.«

A Passion in the Desert ist ein Sieben-Millionen-Dollar-Wagnis, Lavinia Curriers Wette mit sich selbst, dass es ihr gelingen wird, wilden Tieren Reaktionen zu entlocken, die Bedeutung haben. »Die Leoparden«, meint der berühmte französische Schauspieler Michel Piccoli, der den Maler Venture spielt, »haben die größten Rollen. Sie sind die eigentlichen Stars des Films.«

Als Vorbereitung für seinen Film *The Bear* ließ Jean-Jacques Annaud ein Jahr im Voraus 1500 Storyboards anfertigen, trainierte ein Dutzend Schauspieler darauf, Bären zu spielen, und ließ für mehrere hunderttausend Dollar mechanisch gesteuerte Tiere herstellen. Nichts blieb dem Zufall überlassen. Currier hat einen völlig anderen Ansatz. Sie geht davon aus, dass sich eine echte Beziehung zwischen Schauspieler und Raubkatze entwickelt, und hofft darauf, dass sich der Zauber des Augenblicks auf den Film überträgt.

»Nur Leoparden besitzen diese kraftvolle Ausgeglichenheit und Schönheit«, sagt Currier, »und das können wir einfangen. Ihr Charisma. Wenn sie einen ansehen, kann man durch ihre Augen hindurchsehen, und man hat das Gefühl, man wäre fotografiert worden. Ist man auch. Sie vergessen nichts. Wenn man ihnen den Rücken zudreht, springen sie einen im nächsten Augenblick an. Einmal, mitten bei einem Take, bekam einer schlechte Laune, spuckte, zischte und ließ ein heiseres, gereiztes Knurren hören, was so viel bedeutet, wie wenn andere Raubkatzen brüllen. Ich war seit ihrer Geburt immer bei ihnen, aber in diesem Moment lief mir ein Schauer über den Rücken. Und da habe ich begriffen, warum der Leopard das Tier ist, das die Menschen am meisten fürchten. Er verkörpert die Nacht, ist das perfekte Symbol der Verwandlung, der Bote der Wildheit.«

In der Welt verwöhnter Stars überrascht es, einen jungen Schauspieler zu finden, der bereit ist, für eine Szene sein Leben aufs Spiel zu setzen. Daniels begegnet der Rolle mit einer entwaffnenden Mischung aus trockenem Humor und Fatalismus; dennoch gab es heikle Augenblicke. »Sie schnurren ja nicht«, sagt er, »und man weiß nie, ob sie gut gelaunt sind oder nicht, bis sie einen entweder beißen oder sich auf dem Rücken wälzen und sich den Bauch streicheln lassen. Einmal haben wir eine Szene eingebüßt, als Mowgli, das Männchen, das das Weibchen Simoon spielt, plötzlich über mir war und sich dann triumphierend mit einer grandiosen Erektion der Kamera zuwandte.«

Am gefährlichsten sind die Szenen, die Daniels Gefühle abverlangen, die die Leoparden erregen, ängstigen oder verwirren und damit einen instinktiven aggressiven Reflex auslösen – mit anderen Worten, genau die Aufnahmen, die Lavinia Currier unbedingt brauchte, um zu zeigen, dass die Beziehung stimmt. Daniels erinnert sich an seine erste Erfahrung mit Mowgli. »Ich spielte, wie ich zum ersten Mal in der Höhle aufwache und mich fürchte. Mowgli saß am Eingang, ich war hinten. Laut Rolle bekam ich Angst, und Mowgli sah mich an, sah dieses zitternde Gesicht mit den aufgerissenen Augen und dachte … Beute! Ich sah, wie seine Augen groß und rund und die Pupillen ganz klein und gelb wurden, als würde er direkt in die Sonne schauen. Erst drückte er sich hinten in der Höhle herum, und dann sprang er mich an und riss über meinem Bein das Maul auf. Rick hatte mich ermahnt, ›Schnitt!‹ zu rufen, sobald ich die Zähne spüre. Aber dann ließ er von mir ab, kam wieder zurück, mit einem Blick, der noch sonderbarer war, und kletterte auf mich. Da sagte ich: ›Schnitt, das war's dann.‹«

»Es ist hauptsächlich Ben zu verdanken«, bemerkte Glassey, »dass wir Sachen auf dem Film haben, die kein vernünftiger Mensch auch nur versucht hätte. Er hat verdammt viel Mut. Immer wenn man ein wildes Tier mit einem Schauspieler zusammenbringt und als Trainer etwas abseits steht und keine Kontrolle mehr über das Tier hat, wird es gefährlich. Die Leoparden sind am schlimmsten. Sie sind die wirkungsvollste Tötungsmaschine der Natur. Als wir anfingen, dachte wohl jeder, diese Katzen arbeiten bestimmt nicht mit dem Schauspieler zusammen. Könnte immer noch passieren. Wenn Ben nur eine falsche Bewegung macht, ist die Sache gelaufen. Das könnte sein Ende sein. Aber selbst wenn ihm dabei nichts passieren sollte, können die Tiere nicht mehr mit ihm arbeiten.«

Vor der Kamera wirkt Daniels selbst katzenhaft mit seinen langen, feinen blonden Haaren, dem strähnigen Bart und seinen Augen, die schwarz umrandet wurden, sodass das Weiße leuchtend hervortritt und das Blau wie der helle Himmel strahlt. Er hockt mit dem Rücken an einer Sandsteinmauer, hat die Knie an die Brust gezogen, und sieht in seinem zerlumpten Offiziers-Waffenrock genauso fantastisch und wild aus wie die Wildkatze, die auf einem Felsvorsprung, ein paar Meter über seinem Kopf, nervös hin und her läuft. Die Rolle verlangt, dass er am Schenkelknochen einer Gazelle nagt. Der Geruch des Fleischs zieht Mowgli an, der sich langsam anschleicht. Daniels bleibt in der Rolle. Rick Glassey kommt von der Seite so dicht wie möglich heran; seine tiefe Stimme klingt Vertrauen erweckend. Unvermutet streckt Daniels der Katze den Knochen entgegen, und Mowgli packt ihn mit den Zähnen. Ein sanftes Tauziehen folgt. Für Mowgli, der reichlich zu fressen bekommen hat, ist es ein Spiel. Im

Film wird dadurch das vertrauensvolle Verhältnis zwischen ihnen zum Ausdruck kommen. Also lassen Currier und Glassey einfach weiterspielen. Plötzlich tritt Glassey ins Bild, durch Anzeichen alarmiert, die sonst niemand erkennen konnte, und stellt sich zwischen Daniels und die Katze. Als Mowgli wieder sicher untergebracht ist, wirft Glassey Currier einen Blick zu; sie weiß, dass an diesem Tag nichts mehr gedreht werden kann. Aber sie ist hoch erfreut über Mowglis Darstellung.

»Am besten ist er nachts«, bemerkt sie. »Dann ist er selbstsicherer, denn das ist die Zeit, in der er jagt. Am Tag will er doch nur schlafen.«

Currier geht zu Daniels, um ihm ein Kompliment zu machen, und der zweite Regisseur, Waldo Roeg, der Sohn von Nicholas Roeg, der bei David Leans *Lawrence* die Regie bei der zweiten Aufnahmegruppe hatte, lässt einpacken. »Ich habe noch nie einen Film gemacht«, murrt er, »bei dem sich der Drehplan nach dem Tagesablauf einer verdammten Katze richtet.«

Lavinia Currier hatte eine glückliche Kindheit: Gärten und Seen, die Liebe einer schönen Mutter und Kutschfahrten durch üppige Kornfelder mit einem Vater, der sich einen liebenswerten Traum erfüllt hatte: eine Farm in Virginia in eine Idylle zu verwandeln. Doch all das nahm an dem Morgen ein Ende, an dem sie erfuhr, dass das Flugzeug ihrer Eltern auf einem ganz normalen Flug über das Bermuda-Dreieck verschollen war. Trotz der ausgedehntesten militärischen Suchaktion, die je veranstaltet wurde und die der damalige Präsident Johnson persönlich angeordnet hatte, wurde keine Spur des kleinen Flugzeugs gefunden. Lavinia Currier brauchte Jahre, um mit diesem Schicksalsschlag fertig zu werden. »Wenn man als kleines Kind seine Eltern verloren hat, kann man der greifbaren Realität der Welt nie mehr ganz vertrauen. Alles kann in die Brüche gehen.«

Ihr erster Film, *Heart of the Garden*, ist die anrührende autobiografische Geschichte eines jungen Mädchens, das in Schattenbildern nach Erinnerungen an den Garten Eden forscht. *A Passion in the Desert* hat ebenfalls das verlorene Paradies zum Thema. Der Leopard, die Verkörperung der Natur, ist das einzige Wesen, das in der Lage ist, Augustin zu retten. Der Offizier verliebt sich in das Tier, doch in dem Bestreben, das Leopardenweibchen festzuhalten, verwandelt sich seine Leidenschaft in Aggression, Angst, Unbeherrschtheit und Eifersucht. Sein Verlangen, es zu beherrschen und zu besitzen, vernichtet am Ende alle beide.

»Beim Erzählen der Geschichte«, sagt Lavinia Currier, »hatte ich kein Interesse an bedrückenden Statistiken, die die Ausrottung der Arten und die Vernichtung ihrer Lebensräume in Zahlen fassen. Das will kein Mensch hören. Aber ich hatte das Gefühl, wenn ich eine Liebesgeschichte zwischen einem Menschen und einem Tier erzähle, kann ich die Leute vielleicht über diese Schwelle hinweglocken, weg von sich selber, sodass sie begreifen, dass jede Art eine Daseinsberechtigung hat.

Der Augustin, den wir am Anfang und am Ende des Films sehen, ist ein Mann, den Wahnideen und Kummer krank gemacht haben. Das sollen die Leute nachempfinden. Diese Gefühle von Leere, Reue und tiefer Besorgnis, die wir alle erleben werden, wenn uns allmählich bewusst wird, dass auch das letzte dieser großartigen Tiere Afrikas verschwunden ist – die will ich in diesem Film einfangen. Wir trauern ja alle, mehr oder weniger. Wir sind krank vor Sorge, wenn wir sehen, was wir aus diesem Planeten gemacht haben.«

Für Lavinia Currier ist das keine bloße Sentimentalität. Wer sie kennt, beschreibt sie als amtierende Diana, als eine Frau, die aus der Wildnis hervorgetreten ist wie ein Hirsch aus dem Dickicht. Von Balzacs Liebesgeschichte zwischen einem Menschen und einem Tier hörte sie erstmals in Paris. Sofort hatte sie das Bedürfnis, daraus einen kurzen Stummfilm zu machen, ohne Worte, bestehend nur aus Gesten in der Wüste. Sie fuhr nach Afrika, ritt auf Kamelen zum Turkanasee und schrieb ein Drehbuch über einen Waffenschmuggler unserer Zeit, eine Geschichte, die im heutigen Stil des *Cinema verité* mit seiner ausführlichen Darstellung von Trostlosigkeit und Zerstörung gedreht werden sollte. Nach vier oder fünf Ansätzen jedoch kehrte sie wieder auf die Einfachheit und Schönheit des Balzac-Romans zurück. Dann machte sie sich auf, um das Paradies zu suchen.

Der Sand in Namibia war zu rot, die Landschaft zu abwechslungsreich, um ägyptisch zu wirken. Eine Oase in Tunis glich einem Bühnenbild. Marokko war schon überlaufen. Überall stieß sie auf die Überreste anderer Produktionen. In Oman entdeckte sie eine Salzoase, in der noch Leoparden umherstreiften, aber der Sultan, von einem englischen Berater umgestimmt, zog im letzten Moment die Dreherlaubnis zurück, weil er offenbar befürchtete, der Film könnte sich als Verherrlichung bestialischer Triebe erweisen. »Bei den Franzosen, und vor allem bei Balzac, kann man nie wissen«, wurde ihm eingeredet. Nachdem Lavinia Currier zwei Jahre vergeblich nach einem Drehort gesucht hatte, musste sie niedergeschlagen feststellen, dass es keine unangetastete Natur mehr gab.

»Ich fand einfach keinen Drehort. Wie Augustin haben die Menschen überall versucht, den Leoparden festzuhalten, und ihn dann getötet.« Von der Landschaft bezaubert, entschloss sie sich schließlich für Jordanien und fand sich damit ab, dass sie den Film in einer Wüste drehen musste, in der es keinerlei Wildtiere mehr gab.

Wenn die Sonne über dem Wadi Araba aufgeht, streift sie die Flanke des Berges und wirft lange Schatten, die bald einer Flut von Sonnenlicht weichen, das sich unparteiisch über alle Hänge ergießt. Am Fuß des Kamms, entlang der alten Route, über die einst Weihrauch und Myrrhe nach Gaza gelangten, scheint die Sonne auf einen Trupp napoleonischer Soldaten, die auf dem weißen Sand zwischen Monumenten und Ruinen ihr Lager aufgebaut haben. Die noch ordentlichen Uniformen verraten, dass der Albtraum noch vor ihnen liegt. Wenn es so weit ist, werden Sandstürme ihre Kleider zerfetzen, Seuchen Hautausschläge verursachen, Eiter wird ihre Augen verkleben, sie werden sich gegenseitig niedertrampeln und sich wegen ein paar Tropfen Wasser töten. Niemand wird mehr leiden als Augustin; er sitzt auf einer Sphinx aus Styropor im Mittelpunkt der Szene und beobachtet den Sonnenaufgang.

»Die Wüste spielt auch eine Rolle«, erklärt Daniels. »Die Hitze formt deinen Charakter, und die Stille stimmt all deine Sinne neu ein.« Als Daniels in Jordanien gelandet war, brachte ihn Lavinia Currier direkt vom Flughafen zum Wadi Rum, damit er unter Beduinen leben konnte.

»Ich kam nachts an«, erinnert er sich, »und sie setzte mich mit einer Tüte Proviant und einer Decke vor deren Zelt ab. Ich konnte erst etwas sehen, als die Sonne aufging. Ich blieb eine Woche dort, saß auf einem Felsbrocken und war abwechselnd bewusstlos und hellwach. Um ein Haar hätte ich angefangen zu halluzinieren. Aber von dieser Erfahrung habe ich den ganzen Film über gezehrt.«

Es mutet fast wie eine Erscheinung an, wenn im weichen Licht am Drehort eine Mamelucken-Patrouille, die sich schwarz gegen den Himmel abhebt, in einer Reihe über den Kamm einer riesigen Düne reitet. Die Mamelucken, eine Kriegerkaste aus dem Kaukasus, regierten Ägypten 500 Jahre lang; jährlich füllten sie ihre Reihen wieder auf, indem sie Knaben aus ihrem früheren Heimatland kauften. Von den Eltern getrennt und zum Töten ausgebildet, kannten sie keine Furcht und keine Bindungen. Ihren fantastischen Reichtum verwendeten sie, um sich herauszuputzen. Im Kampf siegten sie oder starben. Mit ihren Krummsäbeln konnten sie eine Muskete in zwei Teile hauen, aber am Ende zeigten sich ihre arabischen Pferde den Kanonen und napoleonischen Karrees nicht gewachsen. Am Ufer des Nils bogen die französischen Soldaten ihre Bajonette zu Greifhaken, um damit die schmuckbehangenen toten Mamelucken heranzuziehen und zu fleddern.

Unten bei der Sphinx übt der Stuntregisseur, Stuart St. Paul, mit den Komparsen die bevorstehende Schlacht. Die Verständigung ist problematisch, da zwanzig oder mehr Nationalitäten am Set versammelt sind. Manche sind als Kämpfer hoffnungslos, andere beunruhigend gut, etwa die narbenbedeckten irakischen und tschechischen Flüchtlinge oder der Sudanese, der sich lächelnd an den Tag erinnert, an dem er einen Lastwagen über einen leichenübersäten Platz in Kuwait steuern musste.

Nichts lief glatt bei diesem Film. In Petra schneite es im Oktober, und das schlechte Wetter bei den Dreharbeiten war so vorhersehbar, dass sich die Bauern in der Umgebung auf die Rückkehr der Filmcrew freuten, die in ihren Augen Regen garantierte. Die Verlegung der Dreharbeiten nach Jordanien bekam den Leoparden ausgesprochen schlecht; sie reagierten gereizt und unwillig auf den Klang der arabischen Sprache. Kunstvolle Kulissen gingen in Sandstürmen zu Bruch, Schauspieler und Personal verirrten sich auf dem Weg zum Set, ein Drehort fiel aus, weil sich herausstellte, dass der Boden mit Landminen übersät war. Es ging sehr langsam voran. Bereits ein Sandkorn kann einen Take verderben.

Trotz Hitze und mühsamer Verzögerungen blieb die allgemeine Stimmung gut. Noch immer wird über die Sterbeszene von Venture gesprochen, ein atemberaubender, neun Minuten langer, durchgehender Take mit Michel Piccoli, der die ganze Crew zu spontanem Applaus hinriss. Die Präsenz dieses Filmveteranen, dessen Ausdrucksstärke und Charisma oft mit dem von Sean Connery verglichen wird, bedeutet eine enorme Aufwertung einer Produktion, die sich in vieler Hinsicht auf unbekanntes Terrain vorwagt. Ein Freund von Lavinia sagte dazu: »Wenn du nach allen Regeln der Kunst vorgehen würdest, käme der Film nie zustande. Kein Mensch hätte da Geld reingesteckt. Viel zu schwierig. Viel zu unsicher.«

Lavinia Currier verbrachte Monate in Paris, um den Film vorzubereiten; sie las Zeitschriften, Berichte über den Feldzug, sah sich die Waffensammlungen und Uniformen im Invalidendom an, laufend unterstützt von ihrer Großmutter Evangeline Bruce, Autorin der erfolgreichen Biografie *Napoleon und Josephine*. Die Sorgfalt, die auf historische Details gelegt wurde, ist bemerkenswert. Die Kokosnuss-Feldbecher wurden einem Original nachgebildet, das sich ein napoleonischer Soldat in der Wüste geschnitzt hatte. An den verschwitzten Wolluniformen fehlen Knöpfe, die während des Einmarschs als Zahlungsmittel benutzt wurden. Die prachtvollen Seidenkostüme der Mamelucken waren mit glitzernden Edelsteinen besetzt. Die arabischen Pferde, die Kronprinz Hassan zur Verfügung stellte, sind die edelsten in ganz Jordanien.

Am Fuß des Hügels besprechen sich Currier und Rodionow mit Daniels. Die Attacke den Hügel hinab und die darauf folgende Schlacht werden aus drei Perspektiven aufgenommen. Sechsundzwanzig Pferde sind daran beteiligt, denn mehr lassen sich in der Wüste nicht mit Futter und Wasser versorgen, und die Aufgabe besteht darin, sie im Film wie hundert aussehen zu lassen; weder Pferde noch Reiter hätten Lust, die Schlacht zu wiederholen. Die Kameras laufen, und vor ihnen entbrennt ein Inferno. Kanonenkugeln schießen der Sphinx die Nase ab. Die Soldaten formieren sich eilends in Reih und Glied, aus Staubwolken stürzen die Mamelucken hervor. Fünf Minuten lang tobt die Schlacht, bis Currier Einhalt gebietet. Alle sind hochzufrieden. Gerard Naprous, der alte, erfahrene Stallmeister, der auch schon im Vorspann der Filme *Braveheart*, *Rob Roy* und *First Knight* genannt wurde, wendet sich an seinen Sohn Daniel, der den Angriff geleitet hatte. »Das wird großartig aussehen«, meint er, »wirklich grandios für einen Film, der so klein angefangen hat.«

Rückblickend läuft es auf folgendes hinaus: ein Regieneuling, ein mitreißendes Drehbuch, eine Frau mit einer poetischen Vision, die eine Geschichte in Angriff nimmt, die sich angeblich unmöglich verfilmen lässt. In Augenblicken des Zweifels erinnert sich Currier an den Rat ihres Mentors, Yoichi Matsue, der Kurosawas Film *Deresu Uzala* und andere Filme produziert hat. Als sie mit der Geschichte ankam, meinte er, sie würde Jahrzehnte brauchen, bis sie abgedreht ist. Sie erschrak, weil sie überzeugt gewesen war, dass die Sache in einem Jahr erledigt wäre. Drei Jahre später, als die Produktion endlich anlaufen sollte, zögerte sie. Die Drehorte stimmten nicht. Das Drehbuch war verwässert worden. Aber alle, die mit dem Film zu tun hatten, erklärten ihr, dass sie nun nicht mehr zurückkönne. Die Schauspieler waren bereits engagiert, die Verträge unterschrieben. Da fiel ihr wieder ein, dass Matsue ihr klargemacht hatte, dass Schönheit aus Geduld ersteht und dass Kurosawa Wochen damit zubringt, ein einzelnes Storyboard zu zeichnen. Von Antigua aus rief sie in Tokio an. Auf ihre Besorgnis reagierte Matsue nur mit fünf Wörtern: »Widrige Winde. Wir segeln nicht.« Also ließ sie es bleiben.

»Wenn ich gewusst hätte, welche Schwierigkeiten auf mich zukommen«, sagte sie, »hätte ich es vielleicht gar nicht gemacht. Manchmal wollte ich schon alles hinwerfen. Aber die Geschichte gab mir immer wieder Mut. Jemand musste sich zum Anwalt der Tiere machen. Darum geht es ja letztlich in dem Film. Um die Einsicht, dass alle wild lebenden Wesen ein Recht auf Leben haben.«

Diese Überzeugung, sanft ausgesprochen und kompromisslos

umgesetzt, hat Lavinia Currier die Zuneigung sowohl der Schauspieler wie der Crew eingetragen. Michel Piccoli hat in 40 Jahren Filmkarriere in 37 Filmen mitgewirkt, unter anderem unter der Regie von Louis Malle, Luis Buñuel und Robert Bresson. Auf einer Terrasse mit Blick auf das Rote Meer antwortete er auf die Frage, weshalb er sich entschlossen habe, mit Currier zu arbeiten, liebenswürdig: »Erstens wegen Balzac, dann wegen der Chance, unter der Regie einer jungen Amerikanerin zu arbeiten, die sich für Balzac interessierte, dann wegen des Drehbuchs – und dann wegen Lavinia. Wenn sie lächelt, hat sie die Augen eines Kindes.«

Die Wälder Amazoniens

Selbst uns, die wir aus Kanada kommen, aus einem Land, dessen Landschaft die Vorstellungskraft überfordert und die »Seele der Nation« prägt, fällt es schwer, das gewaltige Ausmaß des Amazonas zu erfassen. Von der Forschungsreise des Francisco de Orellana, des ersten Europäers, der den Amazonas in seiner ganzen Länge befahren hat, wird eine wundersame Geschichte erzählt. Nachdem Gonzalo Pizarro auf der Suche nach dem sagenhaften Land El Dorado die Anden überquert hatte, schickte er Orellana voller Verzweiflung aus, um Nahrungsmittel zu suchen. Orellana fuhr den Rio Napo hinunter, einen schnellen Strom im Osten Ecuadors. Als er schließlich in den Rio Ucayali einfuhr, wie der Oberlauf des Amazonas in Peru genannt wird, soll er, so wird berichtet, vorübergehend den Verstand verloren haben. Da er aus dem vertrockneten Spanien kam, konnte er einfach nicht fassen, dass ein Fluss auf Gottes Erde so gewaltig ist. Dabei ahnte er noch nicht, was ihn 3000 Kilometer weiter flussabwärts erwartete, wo sich der Fluss zu einem See ausweitet und die Ufer mehrere hundert Kilometer voneinander entfernt sind.

Ob diese Geschichte nun stimmt oder nicht, sie verdeutlicht jedenfalls den Eindruck des Ungeheuren, der jeden Reisenden bei seiner ersten Fahrt auf dem Amazonas überwältigt. Es liegt schlicht an den Dimensionen und daran, dass es einfach unmöglich ist, sich die Ausdehnung der Regenwälder vorzustellen. Das Amazonas-Gebiet umfasst rund 7,8 Millionen Quadratkilometer bewaldeten Bodens, eine Fläche voll biologischer Schätze, so groß wie die Vereinigten Staaten ohne Hawaii. Der Flusslauf ist 6500 Kilometer lang, länger als der Nil und ungleich breiter, und umfasst über 80000 Kilometer schiffbare Gewässer in sechs südamerikanischen Staaten. Zwanzig Nebenflüsse speisen den Amazonas, jeder größer als der Rhein, und elf davon fließen 1500 Kilometer dahin, ohne von einer einzigen Stromschnelle unterbrochen zu werden. Das Delta ist riesig. Würde man das Gebiet der Flussmündung auf eine Karte von Europa legen, sähe man den Eiffelturm am Südufer stehen und den Tower von London am Nordufer. Unter den hunderten von Inseln im Amazonas-Delta ist allein Marajó größer als die Schweiz. Die Ablagerungen an der Mündung sind 4000 Meter tief, und noch 240 Kilometer vor der Küste findet man trinkbares Süßwasser. Die Gezeiten machen sich stromaufwärts bis Obidos bemerkbar, einem Städtchen unmittelbar östlich vom Zufluss des Rio Trombetas, 400 Kilometer von der Spitze des Deltas und ganze 720 Kilometer vom Meer entfernt.

Der Amazonas mündete nicht immer in den Atlantik. Vor 250 Millionen Jahren war der südamerikanische Kontinent noch mit Afrika verbunden, und der Vorläufer des Amazonas floss von Osten nach Westen; er bezog sein Wasser von einem Felsplateau, das er in einem Bogen umfloss; bei den Resten dieses Bergmassivs handelt es sich um den sogenannten Brasilianischen Schild und den Guayana-Schild. Der Fluss erreichte den Pazifik irgendwo an der Küste des heutigen Ecuador. 100 Millionen Jahre später spalteten sich die beiden südlichen Kontinente voneinander ab. Erst vor 7 Millionen Jahren stauten die neu erstandenen Anden den Fluss und schufen dadurch einen riesigen Binnensee, der einen Großteil des heutigen Amazonas-Beckens bedeckte. Mit der Zeit grub sich das Wasser ostwärts durch die alten geologischen Schichten und fräste sich so das Flussbett des Amazonas von heute.

Der eigentliche Amazonas entsteht erst durch den Zusammenfluss von Rio Negro und Rio Solimões in Manaus, und auch diese beiden mächtigen Ströme verdanken wir den ungeheuren vorzeitlichen Umwälzungen. Der Rio Negro bezieht sein Wasser aus der Nordhälfte des Amazonas-Beckens, von den damaligen Höhen des Guayana-Schildes; seine dunkle Färbung verdankt er einer hohen Konzentration aus Huminstoffen, Schlick und einem Quantum Gerbsäure, das etwa dem einer starken Tasse Tee entspricht. Der Rio Solimões und seine Nebenflüsse hingegen werden aus den 10000 steil abfallenden Hochtälern der Anden gespeist. Dank ihrer reichen Ablagerungen sind sie die legendären Milchflüsse der Indio-Mythologie, die Quelle der Nährstoffe, die jährlich die Überschwemmungsgebiete des Unteren Amazonas überfluten.

Die Regenfälle in den Anden und das Schmelzwasser vom Eis mehrerer tausend Andengletscher halten das ganze Bewässerungssystem in Gang. Ein besonders interessantes Merkmal des Amazonas ist die Tatsache, dass der Fluss auf den ersten 960 Kilometern 4700 Meter abfällt, auf den letzten rund 4200 Kilometern jedoch nur 80 Meter, also weniger als zwei Zentimeter pro Kilometer. Stünde das Washington Monument an der Mündung in Belém, würde seine Spitze höher aufragen als irgendein Gebäude in Iquitos, einer größeren Stadt 3200 Kilometer weiter flussaufwärts in Peru. Der Amazonas fließt nicht ins Meer, sondern wird durch den jährlichen Abfluss aus den Anden ins Meer hinausgeschoben.

Wasser, ob hell oder dunkel, bestimmt das Leben aller Geschöpfe im Amazonas-Gebiet. Vom Volumen her ist der Amazonas fünfmal größer als der Kongo und elfmal größer als der Mississippi. Genau genommen ist der Kongo der zweitgrößte Strom der Erde, aber zwei Nebenflüsse des Amazonas, der Madeira und der Negro, sind beide größer. Binnen vierundzwanzig Stunden pumpt der Amazonas so viel Süßwasser in den Atlantik wie die Themse in einem Jahr. Jede Sekunde fließen 198 Millionen Liter Wasser ins Meer – genug, um 300 Menschen 250 Millionen Jahre lang wöchentlich mit einem Bad zu beglücken. Wenn das Pionierkorps der U.S. Army eine Möglichkeit fände, den Ontariosee auslaufen zu lassen und eine Leitung vom Amazonas dorthin zu legen, wäre der See in drei Stunden wieder aufgefüllt.

Das zu bestimmten Jahreszeiten überschwemmte Areal, etwa 3 Prozent des Landes, stellt aber nur eine kleine Facette dar. Dort, wo die Überschwemmungsgebiete enden, liegt eine andere Welt, die *tierra firme* – Hochlandwälder, die das restliche Becken bedecken. Hier spürt man dann die überwältigende Größe und die ungeheure Kraft der Wälder. Es ist ein eher zartes Bild – keine Kaskaden aus Orchideen, keine Herden von Huftieren, wie sie vielleicht in der Serengeti zu finden sind. Nur tausend Grüntöne, eine Unmenge an Formen, Größen und Arten, die der botanischen Terminologie gemäßigter Zonen zu spotten scheinen.

Wenn man die Augen schließt, spürt man das unaufhörliche Summen biologischer Vorgänge – der Evolution, wenn man so will, die hier auf hohen Touren läuft.

Die Vielfalt in diesen tropischen Regenwäldern ist umwerfend. Auf einem Quadratkilometer Amazonas-Wald können rund 15000 verschiedene Lebensformen ein Auskommen finden. Brasilien allein beherbergt mehr Affenarten und zahlenmäßig überhaupt mehr Landsäugetiere als irgendein anderes Land. In ganz Neuengland gibt es vielleicht 1200 verschiedene Pflanzen, im Amazonas-Gebiet über 80000. Auf einem halben Hektar Waldland in British Columbia wachsen vielleicht sechs verschiedene Baumarten, im Amazonas-Gebiet auf derselben Fläche über 300.

Die Insektenwelt ist besonders reichhaltig vertreten. Ein Naturforscher, der die Kronen von neunzehn Bäumen einer Art untersuchte, fand darin mehr als 1200 Käferarten. Teilweise aufgrund dieses unglaublichen Ergebnisses nehmen die Entomologen jetzt an, dass tropische Regenwälder über 30 Millionen Insektenarten beheimaten. Allein 10000 Ameisenarten leben dort. In jedem Augenblick laufen dort eine Quadrillion (eine 1 mit 15 Nullen) Ameisen herum. Im Amazonas-Gebiet machen Ameisen über 30 Prozent der gesamten tierischen Biomasse aus. Der Harvard-Entomologe E.O.Wilson fand in einem Baumstumpf in der Ebene von Peru mehr Ameisenarten, als man auf sämtlichen britischen Inseln kennt.

Diese Zahlen, so eindrucksvoll sie sind, lassen kaum das unaufhörliche biologische Drama ahnen, das sich in den tropischen Regenwäldern abspielt. Wenn man den Stumpf eines weit verbreiteten vorkommenden Baumes, *Cecropia*, aufbricht, findet man in seinen hohlen Sprossgliedern eine Kolonie roter Feuerameisen der Gattung *Azteca*. Der Baum nährt die Ameisen mit Kohlehydraten in kleinen Kapseln, und im Gegenzug schützen die Ameisen den Baum vor den gefräßigen Blattschneiderameisen, die ihn binnen Stunden entlauben könnten.

Man muss diese Ameisen einmal beobachten: Lange Karawanen von Arbeitern trippeln zu unbekannten Zielen, jeder mit einem abgeschnittenen Blattteil auf dem Rücken, das wie ein Segel aussieht. Bei genauerer Betrachtung, erklärt uns E.O.Wilson, erkennen wir ihre großartige Leistung. Auf den Menschen übertragen, also wenn man von einer Körpergröße von knapp zwei Metern im Gegensatz zu 18 Millimetern ausgeht, heißt das, dass jede dieser Fouragierameisen mit einer Geschwindigkeit von 25,5 Stundenkilometern 16 Kilometer bewältigt. Am Ende des Wegs hebt jede ihre Blattlast auf, die knapp 340 Kilo wiegt, und rennt mit einer Geschwindigkeit von 24 Stundenkilometern zurück. Dieser Marathonlauf wird dann ohne Ruhepausen dutzende Male am Tag und in der Nacht wiederholt. Die Ameisen fressen die

Baumblattstücke nicht, sie verwandeln sie in Mulch, auf dem der Pilz gedeiht, der die Grundlage ihrer Ernährung bildet. Man kann sich nur schwer eine Kolonie von Ameisen vorstellen, die in tausenden von Kammern unter der Erde lebt und dort in der Dunkelheit einen Pilz züchtet, den es nirgendwo sonst in der Natur gibt.

Oder man betrachte den Bestäubungsmechanismus der Riesenlilie *Victoria Amazonica*. Die berühmte Pflanze mit ihren riesigen Blättern, die ein kleines Kind tragen können, wächst in den Seitenarmen und Brackwassertümpeln, die sich in großen Teilen des Überschwemmungsgebiets gebildet haben. Es gehört zu den großen Erlebnissen im Amazonas-Gebiet mitzuerleben, wie sich die riesigen weißen Blütten in der Abenddämmerung alle gleichzeitig öffnen. Die vier großen, stachelbewehrten Kelchblätter enthalten zahllose Blütenblätter, die sich in immer enger werdenden Spiralen zur Mitte winden. In der Spirale findet man ein Gewinde von etwas stärkeren Staminoden, unfruchtbaren Staubblättern. Sie umgeben die 300 Staubgefäße mit dem Blütenstaub. In diesen befindet sich wiederum ein Gewinde von Hüllen, das zusammen mit den anderen Teilen einen Tunnel bildet, der zu einem Hohlraum ganz unten führt, dem sogenannten Karpell, dem weiblichen Teil der Pflanze. Das Karpell ist innen ringförmig mit einer Substanz ausgekleidet, die aus Stärke und Zucker besteht.

Kurz bevor sich die Knospen öffnen, steigen sie über die Wasseroberfläche empor und öffnen sich binnen Sekunden genau in dem Moment, in dem die Sonne untergeht. Die leuchtend weißen Blütenblätter stehen aufrecht, und der Duft der Blume, der seit dem frühen Nachmittag immer stärker geworden ist, hat nun den höchsten Grad an Intensität erreicht. Durch die Stoffwechselprozesse, die den Duft erzeugen, wird die Temperatur im Hohlraum gleichzeitig um genau 11 Grad über Außentemperatur erhöht, egal wie hoch diese gerade ist. Die Kombination von Farbe, Duft und Wärme zieht eine Menge Käfer an, die alle in die Mitte der Blüte krabbeln.

Wenn nach Einbruch der Dunkelheit die Temperatur fällt, beginnt sich die Blüte zu schließen und macht die verbliebenen Käfer zu Gefangenen, wobei die Stärkesubstanz des Karpells als Nahrungsvorrat für eine Nacht ausreicht. Gegen zwei Uhr nachts ist die Temperatur in der Blüte abgesunken, und die Blütenblätter färben sich langsam rosarot. Im Morgengrauen sind die Blumen fest geschlossen. Erst am frühen Nachmittag öffnen sich die äußeren Kelch- und Blütenblätter. Jetzt warnt eine tief purpurne Färbung die anderen Käfer, sich fernzuhalten. Die Käfer der vergangenen Nacht sind immer noch im Hohlraum eingeschlossen. Kurz vor der Abenddämmerung geben die männlichen Staubbeutel Blütenstaub frei, und die Käfer, klebrig vor Pflanzensaft und abermals hungrig, werden endlich entlassen. Bemüht, rasch eine andere offene Blüte mit reichhaltigem Angebot zu finden, hasten sie an den Staubbeuteln vorbei und werden mit Blütenstaub eingedeckt, den sie zu den Narben anderer Blumen tragen und so deren Fruchtknoten bestäuben.

So komplex dieser Mechanismus auch ist, in der Flora des Amazonas-Gebiets ist er nicht ungewöhnlich. Ein Botaniker hätte es schwer, sich eine Methode der Bestäubung oder Samenverbreitung auszudenken, die es in der Natur nicht schon gibt. Es gibt Früchte verzehrende Fische, Samen, die der Wind weiterträgt, saftige Früchte, für Vögel und Affen bestimmt, harte, verholzte Früchte für starke Nagetiere, Früchte, die explodieren, von Fledermäusen getragene Früchte, Samen, die schwimmen, und winzige Samen, die sogar von Ameisen verbreitet werden.

Das treffendste Totemtier für den Amazonas wäre sicher das Dreizehenfaultier, ein gemütlicher Pflanzenfresser, der in den Kronen der Waldbäume haust. Seine extrem langsamen Bewegungen, sein Schneckentempo gewissermaßen, und seine Schutzfarbe bewahren es vor seinem Hauptfeind, der Harpyie, einem Greifvogel mit großen Fängen. Bei genauerer Betrachtung erweist sich das Faultier als geschlossenes Ökosystem, umgeben von einer lebendigen Schicht aus hunderten von Parasiten, die an ihm hängen. Seinen gefleckten Pelz verdankt es blaugrünen Algen, die symbiotisch in den hohlen Haaren leben. Ein Dutzend Arten von Gliederfüßern verkriecht sich in seinem Fell. Ein Faultier, das nur zehn Pfund wiegt, bietet über tausend Käfern eine Heimat.

Der Lebenszyklus dieser Insekten richtet sich also nach dem Tagesablauf des Faultiers. Dank seines unsäglich trägen Metabolismus entleert sich das Faultier nur einmal in der Woche. Dann klettert es von seinem Baum herunter, gräbt unten eine kleine Mulde, scheidet seinen Kot aus und klettert wieder in die Baumkrone. Milben, Käfer und sogar bestimmte Falter lassen sich vom Faultier fallen, legen ein Ei in den Kot und krabbeln wieder auf ihren Wirt. Die geschlüpften Junginsekten suchen sich dann eine neue Heimstatt auf einem anderen Faultier.

Warum aber klettert das Faultier vom Baum herab und bietet sich allen möglichen Raubtieren als Beute an, wenn es seinen Kot ebenso gut herunterfallen lassen könnte? Die Antwort liefert einen wichtigen Hinweis auf die Komplexität dieses ausgeklügelten Ökosystems. Die Biologen haben angenommen, dass das Faultier durch die Ablage seines Kots am Fuß des Baumes das Ernährungssystem seines Wirtsbaumes bereichert. Dass so ein kleines Häufchen stickstoffhaltiger Substanz wirklich von Bedeutung ist, zeigt jedoch, dass dieses Füllhorn an Leben keineswegs so üppig ist, wie es den Anschein hatte. Tatsächlich halten es viele Ökologen für einen Irrtum, wenn man den Tropenwald als Paradies bezeichnet. Das Problem ist das Erdreich, das in vielen Regionen einfach fehlt.

Die Wälder können den Nährstoffbestand des Ökosystems im wesentlichen auf zweierlei Weise aufrechterhalten. In der gemäßigten Zone mit ihren regelmäßig wiederkehrenden Jahreszeiten, die eine Anhäufung von gehaltvollem organischem Abfall zur Folge haben, enthält der Boden selbst den biologischen Reichtum. In den Tropen ist das völlig anders. Bei der konstant hohen Luftfeuchtigkeit und durchschnittlichen Jahrestemperaturen um 27 Grad spalten Bakterien und Mikroorganismen die pflanzliche Substanz auf, sobald die Bätter mit dem Waldboden in Berührung kommen. Im Tropenwald findet man 90 Prozent der Wurzelenden in den oberen zehn Zentimetern des Bodens. Wichtige Nährstoffe werden sofort wieder in die Vegetation eingespeist. Der Reichtum dieses Ökosystems liegt im lebenden Wald, einem komplexen Gebilde, das sich durch das Wechselspiel und das Zusammenwirken von tausenden von lebenden Organismen entfaltet. Es ist ein Schloss von unendlicher biologischer Raffinesse, das jedoch buchstäblich auf Sand gebaut ist.

Entfernt man den Blätterbaldachin, löst man eine Kettenreaktion der Zerstörung aus, die verheerende Folgen hat. Die Temperaturen steigen dramatisch, die relative Luftfeuchtigkeit geht zurück, die Verdunstungsmenge verringert sich auf ein Minimum, und das Pilzgeflecht zwischen den Waldbäumen, das diesen die Aufnahme von Nährstoffen erleichtert, trocknet aus und stirbt. Wenn dieses Vegetationspolster verschwunden ist, treibt jeder Wolkenbruch die Erosion voran und sorgt für weitere Nährstoffverluste und chemische Veränderungen im Boden. In einigen abgeholzten Regionen des Amazonas-Gebiets hat der Niederschlag von Eisenoxidhydraten in ausgelaugten und ungeschützten Böden kilometerweit zur Ablagerung von Lateriterden geführt, zu einer felsharten Pflasterung aus roter Erde, auf der nicht einmal Unkraut wächst.

Welcher Anteil des Amazonas-Gebiets gefährdet ist, bleibt eine Ermessensfrage. Schätzungen reichen von 10 bis zu erschreckenden 20 Prozent. Aber nicht dem Ausmaß der gerodeten Landfläche gilt heute unsere Sorge, sondern dem Tempo, mit dem die Wälder abgeholzt werden. Am Vorabend des Gipfeltreffens zum Schutz der Umwelt 1992 in Rio de Janeiro wurde die Waldfläche, die Jahr für Jahr der Axt zum Opfer fiel, mit 1,1 Millionen Hektar beziffert. Trotz internationaler Proteste hat sich das Ausmaß der Zerstörung wegen der Waldbrände inzwischen verdreifacht. Laut Aussage der brasilianischen Regierung, die sich auf Satellitenbilder beruft, wurden 1994 und 1995 fast 3 Millionen Hektar abgeholzt, ein Gebiet von der Größe New Jerseys. Eine andere Studie des brasilianischen Kongresses, die Abholzung, Bodenfeuer und auf Satellitenbildern nicht sichtbare Ausdünnungsaktionen zusammenfasste, machte deutlich, dass jährlich 58000 Quadratkilometer jungfräulicher Regenwald abgeräumt werden, ein Gebiet von der doppelten Größe Belgiens.

Die Auswirkungen dieser Entwaldung werden auf dem Kontinent und dem ganzen Planeten spürbar werden. Da die Verdunstung für die Hälfte der Niederschläge im Amazonas-Gebiet sorgt, werden sich die Regenfälle im Becken vermutlich auch halbieren. Bei Räumungsaktionen auf der ganzen Welt, bei denen Reste von Tropenwäldern verbrannt werden, werden jährlich 52 Billionen Kilo Kohlendioxid in die Luft geblasen, das entspricht rund 35 Prozent aller Industrieemissionen. Dies trägt zum Treibhauseffekt bei, zur Erwärmung der Atmosphäre, die selbst äußerst vorsichtigen Schätzungen zufolge eine beispiellose Veränderung des Klimas nach sich ziehen wird, möglicherweise auch eine Erhöhung des Meeresspiegels um zwei Meter, was die Überflutung ganzer Länder zur Folge haben würde.

Die schlimmste Folge der Zerstörungen in den tropischen Regenwäldern ist wohl der gravierende Verlust der biologischen Vielfalt. Zerstörungen dieser Art sind zwar ein globales Problem, doch die tropischen Wälder sind dafür besonders anfällig, denn die Arten gedeihen eher in Gebieten mit begrenzten Lebensräumen, in denen sie sich ungehindert entfalten können. In einigen Regionen hat sich die Vernichtung schon verheerend ausgewirkt: Zum Beispiel sind 90 Prozent der auf Madagaskar heimischen Arten nirgends sonst zu finden, doch vom ursprünglichen Wald sind nur noch 7 Prozent übrig. Die Wälder Brasiliens am Atlantik – auch ein Ballungsraum für unterschiedlichste, nur hier heimische Arten – wurden auf weniger als 2 Prozent ihrer ursprünglichen Ausdehnung reduziert. Das Eingreifen des Menschen wirkt sich nicht nur massiv auf einzelne Arten aus, sondern verändert auch deren Lebensbedingungen. Saurer Regen, Erderwärmung, Zerstörung der Ozonschicht, die Anhäufung synthetischer Zusammensetzungen in der Umwelt – all das hat Veränderungen im Chemismus der Biosphäre zur Folge.

Die Vernichtung von Leben ist freilich nichts Neues in der Weltgeschichte. Massenhafte Ausrottung kennzeichnete im Erdmittelalter das Ende der Perioden Perm, Trias und Kreide; auch im Erdaltertum, im späten Devon, und in der Erdneuzeit, Ende des Tertiärs, gab es Krisen. Kurz nach der Ankunft der Menschen in Südamerika vor 15000 Jahren wurden 45 von 120 Säugetierarten ausgerottet. Doch im Allgemeinen gab es in den letzten 600 Millionen Jahren mehr Artenbildung als Ausrottung der Arten, und die Vielfalt des Lebens wurde immer größer.

Eine Veränderung innerhalb der letzten fünfzig Jahre ist allerdings höchst beunruhigend, nämlich das Tempo der Vernichtung. Dass der Verlust einer Art durch neueArtenbildung kompensiert wird, ist normal. Doch schlagartige Vernichtung im großen Stil und entsprechende biologische Verarmung sind anomal. Die jetzige Welle der Ausrottung ist in den letzten 60 Millionen Jahren ohne Beispiel, sowohl was die Plötzlichkeit betrifft wie auch vermutlich die Gesamtzahl der untergegangenen Arten. Zwischen 1600 und 1900 sind durch menschliches Zutun etwa 75 Arten eliminiert worden. Nach vorsichtiger Schätzung sind seit 1960 jährlich rund 1000 Arten ausgestorben. E.O. Wilson glaubt, dass auf der Verlustliste der letzten 25 Jahre des 20. Jahrhunderts eine Million Arten stehen werden. Das heißt, dass alle dreizehn Minuten eine Art untergeht, 110 jeden Tag und 40000 jedes Jahr.

Aber ist dieser Verlust an biologischer Vielfalt irgendwie von Belang? Biologen mögen diese Frage spöttisch belächeln, doch eine sinnvolle Antwort darauf zu finden, die Öffentlichkeit wie Politiker überzeugt, ist sehr schwierig. Wie kann man glaubhaft argumentieren, dass eine einzige Art wertvoller ist als irgendein spezielles Entwicklungsprojekt? Paul Ehrlich, ein Biologe der Stanford-Universität, verdeutlicht das Problem mit Hilfe einer Metapher. Er schreibt sinngemäß: »Angenommen, Sie sehen beim Einsteigen in ein Flugzeug, wie ein Mechaniker Nieten herauslöst. Der Mann erklärt, dass man sie für zwei Dollar pro Stück verkaufen kann, wodurch sie die Flüge verbilligen. Auf die Frage, ob das wirklich klug ist, meint er, es bestehe kein Risiko, denn obwohl man schon so viele Nieten entfernt habe, seien noch keine Flügel abgefallen.« Und genauso gehen wir mit der Biosphäre um, indem wir die biologische Vielfalt zerstören.

Der Wert einer Art besteht, wie Tom Lovejoy vom Smithsonian Institute betont, nicht einfach darin, dass sie vielleicht eines Tages ein Heilmittel liefert, obwohl das möglich ist. Entscheidend ist, dass wir nicht behaupten können, auch nur eine einzige Art zu verstehen. Unsere Kenntnisse sind leider noch sehr rudimentär. Die gemeine Taufliege zum Beispiel ist zweifellos der am gründlichsten untersuchte Organismus auf Erden. Die Erforschung ihrer genetischen Struktur und biologischen Bedeutung hat Forschungsgelder in Millionenhöhe verschlungen. Dennoch können wir bis heute viele wesentliche Einzelheiten ihres Lebenszyklus nicht erklären. Außerdem kann eine Art, für die wir im Augenblick keine Verwendung haben, dank neuer Erkenntnisse mit einem Mal überraschend nützlich sein. Wer hätte zum Beispiel im

19. Jahrhundert den Wert des armseligen kleinen Schimmelpilzes *Penicillium* erkannt?

Es geht darum, das Potential einer jeden Lebensform zu betrachten. Eine einzige Bakterie besitzt, wie uns E.O.Wilson ins Gedächtnis ruft, etwa 10 Millionen Bits an genetischer Information, ein Pilz eine Milliarde, ein Insekt eins bis zehn Milliarden. Würde man die genetische Information einer einzigen Ameise in einen Buchstabencode übersetzen und in normaler Schriftgröße ausdrucken, wäre der Streifen mit den Buchstaben 1600 Kilometer lang. Eine Hand voll Erde enthält Informationen, die sämtliche 15 Auflagen der *Encyclopedia Britannica* seit 1768 füllen würden. Das ist der hallende Kommentar der Natur. Jeder einzelne Fall von Ausrottung bedeutet viel mehr als das Verschwinden einer Lebensform, es ist der leichtfertig in Kauf genommene Verlust einer evolutionären Möglichkeit, die damit unwiederbringlich aus dem Strom des Lebens herausgelöst wird.

Die meisten der dem Untergang geweihten Arten müssten erst noch wissenschaftlich beschrieben werden. Schätzungen der Gesamtheit aller Arten belaufen sich auf 3 bis 100 Millionen. Es ist unglaublich, aber trotz zwei Jahrhunderten wissenschaftlicher Forschung kennen wir die tatsächliche Anzahl der Arten auf der Erde noch nicht einmal annähernd. Obwohl rund 1,5 Millionen Arten klassifiziert worden sind, haben die meisten Lebensformen noch keinen wissenschaftlichen Namen. Botaniker oder Entomologen bringen aus den tropischen Regenwäldern so gut wie jedesmal neue, der Wissenschaft bis dahin noch nicht bekannte Arten mit.

Angesichts dieser Mitbringsel und der Gefahr, die Unversehrtheit der Biosphäre durch die Vernichtung der biologischen Vielfalt aufs Spiel zu setzen, muss man sich fragen: Was gewinnen wir eigentlich durch die massive Ausbeutung der tropischen Regenwälder? 1974 erwarb das Volkswagenwerk 10000 Quadratkilo-

meter brasilianischen Regenwald, ließ Entlaubungsmittel herab-
regnen und räumte das Land durch Brandrodung, das größte von
Menschenhand bewusst gelegte Feuer seit Menschengedenken.
Die größten Optimisten unter den Agronomen, die dort arbeiteten, schätzten, dass das Vieh auf diesem Land sicher zwölf oder
vierzehn Jahre lang weiden könnte. Jedes Tier, das man in dieses
gerodete Areal setzt, benötigt einen knappen Hektar, um später
ein paar Dutzend Pfund Fleisch zu liefern. Doch nur ein einziger
stehen gebliebener brasilianischer Nussbaum hätte jedes Jahr eine
Tonne proteinreicher Nüsse geliefert. Es ist unfassbar, dass es heute im Amazonas-Gebiet kein vor 1980 entstandenes Weideland
mehr gibt, auf dem noch Vieh grast. Viehzucht ist zwar eine Möglichkeit, Land zu nutzen, aber wenn man das wirkliche Potenzial
des Regenwaldes bedenkt, ist das so, als nähme man einen van
Gogh, um damit das Lagerfeuer in Gang zu bringen. Zwar wird
der Zweck erfüllt, aber um welchen Preis?
Diese leichtfertige Zerstörung hat Ausrottung zur Folge, nicht nur
von Pflanzen und Tieren, sondern auch von menschlichen Gemeinschaften, die über tausende von Jahren hinweg ein profun-
des Wissen über den Wald und seine natürlichen Erzeugnisse gewonnen haben. Die Entwaldung wird hauptsächlich aufgrund von
Entwicklungsprojekten der Regierung und internationaler Kon-
zerne angeordnet. Die Regierung hat große Probleme, mit denen
sie fertig werden muss: massive Verschuldung, Bevölkerungs-
wachstum, Armut, Arbeitslosigkeit und Hunger. Jedes Jahr wächst
die Weltbevölkerung um 90 Millionen, hauptsächlich in den Regionen, in denen noch tropische Regenwälder stehen. Aber die
Bestrebungen, wenigstens einen Rest dieser Wälder zu bewahren,
müssen scheitern, wenn die Naturschutzprojekte mit dem Über-
lebenskampf der Menschen kollidieren. Die ideale Strategie be-
stünde wohl darin, von denen zu lernen, die den Wald am besten
kennen. Wenn man von den einheimischen Stämmen lernt, wie

sie die Pflanzen nutzen, würde man sicher feststellen, dass das Potenzial des lebenden Waldes, das Einkommen schafft, auf lange Sicht Gewinn bringender ist als der schnelle Profit durch Zerstörung.

Ethnobotanik kann in mancher Hinsicht zum Erreichen dieses Ziels beitragen. Gutachten über die Anpassung einheimischer Stämme können Modellcharakter dafür bekommen, wie man den Wald am besten sowohl Gewinn bringend als auch umweltbewusst nutzt. Zum Beispiel haben Ethnobotaniker, die bei den Mebenggokre-Kapayó in Zentralbrasilien gelebt hatten, deren bemerkenswert ausgeklügeltes System ganzheitlicher Landbewirtschaftung dokumentiert. Der biologische Einsatz von Insekten, die Manipulation von Pflanzen, die schon halbe Kulturpflanzen sind, und die gezielt vorgenommene Umsetzung von Bäumen und Heilpflanzen an Wegränder und auf Felder – all das sind Bestandteile eines komplexen und bewährten Systems landwirtschaftlicher Waldpflege, das in krassem Gegensatz zu den brutalen und destruktiven Maßnahmen moderner Landausbeutung in den Tropen steht.

Außerdem können Ethnobotaniker das beträchtliche wirtschaftliche Potenzial noch unentdeckter und unentwickelter Naturprodukte aufzeigen. Pflanzen lassen sich als Gifte oder Heilmittel verwenden, denn um räuberische Insekten abzuwehren, haben sie komplexe chemische Verbindungen und Alkaloide entwickelt. Diese chemischen Substanzen, die bei manchen Pflanzen bis zu 10 Prozent des Trockengewichts ausmachen, wirken sich schädlich auf den Chemismus der Insekten aus. Diese Eigenschaften könnten sich Chemiker für therapeutische Zwecke zunutze machen. Das ist keineswegs graue Theorie, denn rund 60 Prozent unserer modernen Heilmittel werden aus Naturprodukten gewonnen. Pflanzliche Substanzen im Wert von über 8 Milliarden Dollar sind in einem Viertel aller Rezepturen aus Apotheken in den USA und Kanada enthalten. Weltweit beträgt der Wert der verkauften Arzneien, die aus Pflanzen gewonnen wurden, mehr als 70 Milliarden Dollar, und rund 120 zugelassene apothekenpflichtige Heilmittel stammen aus 95 Arten höherer Pflanzen, von denen 47 im tropischen Regenwald wachsen. Etwa 75 Prozent davon wurden vom »Volk« entdeckt – ein Geschenk von Hexen und Medizinmännern, Heilern und Kräutersammlern, Zauberern und Priestern an die moderne Menschheit.

Die Indianer Amerikas haben uns eine Menge sehr wichtiger Heilmittel beschert. Die Pflästerchen, die man sich hinters Ohr klebt, um sich vor Seekrankheit zu schützen, enthalten Scopolamin, ein Alkaloid, das aus Nachtschattengewächsen gewonnen wird; es waren Medizinmänner, die es traditionellerweise als Narkotikum und Arznei verwendet haben. Der wesentliche Bestandteil der ersten empfängnisverhütenden Tabletten, Diosgenin, stammt von wilden Yams aus Mexiko. Aspirin wurde von Bayer erstmals synthetisch hergestellt, aber die Ausgangssubstanz war Salicylsäure, ein in der Weidenrinde enthaltener Stoff; die nordamerikanischen Indianer waren die Ersten, die ihn benutzten, um Kopfschmerzen zu lindern. Das Amazonas-Gebiet und die östlichen Hänge der Anden haben so wesentliche Arzneimittel geliefert wie Pilocarpin, das bei Glaukomen eingesetzt wird, das Muskelrelaxans D-Tubocurarin und Chinin zur Malariaprophylaxe, das mehr Leben gerettet haben soll als irgendein anderes Arzneimittel.

Bis heute werden tagtäglich Heilpflanzen angewendet. Die Weltgesundheitsbehörde hat festgestellt, dass sich rund 90 Prozent der Bevölkerung in der dritten Welt bei Krankheiten hauptsächlich auf die Heilkraft der traditionellen Heilmittel verlassen. Die Erforschung dieser Heilpflanzen ist eine ungeheuer wichtige Aufgabe der modernen Wissenschaft. Von den 1985 neu entdeckten 3500 chemischen Zusammensetzungen wurden 2619 aus höheren Pflanzen isoliert. Doch trotz dieser intensiven Bemühungen wurde das eigentliche Potenzial noch kaum angezapft. Bis heute sind erst 5000 von schätzungsweise 250 000 bis 300 000 höheren Pflanzen systematisch auf medizinische Anwendungsmöglichkeiten hin untersucht worden. Die Flora der tropischen Regenwälder ist viel zu wenig erforscht. 70 Prozent aller Pflanzen, mit denen man Tumoren nachweislich bekämpfen kann, wurden in den Tropen gefunden, und dennoch sind 90 Prozent der Pflanzen aus amerikanischen Regenwäldern noch nicht einmal oberflächlich chemisch analysiert worden. Von den 80 000 Pflanzen höherer Ordnungen im Amazonas-Gebiet wurden bisher lediglich 470 eingehend auf ihre krebsheilende Wirkung hin geprüft.

Um das Wissen über diese lebende pharmazeutische Fabrik wirkungsvoll zu verbreiten, bedarf es der Mitarbeit der Ethnobotaniker. Jeder Versuch, die gesamte Flora ohne die Mithilfe der Einheimischen zu bewerten, wäre logistisch unmöglich und wegen der mangelnden Vorkenntnisse kurzsichtig und unklug. Die Einheimischen sind extrem erfahren in Naturkunde, denn sie identifizieren sich gefühlsmäßig und auch im Sinne einer kosmischen Vernetzung mit dem Wesen des Waldes und beziehen praktisch alles, was sie zum Leben brauchen, aus ihrer Umwelt. Ihr Wissen und die Differenziertheit, mit der sie biologische Zusammenhänge erklären, sind wahrhaft erstaunlich. Die Waorani vom ecuadorianischen Amazonas durchschauen zum Beispiel nicht nur so komplexe Phänomene wie Bestäubung und Samenverbreitung, sie verstehen auch das Verhalten der Tiere und können es genau vorhersagen. Von allen Waldpflanzen, die essbare Früchte haben, wissen sie schon im Voraus, wann sie blühen und Früchte tragen; sie wissen, welche Nahrung die meisten Waldtiere bevorzugen, und können oft sogar sagen, wo ein bestimmtes Tier die Nacht verbringen wird. Waorani-Jäger riechen Tierurin im Wald aus vierzig Schritt Entfernung und können genau bestimmen, von welchem Tier er stammt.

Die intime Kenntnis des Waldes in Verbindung mit unaufhör-
lichem Experimentieren hat zur Entdeckung erstaunlicher chemischer Wirkstoffe in Pflanzen geführt. Die indigenen Stämme
vom Amazonas werten zum Beispiel dutzende unterschiedlicher
Pflanzenarten aus, deren Wurzeln zum Teil bis zu 20 Prozent Ro-
tenon enthalten, um abbaubare Fischgifte zu gewinnen. In langsam fließenden Gewässern lähmen diese Gifte die Kiemenatmung
der Fische, die dann tot an die Oberfläche treiben und leicht eingesammelt werden können.

Mehr als neunzig Pflanzenarten des Amazonas-Gebiets liefern
Curare, den »fliegenden Tod« auf der vergifteten Pfeilspitze. Das
Gift wird hauptsächlich aus Lianen der Familie der Mondsamen-
und Logangewächse gewonnen. Der Wirkstoff in einigen dieser
Pflanzen ist das Muskelrelaxans D-Tubocurarin, seit seiner Isolierung zu Beginn der 40er-Jahre eine unschätzbare Substanz für
die moderne Chirurgie. Um das Curare zu gewinnen, sind viele
Schritte nötig. Die Rinde wird geraspelt und in einer trichterarti-
gen Blatttüte zwischen zwei Jagdspeeren aufgehängt. Dann filtert
man kaltes Wasser hindurch und fängt die Tropfen in einem Ton-
krug auf. Nun wird die dunkle Flüssigkeit langsam über dem Feuer erhitzt, bis sie mehrmals schaumig aufkocht und sich schließlich verdickt. Man lässt sie erkalten und erhitzt sie dann erneut,
bis sich allmählich eine dichte, zähe Schaumschicht auf der Oberfläche bildet. Nach Entfernung des Schaums werden die Pfeilspit-
zen in dem dickflüssigen Gebräu gedreht und dann sorgfältig
über dem Feuer getrocknet. Eine recht profane Angelegenheit.
Doch die Erkenntnis, dass diese Substanz, die sich nur aus einigen wenigen der hunderten von Lianen gewinnen lässt – und unschädlich ist, wenn man sie oral einnimmt –, tödlich wirkt, wenn
sie intramuskulär zugeführt wird, ist von ungeheurer Tragweite.

Der Reichtum der tropischen Regenwälder beschränkt sich jedoch keineswegs auf Heilmittel. Die meisten Nahrungsmittel, die in Nordamerika und Europa konsumiert werden, stammen von Pflanzen, die erst von einheimischen Völkern zu Kulturpflanzen gemacht wurden, und kamen in vielen Fällen aus den Tropen. Wenn die Nordamerikaner sich ausschließlich von den in Amerika und Kanada heimischen Kulturpflanzen ernähren müssten, kämen nur Pekannüsse, Krannbeeren, Erdbirnen und Ahornzucker auf den Tisch. Ohne den landwirtschaftlichen Beitrag der Indios hätte die Schweiz keine Schokolade, Hawaii keine Ananas, Irland keine Kartoffeln, Italien keine Tomaten, Indien keine Auberginen, Nordafrika kein Chili, England kein Tapioka, und keiner von uns hätte Vanille, Papaya oder Mais.

Von schätzungsweise 75 000 essbaren Pflanzen werden lediglich 2500 regelmäßig gegessen, nur 150 spielen im Welthandel eine Rolle, und nicht mehr als 20, zumeist kultivierte, Getreidesorten stehen zwischen der Menschheit und dem Hungertod. Im Amazonas-Gebiet hingegen finden wir Bäume, die jährlich 300 Kilogramm ölreiche Samen tragen; eine Palme, deren Früchte mehr Vitamin C beinhalten als Orangen, mehr Vitamin A als Spinat; eine andere Palme, eine Art lebende Ölfabrik, deren Samen 27 Prozent reines Protein enthalten. Dort gibt es auch Bäume, die Harze ausscheiden, welche, unbehandelt in einen Tank eingefüllt, einen Dieselmotor antreiben würden; Früchte, die dreihundert Mal süßer sind als Rübenzucker; mit Industriewachsen beschichtete Blätter, mit leuchtenden Pigmenten und Farbstoffen umhüllte Pflanzen und mit abbaubaren Insektiziden imprägnierte Lianen.

Welchen wirtschaftlichen Wert können wir dem Potenzial dieser Pflanzen zumessen? In manchen Fällen darf man einen beträchtlichen, sofortigen Gewinn erwarten. Brasilien gibt derzeit zum Beispiel 95 Millionen Dollar jährlich für den Import von portugiesischem Olivenöl aus. Doch im Amazonas-Gebiet wächst eine Palme, *Jessenia batana,* die große Mengen eines Pflanzenöls hervorbringt, das genauso schmeckt wie Olivenöl und chemisch nicht davon zu unterscheiden ist. Die Kultivierung dieser Pflanze durch Selektion könnte Brasilien für immer von einer chronischen Belastung im Haushaltsplan befreien.

Ein anderes sensationelles Beispiel für den wirtschaftlichen Nutzen von Wildpflanzen fand Hugh Iltis, ein Pflanzenforscher der Universität von Wisconsin. 1962 sammelte er auf einer botanischen Forschungsreise die Samen einer scheinbar nutzlosen Wildtomate. Bei der Kreuzung mit gezüchteten Tomaten stellte sich jedoch heraus, dass die genetischen Eigenschaften der Wildtomate die Kulturtomate fantastisch aufwerten. Iltis rechnete sich später aus, dass seine Entdeckung die Regierungsstelle, die seine Forschungen finanzierte, 40 Dollar gekostet hatte. Doch der Wert seiner Entdeckung für die Tomatenindustrie wurde auf jährlich rund 8 Millionen Dollar geschätzt, das sind 160 Millionen Dollar in den letzten zwei Jahrzehnten.

Eine sehr sonderbare Werteskala diktiert den Kurs wirtschaftlicher Entwicklungen in den tropischen Regenwäldern. Zu einer Zeit, in der sich die Verkäufe von aus Pflanzen gewonnenen Pharmazeutika weltweit in einer Größenordnung von mehreren zig Milliarden Dollar pro Jahr bewegten, gab Daniel Ludwig 1 Milliarde Dollar aus, um im brasilianischen Wald eine Fläche von der Größe Connecticuts zu roden, auf der er erfolglos versuchte, Bäume zur Papierherstellung anzupflanzen. Seine Ausgaben schnellten deshalb in die Höhe, weil er es versäumt hatte, die Voraussetzungen in den Tropen zuvor grundlegend zu prüfen. Seine Forstleute und Ingenieure mussten ganz von vorne anfangen und erst einmal in großem Umfang herumexperimentieren. Hätten sie gleich gewusst, was sie später mühsam lernen mussten, wäre das Vorhaben bestimmt gar nicht in Angriff genommen worden.

Doch 1980, genau als Ludwigs Projekt am Rio Jarí endgültig zum Erliegen kam, betrug die Summe aller international aufgewendeten Gelder für die Forschung in den Zweigen Ökologie, Taxonomie, Ethnobotanik und Auswertung der Flora 30 Millionen Dollar, weniger, als damals ein einziges Jagdflugzeug vom Typ F-16 kostete, und etwa so viel, wie an zwei beliebigen Wochenenden im Jahr in den Bars von New York ausgegeben wird.

Die Ethnobotanik kann die noch unentdeckten Gaben des tropischen Regenwaldes ans Licht bringen: Blätter mit Heilwirkung, Früchte und Samen, die die Nahrungsmittel hervorbringen, die wir essen, Pflanzen, die die Volkswirtschaft einer Region und sogar einer ganzen Nation positiv beeinflussen können. Doch wenn wir uns die Kenntnisse der Einheimischen zu Eigen machen, dann nicht nur, um uns neue Quellen des Wohlstands zu erschließen, sondern auch, um zu einer neuen Sichtweise zu gelangen und eine grundlegend andere Einstellung zum Leben mit dem Wald zu entwickeln. Feinfühliges Naturempfinden ist keine angeborene Eigenschaft der indigenen Bevölkerung, sondern die Folge einer den Verhältnissen angepassten Entscheidung zwischen mehreren Möglichkeiten, die zur Entwicklung eines hochspezialisierten Wahrnehmungsvermögens führt. Aber so eine Entscheidung treffen nur Menschen mit einem umfassenden Naturverständnis und einer Weltanschauung, in der Mann und Frau als Teile eines Ganzen gesehen werden, in dem alles unlösbar miteinander verbunden und voneinander abhängig ist. Was die Wälder und unsere Welt zu zerstören droht, ist jene völlig andere Anschauung, die den Menschen als von der Natur getrennt betrachtet. Das wertvollste Erbe der indigenen Völker ist möglicherweise ihr Beitrag zu einem Dialog zwischen diesen beiden Weltsichten, bei dem alte Volksweisheit mäßigend und lenkend auf die unausweichlichen Entwicklungen einwirken könnte, die heutzutage weite Teile der Erde verwüsten.

Das weiße Blut des Waldes

Der Tag, vor der der Gummiindustrie seit sechzig Jahren graut, wird anbrechen wie jeder andere. Der Wind vom Südchinesischen Meer her wird über das Land streichen, und die Sonne, die über ganz Asien aufgeht, wird allmählich den Dunst über den Plantagen vertreiben, aus denen 93 Prozent der Weltproduktion an Gummi kommt. Auf Feldern von der Größe ganzer Nationen werden sich Schatten mit dem Silber von Millionen nahezu identischer Baumstämme vermengen, den letzten der unlängst zu Kulturpflanzen gemachten Bäume. Vor nur einem Jahrhundert hat sich, aus einer Hand voll Samen vom Amazonas, die in die jungfräuliche Erde Südostasiens gesät wurden, ein Baum massenhaft genetisch vervielfacht.

Arbeiter schwärmen über die Plantagen aus, Chinesen und Tamilen, und unterdessen frischt der Wind auf und wirbelt das Laub zu Boden, das sich zur Unzeit von den Zweigen löst. Vor einer Woche waren die Blätter noch frisch und elastisch, doch jetzt sind sie welk, verdorrt und mit einem schwarzen Ausschlag überzogen, der nur eines bedeuten kann: die südamerikanische Trockenfäule, ein bösartiger Pilzbefall, so virulent, dass er alle Bemühungen, Kautschuk in seiner Heimat Amazonien zu kultivieren, vereitelt hat. Dieser Pilz hat jetzt die Küsten Asiens erreicht.

In den folgenden Wochen werden alle Möglichkeiten aufgeboten, um den Befall einzugrenzen. Auf den großen Pflanzungen kann der massive Einsatz von Fungiziden die Situation etwas entschärfen, aber auf den verstreuten Familienfarmen, die zusammen

80 Prozent der Produktion ausmachen, ist der Pilzbefall nicht mehr aufzuhalten. In Kuala Lumpur suchen malaiische Regierungsbeamte verzweifelt nach der Quelle des Übels. So sehr fürchten sie ein mögliches Übergreifen des Pilzes, dass sie keiner Linienmaschine aus einem südamerikanischen Land, in dem schon Fälle von Trockenfäule gemeldet worden sind, die Landung gestatten. Aber es ist zu spät; der Pilz hat den Pazifik übersprungen, und nun droht Gefahr: das Ende der Kautschukindustrie, so wie wir sie kennen.

Die amerikanischen Verbraucher, zunächst in Sicherheit gewiegt durch das Vertrauen in die Hexenkünste der chemischen Industrie, müssen plötzlich erkennen, dass die Welt immer noch auf Naturkautschuk dahinrollt. 2,5 Millionen Gummireifen werden jeden Tag hergestellt, und mindestens ein Drittel im Gummi eines jeden Reifens kommt von einem Baum. Für viele wichtige Anwendungsbereiche gibt es keinen entwicklungsfähigen Ersatz. Ohne Naturkautschuk können Flugzeuge nicht mehr sicher landen; Flugzeugträger können sich einmotten lassen. LKW-Transporte werden eingeschränkt, der grenzübergreifende Handel wird lahmgelegt. Große Sorge macht sich in den Kliniken breit, denn auch Ärzte und Krankenhausverwalter erfahren, dass sie wesentlich von Naturkautschuk abhängig sind. Spekulanten machen ihren Schnitt, da der Preis für Gummi ins Astronomische steigt.

Dieser Albtraum, so unwahrscheinlich er klingt, sitzt der Gummiindustrie im Nacken, aber gesprochen wird nicht darüber. Ernie Imle, ein Pathologe im Ruhestand, weiß, was geschehen wird, wenn die Trockenfäule über den Pazifik kommt. Vor Jahrzehnten erlebte er in Mittelamerika einen Ausbruch der Krankheit mit. »Wie ein Lauffeuer fegte sie durch die Pflanzungen«, sagt er. Er ist ein drahtiger Mann mit einer sanften Stimme, der einen Großteil seines Arbeitslebens im Landwirtschaftsministerium der Vereinigten Staaten damit zubrachte, nach Wegen zu suchen, um Kautschuk in beiden Teilen Amerikas anzubauen. »Wir hatten eine Gnadenfrist von fünfzig Jahren«, fährt er fort, »aber irgendwann gelangt jede Krankheit überallhin. Es ist nur eine Frage der Zeit, wann sie Asien erreicht. Was uns bis jetzt davor bewahrt hat, ist die dünne Sporenwand des Pilzes; eine lange Ozeanreise könnte er nicht überstehen. Aber mit einem Düsenflugzeug sieht das ganz anders aus.«

Kevin Jones, Sekretär des International Rubber Research and Development Board außerhalb Londons, bezeichnet die Trockenfäule als »Aids der Gummiindustrie«. Eine beängstigende Bedrohung, die sich nur schwer erforschen lässt. »Man kann nur hoffen, dass wir damit fertig werden, wenn sie ausbricht«, meint er. Wissenschaftler können Fungizide im Labor testen, aber »man kann die Maßnahmen eben nicht an Ort und Stelle überprüfen, denn die Gefahr dabei ist, dass man dadurch die Krankheit freisetzt und in die Plantagen entsendet. Kein Mensch weiß, was wirklich passieren würde. Wenn der Pilz an Land kommt, kann man ihn vielleicht unter Kontrolle bringen, aber ausrotten lässt er sich wahrscheinlich nicht. Am Ende würde er sich in Windeseile ausbreiten – mit katastrophalen Folgen.«

Eine andere Kapazität in Sachen Gummi ist Richard Evans Schultes, der international bekannte ehemalige Direktor des Botanischen Museums von Harvard. Seiner Meinung nach könnte die Trockenfäule innerhalb von fünf Jahren sämtliche asiatischen Plantagen befallen, die Erträge verringern, Bäume vernichten und am Ende die gesamte Industrie gefährden. Ernie Imle formuliert das so: »Ein Damoklesschwert hängt über dem Nacken aller Industriegesellschaften. Wir haben eine Situation herbeigeführt, in der ein relativ einfacher Akt von biologischem Terrorismus – nämlich die systematische Einführung von Sporen, die so klein sind, dass man sie leicht in einem Schuhabsatz verstecken könnte – die Plantagen wegfegen, die Produktion von Naturgummi beenden und damit eine Wirtschaftskrise von ungeahnten Ausmaßen auslösen könnte. Und kein Mensch weiß davon. Dazu kommt noch, dass man all das hätte vermeiden können.«

Aber das ist nicht das Schlimmste. Das Schlimmste ist, dass wir schon einmal mit einer solchen Krise konfrontiert waren – und es vergessen haben. 1942 hing das Schicksal der Alliierten von Amerikas Findigkeit ab, neue »Gummiquellen« zu entdecken, nachdem Japan den Nachschub aus Asien eingefroren hatte. Die USA reagierten prompt und in Aufsehen erregender Weise auf die Herausforderung: Umgehend leiteten sie die Entwicklung von synthetischem Gummi ein, setzten ein Mammutprogramm zur Wiederverwertung in Gang und schickten Wissenschaftler ins Amazonas-Gebiet, die bei der verzweifelten Suche nach Latex-erzeugenden Pflanzen ihr Leben riskierten.

Synthetischer Gummi war entscheidend für den Sieg der Alliierten, wenngleich das Produkt nie so gut war wie Naturgummi. Nach Jahren hektischer Bemühungen hatten die Pflanzenforscher tatsächlich widerstandsfähige Pflanzen aufgespürt, die man im Westen anbauen könnte. Dennoch waren ihre Bemühungen nicht von Erfolg gekrönt, denn nach Kriegsende legte Washington ihre Arbeitsergebnisse ad acta, teils aus bürokratischer Verblendung, teils aus der für die 50er Jahre typischen technologischen Überheblichkeit. So stand die Nation wieder am Anfang und machte sich abermals abhängig von einem Produkt, das eine halbe Welt weit weg wächst, folglich von Kalamitäten bedroht ist und in den kommenden Jahren mit Sicherheit knapp werden wird.

Für die Indios im Amazonas-Gebiet ist der Kautschuk das weiße Blut des Waldes und kommt aus dem »weinenden Baum«. Seit Generationen ritzen sie seine Rinde an, lassen den Latexsaft auf Blätter tropfen und formen ihn mit den Händen zu wasserdichten

Tellern und Schalen. Kolumbus sah Arawakan-Indios mit seltsamen Bällen spielen, die hüpften und flogen. Thomas Jefferson und Benjamin Franklin fanden das Material ideal zum Ausradieren von Bleistiftnotizen. Da man allgemein glaubte, es komme aus der East Indies genannten Region, der Karibik, bezeichnete man es in den angelsächsischen Ländern als *India rubber*. Tatsächlich stammte das Produkt aus Brasilien, wo der König von Portugal bereits eine viel versprechende Industrie aufgebaut hatte, in der Schuhe, Umhänge und Taschen aus Gummi hergestellt wurden.

Doch all diese Erzeugnisse hatten einen großen Nachteil: Bei kaltem Wetter wurde der Gummi so spröde, dass er zerbrach wie Porzellan. In der Sommerhitze hingegen wurde aus dem Gummiumhang ein klebriges Leichenhemd. Dann entdeckte Charles Goodyear, ganz zufällig, zu Hause in New Haven die Vulkanisierung, ein Verfahren, das den Gummi unempfindlich gegenüber Witterungseinflüssen machte; so wurde aus einer Kuriosität ein wichtiges Erzeugnis des Industriezeitalters. 1888 erfand John Dunlop den aufblasbaren Gummireifen, mit dem sein Sohn ein Dreiradrennen in Belfast gewann. Sieben Jahre später verblüfften die Brüder Michelin ihre Kritiker, als sie bei der Autorallye Paris-Bordeaux abnehmbare Reifen vorführten. Um die Jahrhundertwende gab es in Amerika 50 Autofirmen. Oldsmobile, die erfolgreichste, verkaufte 1901 nur 425 Autos. Kaum ein Jahrzehnt später rollte das erste von 15 Millionen T-Modellen bei Henry Ford vom Band. Für jedes wurde Gummi benötigt, und die einzige Quelle war das Amazonas-Gebiet.

Reich werden, was für eine Verlockung! In London und New York warf man Münzen, ob man lieber im Klondike nach Gold oder in Brasilien nach Gummi suchen sollte. Auf dem Höhepunkt des Ansturms machten sich wöchentlich 5000 Abenteurer auf den Weg zum Amazonas und fuhren flussaufwärts. 1909 verschifften Kaufleute alle zehn Tage 500 Tonnen Gummi. 1910 war Gummi mit 40 Prozent an den brasilianischen Exporten beteiligt. Ein Jahr später schnellte die Produktion auf 44296 Tonnen und hatte vorsichtigen Schätzungen zufolge einen Wert von über 200 Millionen Dollar. In Pittsburgh jammerte der Stahltycoon Andrew Carnegie: »Hätte ich doch lieber Gummi genommen.«

Manaus im Herzen der brasilianischen Gummiregion war ein heruntergekommenes Uferstädtchen, das sich in wenigen Jahren zu einer blühenden Stadt entwickelte, in der der Reichtum groteske Formen annahm. Gummibarone zündeten sich ihre Zigarren mit Hundertdollarscheinen an und löschten den Durst ihrer Pferde mit gekühltem französischem Champagner in silbernen Kühlern. Ihre Frauen betrachteten die schlammigen Wasser des Amazonas mit Abscheu und schickten ihre Bett- und Tischwäsche nach Portugal, um sie dort waschen und bügeln zu lassen. Prostituierte aus Tanger und St. Petersburg verdienten mit ihrer Arbeit bis zu 8000 Dollar pro Abend, wobei ihr Honorar oft aus Diademen oder Juwelen bestand. 1907 erwarben die Bürger von Manaus im Durchschnitt die meisten Diamanten weltweit.

Der ganze Reichtum gründete sich auf Latex, den Saft eines Baumes, der verstreut auf einer 5180000 Quadratkilometer großen Fläche tropischen Regenwalds wuchs. Auf diesem riesigen Gebiet von der Größe der Vereinigten Staaten ohne Hawaii warteten etwa 300 Millionen Bäume auf Ausbeutung. Sie zu finden war die große Aufgabe. In der Natur wachsen die Kautschukbäume weit verstreut im Wald, und diese Isolation schützt sie vor den Verwüstungen der Trockenfäule. Dieser biologische Zufall sorgte für die Organisation des Gummihandels und bestimmte bald die Geschicke ganzer Nationen.

Um den Reichtum der Natur auszunutzen, mussten die Händler riesige Gebiete kontrollieren und ein Heer von Arbeitern unter das Joch ihres Gewinnstrebens spannen. Verarmte Bauern wurden zu Tausenden aus dem Nordosten Brasiliens herangekarrt und in das grausame System der Schuldknechtschaft gezwungen. Auf Zuchtfarmen wurden Indio-Frauen gezüchtet wie Vieh. Durch den Gummihandel entstand im gesamten Amazonas-Gebiet ein Terrorregime, das seit der spanischen Eroberung nicht seinesgleichen gehabt hatte. Ein Kapuzinerpater, der die Blütezeit des Gummis miterlebt hatte, erinnerte sich Jahre später: »Bestenfalls kann man zu Gunsten des weißen Mannes sagen, dass er seine Indios wenigstens nicht zum Spaß abknallte.« Die Arbeiter starben, aber die Gummiproduktion wuchs ins Unermessliche. Für jede erzeugte Tonne mussten zehn Indios ihr Leben lassen, und Hunderte blieben für den Rest ihres Lebens krank oder entstellt.

Was die einheimische Bevölkerung schließlich rettete, war ein Akt britischer Imperialpolitik. 1877 schmuggelten die Engländer Samen von brasilianischen Kautschukbäumen nach Malaya, in ein tropisches Land mit einem ähnlichen Klima und gänzlich ohne Trockenfäule. Hier brauchte man die Bäume nicht in großen Abständen zu pflanzen, sondern konnte dichte und ergiebige Plantagen anlegen. 1909 wuchsen in Malaya (das heute zu Malaysia gehört) über 40 Millionen Gummibäume, in sauber ausgerichteten Reihen mit nur 6,50 Metern Abstand zwischen zwei Bäumen; ein einziger Arbeiter konnte 400 Bäume am Tag anzapfen. Alle zwölf Monate verdoppelte sich die Produktion. Die Pflanzer lernten, ergiebige »Stammbäume« für die genetische Vermehrung zu erkennen und sie durch Stecklinge zu vermehren – eine Entdeckung, die die Industrie später in Schrecken versetzen sollte. Innerhalb einer Dekade bedeckten Millionen von Gummibäumen die Hänge Asiens, alle hervorgegangen aus einer Hand voll Samen. Der Erfolg der Plantagen führte dazu, dass die Konjunktur am Amazonas zusammenbrach. 1910 produzierte Brasilien noch etwa die Hälfte des globalen Bedarfs, 1918 waren es nur noch 20 Prozent, der Rest kam aus dem Fernen Osten. Um 1934 nahmen die Plantagen mehr als 3,2 Millionen Hektar von Asien ein. Das war der Tod der Industrie in Südamerika. 1940 produzierte Brasilien nur noch 1,3 Prozent des Weltbedarfs und musste nun das Produkt einführen, das es der Welt ursprünglich geschenkt hatte.

Die Abhängigkeit von 20000 Kilometer entfernten Plantagen gefiel den amerikanischen Industriemanagern gar nicht. 1920 machte Gummi ein Achtel des gesamten amerikanischen Imports aus; der Wille, das asiatische Monopol aufzubrechen, wurde zu einer fixen Idee. Harvey Firestone richtete sich eine Plantage in Liberia ein, 12000 Hektar groß und frei von Trockenfäule. Thomas Edison nannte 17000 Latex-spendende Bäume sein Eigen und investierte sein ganzes Vermögen in die Suche nach Möglichkeiten, in Nordamerika Gummibäume anzupflanzen. Aber am wildesten entschlossen, die Pflanzer in Asien aus dem Feld zu schlagen, war wohl Henry Ford, der damals die Hälfte aller Automobile auf der Welt herstellte. 1927 setzte er für viele Millionen Dollar im Dschungel Brasiliens ein Projekt in Gang, das als Fordlandia bekannt wurde.

Im Gegensatz zu den meisten Nebenflüssen des Amazonas mit ihren Sümpfen, Schmutzlöchern und unpassierbaren, überfluteten Saumwäldern ist das Wasser des Tapajós klar, nur hie und da leuchtet ein rosafarbener Delfin auf, und die Ufer sind über weite Strecken mit Stränden aus weißem Sand gesäumt. Hier hatte der Engländer Henry Wickham die Samen gesammelt, die den Erfolg der Industrie in Asien begründet hatten. Und hier, mit dem Motorboot von der brasilianischen Stadt Santarém aus zwölf Stunden flussaufwärts, wollte auch Ford seinen Traum vom amerikanischen Gummi verwirklichen.

Auf einer Landzuteilung, vier Mal so groß wie Rhode Island, baute er eine Stadt mit kilometerlangem Straßen- und Schienennetz, einem modernen Hafen, einer Fabrik, Schulen, Kirchen, hunderten verputzter Backsteinbungalows und einem voll eingerichteten Krankenhaus mit Blick auf Swimmingpools, Tennisplätze und einen aus dem Dschungel gefrästen Golfplatz. Arbeiter rodeten tausende von Hektar und setzten Samen für mehr als fünf Millionen Bäume ein. Ausgesandte Botaniker sicherten sich in Malaya und den holländischen Besitzungen in Ostindien die besten Stammbäume mit den höchsten Erträgen, die Ergebnisse aus fünfzig Jahren Pflanzungserfahrung und gartenbaulicher Findigkeit. 1934 wuchsen in Fordlandia 1,5 Millionen Setzlinge. Am Anfang lief alles glatt. Als dann die Baumkronen einen ständigen Baldachin über die Felder breiteten, schlug die Trockenfäule zu. Ein Jahr später war die gesamte Plantage vernichtet.

Der Mann, nach dem Fordlandia benannt worden war, war nicht an Misserfolge gewöhnt. Und er dachte gern in großem Maßstab. Im Zweiten Weltkrieg stellte die Ford Motor Company mehr industrielle Güter her als ganz Italien. Ungebeugt durch die Katastrophe in Fordlandia, beauftragte er seine Agronomen mit einem zweiten Versuch, der noch größere Dimensionen haben sollte. Er erhielt eine weitere Konzession. Wieder wurde eine Stadt gebaut, ein noch größeres Areal gerodet und wurden noch viel mehr Bäume gepflanzt. Das Ergebnis war dasselbe: tote, verwelkte Bäume, kahle Zweige und von der Trockenfäule geschwärzte Blätter.

»Alles, was man am Ende in Fordlandia gesehen hat«, notierte Ernie Imle, »hätte man auch auf vier Hektar erleben können, für einen Bruchteil der Kosten.«

Von Fords Traum ist so gut wie nichts übrig geblieben. Ein paar Bungalows stehen noch; sie sind leer, die Fassaden rissig. Einige Familien leben noch mühselig von dem ausgelaugten Boden und den übrig gebliebenen, verkrümmten Baumstämmen. Hydranten mit dem aufgeprägten Firmennamen einer Fabrik in Michigan ragen wie Fremdkörper aus dem dichten Unterholz. Aber trotz allem hat der Verfall der Plantage Folgen gehabt, die sich Ford nie hätte träumen lassen. Die verwüsteten Felder von Fordlandia haben der Industrie eine ernüchternde Lektion erteilt: Die empfindlichsten Bäume, die auch als Erste starben, waren just die ergiebigsten Stammbäume aus dem Fernen Osten, denn die Züchter in Asien hatten bei der Selektion der ertragreichsten Bäume unbeabsichtigt Züchtungsstämme hervorgebracht, die besonders anfällig für Trockenfäule waren. Nach dieser Lektion aus Fordlandia weiß jeder: Sollte diese Krankheit jemals nach Asien gelangen, wäre das das Ende der Gummiindustrie.

Am Morgen des 7. Dezember 1941, als die Vereinigten Staaten in den Krieg eintraten, bekam das asiatische Monopol eine ganz neue Bedeutung. Die Japaner, die Gummi genauso dringend brauchten wie die Alliierten, besetzten drei Monate nach Pearl Harbor Malaya und Holländisch-Indonesien. Damit übernahmen sie die Kontrolle über 95 Prozent der Weltproduktion an Gummi und stürzten Amerika in eine Krise. Jeder Sherman-Panzer bestand aus zwanzig Tonnen Stahl und einer halben Tonne Gummi. Jedes Schlachtschiff hatte 20000 Gummiteile. Für jeden Draht und jedes Kabel in sämtlichen Fabriken, sämtlichen Häusern, Büros und militärischen Anlagen brauchte man Gummi zum Isolieren. Eine synthetische Alternative war nicht in Sicht. Wenn man alle überhaupt nur möglichen Quellen mit einbezog, verfügte die Nation bei durchschnittlichem Verbrauch grob gerechnet über einen Jahresvorrat. Und der sollte nun für die größte und heikelste Aufgabe der Industrie in der Geschichte der Menschheit reichen, für die Bewaffnung der Alliierten.

Washington reagierte schnell und mit drastischen Maßnahmen. Vier Tage nach Pearl Harbor wurde die Verwendung von Gummi für jedes nicht kriegswichtige Produkt per Gesetz verboten. Die Geschwindigkeitsbegrenzung wurde auf 35 Meilen pro Stunde gesenkt, nicht um Benzin zu sparen, sondern um den Reifenverschleiß zu verringern. In über 400 000 Depots im ganzen Land gab es einen Penny pro Pfund Gummibruch oder Gummiabfall. Selbst die Spielzeugknochen von Fala, dem Hund von Präsident Roosevelt, wurden eingeschmolzen. Es war die größte Wiederverwertungsaktion seit Menschengedenken, und sie half den Alliierten über das Jahr 1942 hinweg.

Chemiker und Ingenieure erhielten den Auftrag, eine Industrie für die Herstellung von synthetischem Gummi aufzubauen. Auf wissenschaftlicher Ebene hatte man sich schon mit dem Problem beschäftigt, aber in dieser Anfangsphase waren die Ergebnisse noch unbedeutend. 1941 wurden lediglich 8000 Tonnen für bestimmte Waren produziert, für Autoreifen war dieser Gummi unbrauchbar. Das Schicksal der Nation hing davon ab, ob es gelang, 800 000 Tonnen eines Produkts herzustellen, das sich noch gar nicht in der Entwicklungsphase befand. Noch gab es nicht einmal Pläne für die Fabriken, die diese gewaltige Menge verarbeiten sollten. Noch waren keine Anlagen gebaut, um das Ausgangsmaterial herzustellen, aus dem Gummi gemacht wurde. Die amerikanische Industrie war noch nie zu einer solchen Aufgabe aufgerufen worden, die zudem in so kurzer Zeit gelöst werden musste. Die Ingenieure hatten nur zwei Jahre. Sollte das Projekt, die Produktion von synthetischem Gummi, erfolglos bleiben, wäre Amerika nicht mehr in der Lage, Krieg zu führen.

Außer Regeneration und Kunstkautschuk gab es noch eine dritte Initiative, nämlich den verzweifelten Versuch, Naturgummi aus jeder nur möglichen Quelle sicherzustellen. Als in Washington bekannt wurde, dass die Russen Latex aus Löwenzahn extrahierten, erging sofort der Befehl, in 41 amerikanischen Staaten Löwenzahn anzubauen. Das Landwirtschaftsministerium entsandte Pflanzenforscher in alle Gegenden der freien Welt, viele zum Amazonas. Sie hatten den Auftrag, sich rohen Latex zu sichern, aber auch, und das war viel schwieriger, Möglichkeiten zu erkunden, wie sich in Nord- oder Südamerika Kautschukbäume anbauen ließen. Die Nation, so hoffte man, sollte nie mehr in solche Bedrängnis kommen, weil eine fremde Macht die Kontrolle über die fernöstlichen Plantagen übernehmen konnte.

Der Fehlschlag von Fordlandia hatte allerdings eine neue, verblüffende Möglichkeit eröffnet. Unter den Millionen Bäumen, die zugrunde gingen, gab es einige wenige, die überlebten, Wildpflanzen, die ursprünglich aus dem Amazonas-Gebiet stammten. Das nährte die Hoffnung, dass es in der Natur vereinzelt Bäume gab, die eigene Abwehrstoffe gegen die Krankheit besaßen. Botaniker, vom Landwirtschaftsministerium 1943 in das Amazonas-Becken entsandt, sollten diese Bäume ausfindig machen – ein närrisches Unterfangen, vergleichbar der Suche nach der Nadel in einem Heuhaufen.

Die Botaniker vollbrachten das Unmögliche. Sie fuhren in Einbäumen auf unbekannten Flüssen hunderte von Kilometern weit, lebten monatelang in Regionen, die nur von Indios bewohnt waren, wurden von Krankheiten heimgesucht; ihre Leute kamen in Stromschnellen um oder wurden vom Dschungel verschlungen. Und sie fanden nicht nur Bäume mit ausgeprägten Abwehrkräften, sondern schafften es auch, sie in Turrialba in Costa Rica anzupflanzen, wo das Landwirtschaftsministerium eine Versuchsanstalt unterhielt. Bei Kriegsende hatte man dort einen Durchbruch erzielt, der im Wesentlichen der Arbeit von Ernie Imle zu verdanken war und mit dem viele der technischen Probleme gelöst waren, die mit hohen Erträgen und der Anpflanzung immuner Bäume in Nord- und Südamerika zu tun hatten.

»Es gab noch viel zu tun«, meinte Imle. »Es hätte zwanzig Jahre dauern können, und vielleicht hätten nicht einmal vierzig gereicht. So eine Arbeit ist nie beendet. Der Mensch hat über Jahrtausende hinweg Weizen und Korn kultiviert und verbessert. Aber mit Gummi haben wir unglaubliche Fortschritte gemacht.«

Doch kurz nach Kriegsende scheiterte die ganze Bemühung an einem Akt bürokratischen Wahnsinns. Im Februar 1952 übernahm eine Nebenstelle des Außenministeriums, das *Institute of Inter-American Affairs*, die weitere Finanzierung der Gummiforschung. Am 31. März schickte der Botaniker Robert Rands, der die Forschungsarbeiten des Landwirtschaftsministeriums seit 1940 geleitet hatte, ein Memorandum an Rey Hill, den Direktor der *Division of Agricultural and Natural Resources*, der Abteilung also, die über das Geschick des Projekts entschied. In diesem Schreiben unterstrich Rands die Bedeutung dieser Forschung:

»Unsere Forschung hat einen entscheidenden Punkt erreicht«, schrieb er. »Das vorgelegte Pflanzenmaterial und die erarbeiteten Methoden zeigen, dass eine Kautschukproduktion in den südamerikanischen Zonen der Trockenfäule wirtschaftlich ohne weiteres machbar ist. Strategisch gesehen, ist die Erschließung von Gummiquellen in der westlichen Hemisphäre dringend notwendig, da sie uns davor bewahrt, von unserem Nachschub aus dem Osten durch Krieg, Pflanzenkrankheiten oder ideologische Entwicklungen abgeschnitten zu werden.«

Rey Hill und seine Kollegen im Amt waren nicht dieser Meinung. Hill, der von der wissenschaftlichen Seite nicht viel Ahnung hatte, war aus politischen Gründen bereits zu der Erkenntnis gelangt, dass Gummi für Lateinamerika nicht taugte. Die Briten kämpften in Malaya gegen kommunistische Aufständische. Amerikanische Plantagen würden die wirtschaftliche Hauptstütze der Kolonie untergraben. So wurde gegen den Protest der führenden Gummimanager – Paul Litchfield von Goodyear, Harvey Firestone jr., G.M. Tisdale von US Rubber, jetzt Uniroyal – das Forschungsprogramm des Landwirtschaftsministeriums einfach eingestellt. Sämtliche Forschungsergebnisse aus Costa Rica gingen verloren oder wurden vernichtet. Die Gärten der Stammbäume in Turrialba, wo die unschätzbaren Keimlinge für einen ganzen

Kontinent verwahrt waren, wurden verlassen und nach und nach abgeholzt.

Kürzlich freigegebene Unterlagen aus dem Nationalarchiv offenbaren, wie es zur Einstellung der Forschungsarbeiten kam. Wie sich herausstellte, führte nicht etwa eine Verschwörung dazu, sondern ein ungeheuerlicher bürokratischer Wahnwitz, verbunden mit dem blinden Glauben an die Zukunft von künstlichem Gummi. Nun war das Forschungsprogramm zur Herstellung von synthetischem Kautschuk in Kriegszeiten außerordentlich erfolgreich gewesen. Die Vereinigten Staaten hatten, mit einem Aufwand von 700 Millionen Dollar (heute etwa 5,6 Milliarden), eine beispiellose wissenschaftliche und technische Großtat vollbracht. 1945 überstieg die Produktion von brauchbarem synthetischem Gummi 800 000 Tonnen pro Jahr und deckte 85 Prozent des amerikanischen Bedarfs. Allgemein herrschte die Auffassung, die technischen Neuerungen, die so schnell entwickelt worden waren, würden sich endlos verwenden lassen. Die Investition war enorm gewesen, die Infrastruktur war vorhanden, und die Fabriken mussten arbeiten, wenn sie nicht verfallen sollten. Außerdem waren in Texas und Louisiana, wo die neue petrochemische Industrie ihren Sitz hatte, natürlich mehr Stimmen zu holen als in Costa Rica oder Kolumbien. Als das Forschungsprojekt für Naturgummi im Herbst 1953 eingestellt wurde, verkündeten Regierungsbeamte dreist, Naturgummi habe keine Zukunft und sei strategisch nicht mehr von Bedeutung.

Dreißig Jahre lang schien es, als hätten die Bürokraten Recht gehabt. Jedes Jahr eroberte sich der synthetische Gummi einen größeren Marktanteil. Wirtschaftswissenschaftler waren überzeugt, dass es so weitergehen würde, und viele sagten voraus, dass Naturgummi bald nur noch eine Fußnote der Geschichte sein würde. Doch sie irrten sich. Der erste Schlag gegen den Kunstkautschuk kam 1973 mit dem Öl-Embargo der OPEC-Staaten: Der Preis für das Rohmaterial vervierfachte sich. Die steigenden Benzinpreise machten den Autofahrern den Kraftstoffverbrauch bewusst, was wiederum zur Entwicklung und raschen Verbreitung des Radialreifens führte, der eine noch größere Herausforderung für synthetischen Gummi darstellte.

Bis 1968 fuhren über 90 Prozent aller Autos in Amerika mit Diagonalreifen, die seit 1900 im Prinzip unverändert hergestellt wurden. Der Radialreifen stellte eine radikale Abkehr von dieser Technik dar, bei der die Fäden in der Karkasse im rechten Winkel zur Fahrtrichtung verliefen; später kam dann noch ein Stahlgürtel hinzu, eine Entwicklung der Ingenieure von Michelin. Die Vorteile waren: bessere Kraftübertragung, geringerer Benzinverbrauch wegen der größeren Steifigkeit und doppelte Lebensdauer im Vergleich zum Diagonalreifen. Nachdem Radialreifen in Amerika eingeführt worden waren, beherrschten sie alsbald den Markt, 1993 zu 95 Prozent. Das bedeutete einen gewaltigen Schub für die Plantagen, denn nur Naturgummi garantierte die nötige Stärke für die Seitenwände und die erforderliche Haftqualität für den Stahlgürtel. Ein technischer Durchbruch, mit dem niemand gerechnet hatte.

Bis 1996 hatte der Naturgummi 40 Prozent des internationalen Markts für gummiartige Massen zurückgewonnen, und entsprechend war der Anteil des synthetischen Gummis zehn Jahre lang zurückgegangen. Die Vereinigten Staaten, die pro Jahr mehr als eine Million Tonnen zum Preis von 1,7 Milliarden Dollar einführen mussten, waren jetzt abhängiger von Naturgummi als je zuvor in den vergangenen vierzig Jahren. Und nun wurden sie unruhig.

Schon 1985 hatte die für Materialvorräte verantwortliche Abteilung des Verteidigungsministeriums ein Gutachten bei der größten und angesehensten unabhängigen Beratungsfirma,

Smithers Scientific Services in Akron, in Auftrag gegeben, deren Labore sich auf Prüfungen von Reifen und Gummiprodukten spezialisiert hatten. Die Frage war: Was geschah, wenn der Nachschub an Naturgummi ausblieb?

Der Leiter des Regierungsprojekts war der Wirtschaftsexperte Larry Hall. »Im Grunde wollten wir wissen, was sich in einer Kriegssituation abspielen würde«, berichtete Hall vor kurzem im FEMA-Büro (Federal Emergency Management Agency). »Wie wichtig war Naturgummi für uns? Wie würde sich eine plötzliche Nachschubsperre auf Endprodukte wie Reifen und andere Waren auswirken?«

Im Mai 1985 legte Smithers der FEMA seinen »Bericht über die Ersatzmöglichkeiten für synthetischen und natürlichen Gummi bei einer kriegsbedingten Mobilmachung« vor. Hall bezeichnete die Studie als die beste, die jemals für ein Produkt von strategischer Wichtigkeit gemacht worden sei; sie kam zu beunruhigenden Schlussfolgerungen: Naturgummi in Autoreifen konnte selbstverständlich ersetzt werden, vorausgesetzt, der Verbraucher war bereit, Abstriche bei der Leistung in Kauf zu nehmen und häufiger neue Reifen zu kaufen. Doch mit dem wachsenden Anspruch an die Reifenqualität wächst auch die Bedeutung von Naturgummi. Der Reifen eines Kleinlasters besteht zu 50 Prozent aus Naturgummi, der riesige Reifen eines Schwerlastzugs zu 90 Prozent – und auf diesen Reifen werden die Hälfte aller Güter in Amerika befördert. 77 Prozent aller Gemeinden in den Vereinigten Staaten werden ausschließlich von Lastwagen beliefert, die, mit einem Umsatz von 362 Milliarden Dollar vor Steuern, grob gerechnet 5 Prozent des Bruttosozialprodukts ausmachen. Jeder Lastwagen auf den Überlandstraßen rollt auf Naturgummi.

Die Reifen sämtlicher Flugzeuge der Luftwaffe, sämtlicher Linienmaschinen, von der Boeing 747 über den B-2-Bomber bis hin zur Raumfähre, bestehen fast ausschließlich aus Naturgummi. Es gibt keinen brauchbaren Ersatz, kein Produkt mit gleicher Elastizität und Dehnfestigkeit, das dem Abrieb und der Wucht des Aufpralls widersteht. Nur vulkanisierter Naturgummi erträgt den schnellen Wechsel zwischen eisigen Temperaturen in großen Höhen und der plötzlichen Erhitzung bei der Landung. Peter Roman, der Direktor des Nationalen Zentrums für Vorratslagerung (wie es jetzt heißt), fasste die Bedeutung des Naturgummis vor kurzem folgendermaßen zusammen: »Ich kann nur eines sagen: Ich möchte um nichts in der Welt in einer Boeing 747 sitzen, wenn sie auf Reifen aus synthetischem Gummi landet.«

Aber die Beförderung ist nur ein Aspekt. Es gibt dutzende anderer Anwendungsbereiche, in erster Linie in der Medizin. In Anbetracht der Ausbreitung von Aids und der wachsenden Menge benötigter Operationshandschuhe und Kondome hat sich der Bedarf an medizinischen Erzeugnissen aus Naturgummi verdoppelt. Dass Gummi die Eigenschaft hat, an Stahl und Glas zu haften und beim Sterilisieren unempfindlich gegen Hitze und Dampf zu sein, macht ihn unentbehrlich für die Herstellung von medizinischen Schläuchen, Blutstillern, Kathetern, Spritzenkappen und anderen medizinischen Bedarfsartikeln. Dem Bericht von Smithers zufolge gibt es keinen entsprechenden Ersatz. Ein Hersteller von pharmazeutischen Präparaten, den Smithers befragte, stellte schlicht fest, dass er ohne Naturgummi seinen Betrieb einstellen müsste und mindestens zwei Jahre brauchen würde, um seine Produktion mit neuen Geräten wieder aufnehmen zu können und ein mit Sicherheit minderwertiges Ersatzprodukt auszuprobieren.

Die große Geschichte des Naturgummis ist um ein Kapitel bereichert worden; es berichtet von der erneuten Abhängigkeit und der ganz realistischen Wahrscheinlichkeit, dass die Nachfrage größer sein wird als das Angebot. Wirtschaftsexperten sagen nicht mehr den Tod der Industrie voraus, sondern prophezeien Engpässe und einen dramatischen Preisanstieg, selbst wenn man von der Annahme ausgeht, dass die Trockenfäule in Schach gehalten werden kann. In der kurzen Geschichte seiner Kultivierung hat sich der Kautschukbaum als äußerst entgegenkommend erwiesen. Die Erträge auf 4000 Quadratmetern konnten von 220 auf 1480 Kilo pro Hektar gesteigert werden, auf Versuchsfeldern sogar noch höher. Dank der Verbreitung äußerst ergiebiger Stammbäume hat die Produktion im Jahr 1995 weltweit 5,87 Millionen Tonnen erbracht. Aber niemand weiß, wie weit sie noch steigerungsfähig ist. »Um größere Erträge zu erzielen, bedarf es eines Quantensprungs in der Erntetechnik«, schreibt Kevin Jones vom International Rubber Research and Development Board. Aber noch ist kein Quantensprung in Sicht.

Es ist auch keineswegs sicher, dass Länder, die von jeher Gummi produziert haben, das auch weiterhin tun werden. Asien, das Herkunftsgebiet, das praktisch die ganze Welt beliefert, befindet sich mitten in einer gewaltigen wirtschaftlichen Umwälzung. Viele Jahre lang war Malaysia führend bei den Pflanzungen. Doch im Zuge der Industrialisierung stieg der Wert von Grund und Boden, und viele Pflanzer verlegen sich lieber auf Ölpalmen, die viel mehr Gewinn abwerfen. Der Kampf um Arbeitskräfte setzte ein. Gummi wurde mit der kolonialen Vergangenheit in Verbindung gebracht, und es gab kaum noch Arbeiter, die Lust hatten, Latex zu sammeln, wenn sie etwa das Angebot bekamen, Autos zu bauen. Seit 1988 ist die Gummiproduktion um 40 Prozent gesunken, und dieser Trend wird sich vermutlich fortsetzen.

Derzeit ist Thailand der größte Produzent, aber das Land hat seine eigenen Probleme. Bei der Wiederanpflanzung ertragreicher Stammbäume hat Thailand fabelhafte Erfolge erzielt, und diese waren zum großen Teil verantwortlich für den Anstieg der Naturgummiproduktion in den vergangenen letzten Jahren. Aber die Arbeit ist im Wesentlichen getan. Die besten Anbauflächen für Gummi befinden sich auf der südlichen Halbinsel, wo der Grund und Boden begrenzt und teuer ist und wo der Tourismus floriert. Viele Thais arbeiten lieber in einem Ferienort als auf einer Plantage. In Indonesien gäbe es noch Anbaumöglichkeiten, aber angesichts der Korruption im Land und der gescheiterten Wirtschaftspläne ist Optimismus nicht angebracht. Immer mehr Gummi wird jetzt in Kambodscha und Vietnam gewonnen, und die Chinesen haben auf einer Fläche von rund 1700 Quadratkilometern in Jünnan Plantagen angelegt. Weiterer Anbau wäre vielleicht auch außerhalb Asiens möglich, etwa in Westafrika, doch selbst wenn man die Bäume morgen pflanzte, würde es noch zehn Jahre dauern, bis man mit der Arbeit beginnen könnte. Firestones Plantagen im kriegsgeplagten Liberia haben den Betrieb seit 1990 eingestellt, seit damals die Produktion innerhalb von neun Monaten um 98 Prozent sank.

Dabei steigt der Bedarf ständig. Der Wechsel zu Radialreifen erfolgt immer, besonders bei den Reifen für Lastwagen und Busse, vor allem in Indien, Mexiko, Brasilien und anderen Entwicklungsländern. Um die Jahrtausendwende verringert sich die Produktion von Diagonalreifen um die Hälfte, dann fährt die ganze Welt auf Radialreifen.

Die Verbrauchsdaten der Welt ändern sich laufend. Der Wirtschaftsaufschwung in Südostasien hat dazu geführt, dass die Gummi produzierenden Länder mehr für sich verbraucht und weniger exportiert haben, selbst als sich die riesigen Märkte für Naturgummi, Indien und China, auftaten. 1960 wurden in Asien 12 Prozent der Weltproduktion an gummiartigen Massen verbraucht. Heute sind es 43 Prozent, und der Verbrauch steigt weiter. In den nächsten 25 Jahren wird sich die Zahl der Stadtbewohner im asiatisch-pazifischen Raum verdoppeln und die Zahl der Privatautos sehr wahrscheinlich versechsfachen. Hinzu kommen nun Russland und Osteuropa, das erst nach dem Zusammenbruch der Sowjetunion zum Großverbraucher an Naturgummi wurde. Bis dahin war man mit den begrenzten Lieferungen aus Vietnam und mit russischem Kunstkautschuk ausgekommen, und nach Ansicht von Fachleuten könnte dies ein Grund für die katastrophale Unfallhäufigkeit bei Aeroflot sein.

Über allem aber schwebt das Gespenst der Krankheit. In einem Smithers-Bericht von 1991 heißt es ohne Umschweife: »Wenn die Trockenfäule auch die Erträge in Südostasien und Afrika befällt, dann sind die Naturgummibestände der Welt vermutlich vernichtet.« Die größte Sorge gilt der relativ schmalen genetischen Basis der Plantagen, eine Folge der jahrelangen Vermehrung. Die Geschichte ist voller Beispiele dafür, wie exotische Krankheiten ganze Ernten vernichten. Ein einfacher Pilz, der die Kartoffeln befiel, löste die große irische Hungersnot aus. Ein anderer Pilz zerstörte die Kastanienbäume in Nordamerika. In den frühen 70er-Jahren vernichtete die Trockenfäule 40 Prozent der amerikanischen Maisernte.

Die südamerikanische Trockenfäule kann man mit Fungiziden im Zaum halten. Aber chemische Behandlungen sind kostspielig, sie als Präventivmaßnahme einzusetzen, ist unwirtschaftlich. Die großen Pflanzungen verfügen über die Mittel, einen Befall offensiv zu bekämpfen, doch wenn die Krankheit kleinere Familienbetriebe heimsucht, ist es viel schwieriger, ihr Einhalt zu gebieten. Der weitaus größte Anteil der Ernte wird außerhalb der weitläufigen Plantagen gewonnen, und hier können die Farmer nur hoffen, dass die Trockenfäule ihr Land verschont.

So unheilvoll diese Entwicklung auch erscheint, endet sie vermutlich doch nicht in einer Katastrophe, sondern in einer wirtschaftlichen Verlagerung. Wenn der Preis für Naturgummi hoch genug ist, werden, trotz aller Proteste der Umweltschützer, auf den Plantagen Fungizide eingesetzt. Preiserhöhungen werden auch dazu führen, dass man mit Nachdruck nach Ausweichzonen sucht, etwa Gebieten in Südamerika außerhalb der Reichweite der Trockenfäule, wo noch Kautschukbäume angepflanzt werden können. Solche Zonen könnte es geben, aber ob die Rechnung aufgeht, ist strittig. Manche Agronomen glauben, dass die Trockenfäule, die sich vom Amazonas aus über Mittelamerika schon bis nach Mexiko ausgebreitet hat, am Ende jedes Fleckchen Erde erreichen wird, wo Kautschukbäume stehen. Bis jetzt hat es nur Guatemala fertig gebracht, Gummi für den Export zu erzeugen; die Plantagen können dort nur an der Westküste liegen, wo geringe Niederschlagsmengen und die vorherrschenden Winde ein Mikroklima schaffen, das die Virulenz der Trockenfäuleerreger dämpft. Bemühungen um andere Ausweichzonen in beiden Teilen Amerikas, vornehmlich in Brasilien, waren nicht sehr erfolgreich.

Die Gummiindustrie setzt große Hoffnungen auf die Chemie. Niemand hat das Wunder von 1942 bis 1945 vergessen, und insgeheim vertraut man darauf, dass wissenschaftliche Erfindungsgabe, angespornt durch die Dringlichkeit, die Lage abermals meistern wird. Von den vielen verschiedenen synthetischen Gummis, die seit dem Krieg entwickelt worden sind, kommt nur einer der natürlichen Struktur so nahe, dass er die komplexen Polymere der Natur kopieren könnte. Goodyear hat ihn 1960 unter dem Namen Natsyn auf den Markt gebracht und verkauft; er hat dieselbe empirische Formel (cis-1,4-Polyisopren) und fast die gleiche Molekularstruktur wie Naturgummi. Sollte der Nachschub an Naturgummi irgendwann gefährdet sein, wird sich die Industrie dem synthetischen Polyisopren zuwenden.

Allerdings ist Natsyn kein perfekter Ersatz. Bill Schlomann, ein Gummichemiker an der Universität von Akron, erklärt dazu: »Er ist gleich, aber doch anders. Natsyn hat keine perfekte Struktur. Da gibt es molekulare Verästelungen, und das zeigt sich in ganz subtilen Leistungsunterschieden beim Endprodukt. Auch die Sowjets hatten Polyisopren. Sie produzierten über eine Million Tonnen pro Jahr. Wenn es so gut ist wie Naturgummi, muss man sich fragen, warum sie sich auf unsere Formel zur Reifenherstellung gestürzt haben, sobald sie die Möglichkeit dazu hatten.«

Noch größere Probleme stellen Kosten und Kapazität dar. Das Isopren-Monomere, der Grundbaustoff für Natsyn, ist teuer und schwer herzustellen. Goodyear betreibt die einzige Fabrik in Nordamerika, die diesen Stoff in Polyisopren umwandeln kann. Die Anlage in Beaumont in Texas produziert rund 60000 Tonnen pro Jahr, weniger als ein Sechzehntel des jährlich verbrauchten Naturgummis. Einige Fabriken, die jetzt anderen synthetischen Gummi herstellen, könnten notfalls auf die Produktion von Polyisopren umstellen, aber dadurch würde der Mangel nur auf andere Gummiarten verlagert. Selbst wenn alle Fabriken, die dazu in der Lage sind, umstellen würden, würde das 18 bis 24 Monate dauern und doch nur die Hälfte des Defizits an Naturgummi abdecken – und das auch nur, wenn man davon ausgeht, dass ein ausreichender Vorrat an Isopren-Monomeren vorhanden ist. Bill Schlomann formulierte das so: »Wenn wir Naturgummi durch synthetisches Polyisopren ersetzen müssten, dann müsste Goodyear seine Fabriken klonen und nicht seine Stammbäume.«

1942 musste Amerika um jeden Preis neue Quellen für ein nützliches Naturprodukt ausfindig machen, das erst vor knapp einem Jahrhundert angefangen hatte, eine Rolle in der Weltwirtschaft zu spielen; davon hing das Schicksal der freien Welt ab. Nun sind wir abermals von einem Naturprodukt abhängig, das in den kommenden Jahren mit Sicherheit wieder knapp werden wird. Wenn die Kautschukbäume in Asien absterben, wird sich die Geschichte wiederholen. Die Industrie wird sich hektisch bemühen, Kapazitäten zur Herstellung von Polyisopren und anderen synthetischen Lückenbüßern aufzubauen; sie wird versuchen, etwas von den Ernten zu retten, die Plantagen mit Fungiziden beregnen und sich über die Bedenken der Umweltschützer hinwegsetzen.

Der gesunde Menschenverstand weist allerdings auf eine andere Möglichkeit hin. Der Pfad der Vorsicht, ja sogar der Klugheit, führt zum Traum der Pflanzenforscher zurück, die im Krieg und in der Nachkriegszeit so nahe daran waren, Südamerika mit neuen Plantagen zu versorgen. »Noch ist Zeit«, schreibt Ernie Imle. »Die Welt kann es sich nicht leisten, eine Pflanze aufzugeben, die Millionen Tonnen von qualitativ hervorragendem Gummi liefert, eine Ernte, die dem Boden und der Umwelt zuträglich ist, einen Baum, der uns am Ende seines Lebens noch bestes Holz schenkt, mit dem Neupflanzungen von noch ertragreicheren Sorten finanziert werden können.«

Viele der Männer, die einst zum Amazonas entsandt worden waren, um das Unmögliche zu wagen, verbringen irgendwo in Amerika ihren Lebensabend. Die Notizen ihrer Feldarbeit liegen in Archiven, ihre Sammlungen ruhen in Herbarien. Es ist nicht zu spät, um ihre Arbeit wieder aufleben zu lassen, den Genius der Agrarwissenschaft zu beschwören, einen Weg zu finden, um hoch ertragreiche und gegen Trockenfäule immune Kautschukbäume für beide Teile Amerikas zu entwickeln. Nur eine solche Strategie kann den Albtraum beenden, der die Gummiindustrie von Anfang an bedroht hat, und der Welt ein wachsendes Angebot an Naturgummi sichern, das die Bedürfnisse des 21. Jahrhunderts befriedigt.

Die Kunst des schamanischen Heilens

Im Jahr 1981 arbeitete ich als Ethnobotaniker im nordwestlichen Amazonas-Gebiet in der Nähe des Rio Ampiyacu, auch Fluss der Gifte genannt. Es war Regenzeit, und die Überschwemmungen hatten die Tiere des Waldes in höher gelegene Regionen getrieben. Eine Folge davon war, dass die Bora- und Huitoto-Dörfer, wo ich arbeitete, von Giftschlangen heimgesucht wurden. Eines späten Abends, als ich meine Arbeitsnotizen machte, kam ein Junge in meine Hütte und erzählte mir mit hochrotem Gesicht voller Angst, ein junger Mann sei am Dorfausgang von einer hochgiftigen Lanzenschlange gebissen worden und liege sterbend im Haus seiner Mutter.

Mein Interesse an Pflanzen verleitete die Dorfbewohner zu der Annahme, ich sei ein Arzt, und nun forderten sie meine Hilfe. Als ich bei dem jungen Mann eintraf, bemühte sich schon ein Schamane intensiv um ihn. Er rieb den Patienten mit brennenden Nesseln ab und blies ihm Tabakrauch ins Gesicht. Ein kleiner Umschlag aus Blättern der Renealmia-Staude, einem Ingwergewächs, bedeckte die Wunde. Wenn dem Schamanen meine Ankunft missfiel, ließ er es sich zumindest nicht anmerken; seine Aufmerksamkeit galt nur dem Patienten, der nun schaumiges Blut spuckte. Mir war klar, dass der Patient wie auch der Schamane mein Eingreifen erwarteten, also tat ich mein Bestes, um den Arzt zu spielen. Ich tastete den Puls des jungen Mannes, untersuchte seine Wunde, legte ihm die Hand auf die Stirn und bemühte mich, so bedeutsam wie möglich auszusehen.

Der Schamane arbeitete schwer in dieser Nacht, und ich machte viele feierliche Gesten. Bei Morgengrauen war die akute Gefahr vorüber, und der Zustand des jungen Mannes besserte sich allmählich; er genas dann vollkommen. Sowohl das Prestige des Schamanen wie meine Reputation als Arzt waren enorm gestiegen, und meine Neugier war geweckt. War wirklich einer von uns verantwortlich für die Genesung des Patienten? Keiner hatte in einer Weise auf ihn eingewirkt, die ein Wissenschaftler hätte gelten lassen, und zu keiner Zeit hatten wir das Gift sichtbar aus der Wunde entfernt. Freilich gab es einen großen Unterschied zwischen meinem lächerlichen Getue und dem rituellen Verhalten des Schamanen, der Heilkräfte nach einer Jahrtausende alten spirituellen Tradition beschwor. Konnte es sein, dass er dem Patienten auf andere, weniger greifbare Weise geholfen hatte? Wenn ja, worin bestand dann seine Therapie, und worauf gründete sie sich?

Ein oder zwei Jahre später befand ich mich in Zentralhaiti, wo ich im Tempel einer bekannten *mambo* wohnte, einer Vodoun-Priesterin, die für ihre Heilkünste berühmt war. Eines Tages kam eine junge Frau zum Tempel und brachte ein Huhn mit. Nach zwei Jahren Ehe bekam sie noch immer kein Kind. An diesem Abend rief die *mambo* die Götter an, insbesondere die geistige Wesenheit Erzulie, die Göttin der Liebe. Erzulie ergriff Besitz vom Leib der Patientin; sie schnitt dem Huhn den Kopf ab und brachte der Erde ein Blutopfer dar, denn Blut ist die entscheidende Kraft, aus der Leben erwächst. Der Geist verließ sie, und die junge Frau brach zusammen. Zwei Monate später war sie schwanger.

Jahre später, in Nordafrika, traf ich auf eine *sherifa*-Familie, Nachfahren des Propheten Mohammed, die mir von einer mystischen Erfahrung ihrer Tochter erzählten. Als junges Mädchen war sie ins Koma gefallen, nachdem ein mysteriöser Fremder ihr Heim betreten hatte. Man hatte keine Kosten gescheut, aber alle medizinischen Behandlungen schlugen fehl. Als die Familie die Hoffnung aufgegeben hatte, den Bann des Zauberers zu brechen, erschien ein anderer Fremder, berührte das schlafende Mädchen und ging wieder. Am nächsten Tag war das Mädchen gesund. Die Familie schrieb die wunderbare Heilung den Gebeten ihres Großvaters zu, aber auch dem Eingreifen und dem Segen des wandernden Heiligen.

Diese Erlebnisse aus einem Jahrzehnt ethnografischer und ethnobotanischer Feldarbeit haben einen wichtigen gemeinsamen Nenner. In allen Fällen wurde die Therapie von einem anerkannten Spezialisten unterstützt, dessen heilender Einfluss nicht darauf beruhte, dass er den Körper behandelte, sondern auf der über Generationen hinweg weitergegebenen Fähigkeit, unmittelbar auf die spirituelle, nichtmaterielle Ebene einzuwirken. Diese Gabe, zwischen der normalen Welt und dem Reich der Geister und übernatürlichen Kräfte zu vermitteln – eine profunde Fähigkeit, die sich überall auf der Welt in tausenderlei kulturbedingten Manifestationen menschlicher Fantasie äußert –, ist der Schlüssel zur Kunst des schamanischen Heilens.

Schamanismus ist der vermutlich älteste Zugang zur spirituellen Welt, der entstand, sobald der Mensch ein Bewusstsein entwickelte. Für unsere Vorfahren im Paläolithikum war der Tod der erste Lehrer, das erste Leid, die Grenze, jenseits derer das Leben, wie sie es kannten, endete und das Wunder begann. Das Mysterium förderte die Religion; es erwuchs aus der Jagd, aus dem Bedürfnis der Menschen, sich selbst vernünftig zu erklären, dass sie just das töten mussten, was sie am meisten verehrten – die Tiere, die ihnen das Leben gaben. Jagdmythen entwickelten sich als Ausdruck des Paktes zwischen Tieren und Menschen, als Mittel, um sich von der Schuld des Jagens freizusprechen und ein harmonisches Verhältnis zu den Seelen der getöteten Tiere aufrechtzuerhalten. Krankheiten, oft als Vorboten des Todes erlebt, waren für diese primitiven Jäger etwas Bedrückendes, da sie das Ende der normalen Lebensabläufe ankündigten, oft gefolgt von Fieber und Delirium, manchmal auch von Verzweiflung und Wahnsinn. Ohne Zweifel gehörte es zu den ersten intellektuellen und geistigen Bestrebungen der Menschheit, sich mit der unerbittlichen Trennung durch den Tod auszusöhnen und Grund und Ursache von Krankheiten zu verstehen.

Schamanische Intuition entwickelte sich in diesen uralten Zeiten, und schamanistische Praktiken werden auch heute noch in kleinen Jäger- und Sammlergesellschaften angewandt, die das Prinzip der Gleichheit aller vertreten. Die Entwicklung zu einer agrarischen Lebensform und zu einem sesshaften Dorfleben führte zu ersten organisierten religiösen Hierarchien und bedeutete zugleich das Ende der schamanischen Traditionen. Als Viehzucht und Ackerbau die Jagd verdrängten, entthronte der Priester den Schamanen. Doch als die religiösen Führer nur noch als Funktionäre etablierter Theologien dienten, verwandelte sich die Poesie des Schamanen in Prosa.

Denn im Gegensatz zum Priester, der als Mitglied einer anerkannten religiösen Institution auch gesellschaftlich eine Rolle spielt, ist der Schamane jemand, der nach einer ganz persönlichen psychischen Krise eine gewisse Macht über sich selbst gewonnen hat. Während der Priester bemüht ist, den einzelnen in ein geordnetes, festgefügtes gesellschaftliches Umfeld einzugliedern, strebt der Schamane die Befreiung der natürlichen Anlagen des Menschen an, wohin diese ihn auch führen mögen. Mit diesem Weg ist nahezu unausweichlich eine tief greifende mentale Krise verbunden. Wer nach schamanischer Weisheit sucht, bewegt sich in der Tat auf einem schmalen Grat zwischen mystischer Intuition und psychischem Zusammenbruch.

Doch von einem geistigen Zusammenbruch kann man nicht sprechen, so sehr die Krise auch danach aussieht. Denn in jenen

Gesellschaften handelt es sich ja nicht um einen pathologischen Fall, sondern um ein normales Vorkommnis für einen begnadeten Geist – die intuitive Erkenntnis einer spirituellen Tiefe, die einen die Welt als etwas Heiliges erkennen lässt. Der Schamane folgt seiner einsamen Vision, aber ohne damit die Gepflogenheiten seines Stammes zu verletzen; er wendet sich nur radikal ab von der vergleichsweise trivialen Auffassung eines geistigen Reiches, mit der sich die Mehrheit begnügt. Auf der Suche nach diesem unglaublich schwierigen Weg wird der Schamane ein Meister über Tod und Auferstehung, über Gesundheit und Wohlbefinden.

Bevor wir zu begreifen versuchen, wie sich die außergewöhnlichen Heilkräfte bei bestimmten kleinen Gruppen von Naturvölkern offenbaren, müssen wir zuerst die Kluft zwischen der spirituellen Welt des Schamanen und unserer weltlichen Tradition erkennen, in der die Wissenschaft, wie der Schriftsteller Saul Bellow erklärte, »einen Hausputz im Glauben veranstaltet hat«. Für einen modernen Arzt ist die Medizin eine Wissenschaft, und als solche gründet sie sich auf eine intellektuelle Tradition, die zumindest seit Descartes das Weltbild des Westens bestimmt hat. Dem wissenschaftlichen Paradigma zufolge kann es Phänomene, die weder zu beobachten noch zu messen sind, gar nicht geben. Infolgedessen sieht die westliche Medizin den Körper im Wesentlichen als eine Maschine an, als einen sehr komplexen Mechanismus, den man verstehen und nötigenfalls auch umbauen oder reparieren kann. Spezifikation gilt als die größte Errungenschaft. Solange eine einzelne bakterielle Ursache erkannt und eliminiert werden oder ein akutes Trauma chirurgisch behandelt werden kann, so lange ist die moderne Medizin unübertroffen. Wie ein befreundeter Arzt zu sagen pflegt: »Mit einem abgetrennten Bein will man auf die Intensivstation und nicht zu einem Kräuterweiblein.«

Tatsächlich stellt die Entwicklung der modernen medizinischen Wissenschaft im letzten Jahrhundert eine echte Großtat der Menschheit dar. Staunenswert, was erreicht worden ist: die Beseitigung von Krankheiten durch Immunologie und Parasitenkunde, die Entdeckung der Antibiotika und Vitamine, die Fortschritte in der Chirurgie dank Antiseptika und Narkose und die Entdeckung des Insulins und der Wachstumshormone. Um die Bedeutung dieser geistigen Revolution zu würdigen, brauchen wir uns nur daran zu erinnern, dass noch 1919 eine Grippeepidemie 15 Millionen Menschen das Leben kostete – mehr, als im Ersten Weltkrieg gefallen waren.

Der scharf aufs kranke Organ gerichtete, aber eingeschränkte Blick ist die Stärke, aber zugleich auch die Schwäche der modernen Medizin. In weiten Teilen der Welt ist die westliche Medizin zu teuer, unerreichbar oder wird auf eine Art praktiziert, die sich mit dem traditionellen Glauben nicht vereinbaren lässt. Außerdem haben die Menschen dort immer stärker das Gefühl, dass bestimmte uralte und esoterische Heilmethoden, die von der modernen Wissenschaft lange unbeachtet blieben, vielleicht doch bessere Einsichten ermöglichen, was das Wohlbefinden des Körpers im Grunde ausmacht.

Schon lange vor den wundersamen Fortschritten der modernen Chirurgie und der medizinischen Technologie suchten Männer und Frauen nach der Ursache von Krankheiten und nach dem Gesundheitselixier. Die Chinesen, die die Pockenimpfung schon 1000 Jahre vor den Europäern anwandten, betrachteten die Menschheit als Spiegel des Universums, durchdrungen von *ch'i*, der Vitalenergie, die durch die Kanäle des Körpers fließt. Krankheiten sah man als Hindernisse, die dem Fluss der kosmischen Energie im Wege stehen. Eine Behandlung musste dafür sorgen, dass das *ch'i* umgeleitet wurde, und das führte zur Anwendung der Akupunktur. Es war hauptsächlich der Puls, der den Chinesen die

Diagnose ermöglichte, und die Prozedur war so kompliziert, dass ein erfahrener Heilpraktiker mehr als drei Stunden für einen Befund brauchte. Dieser befähigte den Heiler allerdings zu bemerkenswerten Aussagen; er konnte den Sitz der Krankheit lokalisieren und den Zeitpunkt der Genesung nennen. Frühe europäische Diagnostiker gingen etwas gröber ans Werk. Die Methode, die Lunge eines Patienten anzuzapfen, um die darin enthaltene Flüssigkeitsmenge festzustellen, wurde von einem Wiener Arzt erfunden, dem Sohn eines Wirtshausbesitzers, der den Pegel in seinen Weinfässern auf die gleiche Weise maß.

Für die Patienten jener Zeit war eine Behandlung möglicherweise schlimmer als jedes nur vorstellbare Heilmittel. Im präkolumbianischen Peru bohrte man Löcher in den Schädel der Lebenden, um Krankheiten einen Fluchtweg zu eröffnen. Die kosmetische Chirurgie nahm im alten Indien ihren Anfang, wo man Ehebrechern für gewöhnlich die Nase abschnitt. Primitive chirurgische Techniken entwickelten sich aus dem Versuch, dem Amputationsstumpf Haut von den Wangen aufzupflanzen. Noch bis ins 18. Jahrhundert glaubten Europäer und Amerikaner, dass schlechtes Blut eine Krankheitsursache sei. Benjamin Rush, ein amerikanischer Arzt und Mitunterzeichner der Unabhängigkeitserklärung, ließ einen Patienten innerhalb von sechs Monaten 85mal zur Ader. Die Ärzte von George Washington zapften ihm noch an seinem Todestag zweieinhalb Liter Blut ab, nachdem sie ihm ein großes Quantum Quecksilber eingeflößt hatten. Dabei hatte er nur Halsweh. Zu Anfang dieses Jahrhunderts stürzten sich die Ärzte auf das Wundermittel Radioaktivität. Ledergürtel mit Täschchen, die über den Nieren saßen und Brocken radioaktiven Erzes enthielten, kamen in Mode. Wasserkühler sollten gewährleisten, dass Krankenhauspatienten immer genügend radioaktives Wasser zur Verfügung stand. Solcher Unfug hält sich bis heute; ein Beispiel dafür ist die etwas subtilere, aber viel schädlichere Gepflogenheit, Viruskrankheiten mit Antibiotika zu behandeln.

So lächerlich, ja geradezu grauenhaft uns einige dieser Methoden auch vorkommen mögen, zu ihrer Zeit galten sie als Höhepunkte des medizinischen Fortschritts. Und ohne Zweifel wurden sie mit der gleichen professionellen Selbstverständlichkeit angewendet, die wir auch heutzutage von unseren Ärzten erwarten. Angesichts dieser wechselvollen Geschichte sollten wir uns selbst vor Überheblichkeit hüten und nicht ohne weiteres Heilmethoden vom Tisch wischen, von denen wir keine Ahnung haben – vor allem, wenn wir bedenken, dass fast 90 Prozent der Weltbevölkerung, was die medizinische Grundversorgung betrifft, von ihren traditionellen Heilern abhängen.

In unserer weltlich orientierten Gesellschaft werden Leben und Tod ausschließlich mit einer klinischen Terminologie definiert, die die Ärzte festsetzen; der spirituelle Aspekt wird ins Reich religiöser Experten verbannt, die, notabene, über die körperliche Beschaffenheit der Lebenden nicht zu befinden haben. Im Gegensatz dazu sind in den meisten schamanischen Traditionen die Ärzte zugleich die Priester, und der spirituelle Zustand wird als ebenso wichtig angesehen wie der körperliche, der von diesem abhängig ist.

Die schamanische Medizin gründet sich auf ein Konzept der Ursachenforschung einer Krankheit, das nicht der westlichen Sichtweise entspricht. Gesundheit wird definiert als Zustand des Gleichgewichts zwischen den einander beeinflussenden körperlichen und spirituellen Komponenten eines Individuums. Krankheit bedeutet Spaltung und Ungleichgewicht; sie ist Ausdruck bösartiger Kräfte im Körper. Gesundheit wird als Zustand der Harmonie gesehen, und für den Schamanen ist sie etwas Heiliges, so etwas wie das vollkommene Einswerden mit den Göttern. Diese

Ausgewogenheit zu bewahren oder wiederherzustellen ist die Aufgabe des Schamanen, und sie legitimiert ihn in seiner einzigartigen Rolle als Heiler.

Beim schamanischen Heilen wird das Vorhandensein von Krankheitskeimen durchaus zur Kenntnis genommen; aber der Heiler geht davon aus, dass sie ohnehin immer und überall vorhanden sind, und richtet seine ganze Aufmerksamkeit darauf, weshalb und wann bestimmte Menschen ihnen zum Opfer fallen. Der Gesundheitszustand hängt nicht davon ab, ob solche Keime vorhanden sind oder nicht, sondern vom Gleichgewicht oder Ungleichgewicht im Menschen. Schamanische Medizin wirkt folglich auf zwei Ebenen, der spirituellen und der körperlichen.

Schamanen können eine ganze Reihe von Krankheiten diagnostizieren, deren Symptome sich behandeln lassen, ganz ähnlich wie in der klassischen Medizin des Westens, und sie benutzen Heilpflanzen und Hausmittel, die großenteils pharmakologisch wirksam sind. Vom schamanischen Standpunkt aus sind jedoch körperliche Beschwerden, die man mit Heilkräutern behandeln kann, nicht so ernst wie Leiden, die aus einer geistigen Disharmonie entstehen, denn diese wirkt sich auf alle Aspekte des Lebens aus. Ein Mensch kann aufgrund körperlicher oder seelischer Ursachen krank werden oder auch aufgrund trostloser Umstände wie Pechsträhnen, Ehestreitigkeiten oder Geldproblemen. In solchen Fällen gilt es nicht die Krankheit selbst zu behandeln, sondern ihre Ursache zu beseitigen, und das fällt in die Verantwortlichkeit der Religionen.

Um die Gesundung eines Menschen herbeizuführen, bedarf es manchmal einer ganzen Reihe von Maßnahmen. Auf der körperlichen Ebene kann die Behandlung Kräuterbäder und Massagen, die Anwendung von Heilpflanzen, den Rückzug des Patienten an einen heiligen Ort und in manchen Traditionen auch Tieropfer umfassen, mit denen der Patient der Erde das Geschenk der Lebensenergie zurückgibt. Aber grundsätzlich entscheidet immer der Eingriff auf der spirituellen Ebene das Schicksal des Patienten, und hier muss der Heiler eine spezielle Ekstasetechnik anwenden, um den Bewusstseinszustand zu verändern. Im Grunde beruht die eigentliche Kraft des Schamanen auf seiner Fähigkeit, einen Trancezustand herbeizuführen. Ausschlaggebend ist, dass der Schamane selbst nicht von dieser Trance erfasst wird; vielmehr steuert und benutzt er – oder sie – geschickt den Rhythmus der Trommeln, die Macht des Tanzes oder andere Mittel, um den Geist in jene fernen Sphären aufsteigen zu lassen, in denen die geistige Heilung stattfindet.

Tibetische Heiler gestalten das Schicksal des Patienten, indem sie sich selbst im Rahmen eines Rituals in tantrische Gottheiten verwandeln, die in der Lage sind, den Verlauf der Zeit zu beeinflussen. Für indianische Schamanen kann der Zugang zur Gottheit die Schwitzhütte sein oder der Schmerz der Marter, der Rhythmus der heiligen Trommeln oder Pfeile aus Heilpflanzen. Die Huichol in Mexiko nehmen Peyote ein, um die Identität der Ahnengötter anzunehmen. Die Tukano-Stämme im nordwestlichen Amazonas-Gebiet trinken ein bitteres Gebräu, *yagé* oder *ayahuasca* genannt, den »Wein der Seele«, um mit den Waldgeistern zu sprechen. Schamanen der Yanomami im venezolanischen Amazonas-Gebiet inhalieren *epená*, den »Samen der Sonne«, ein ungemein starkes Rauschgift aus dem Harz verschiedener Lorbeernussbäume. In den Hochanden von Peru sagen traditionelle Heiler, die *curanderos*, die Zukunft voraus und diagnostizieren Krankheiten, indem sie Cocablätter deuten, eine heilige Kunst, die nur der praktizieren darf, der einen Blitzschlag überlebt hat.

Tatsächlich ist allen Heiltraditionen der amerikanischen Naturvölker der Schamane eine wichtige Instanz. Nach alter Stammessitte webt der Schamane einen Schutzmantel aus Ritualen um den Patienten, verleiht subtilen visionären Reizen eine metaphysische Gestalt und interpretiert ein komplexes Glaubenssystem – alles, um die Kräfte des Universums wieder ins Gleichgewicht zu bringen. Für die Menschen in diesen Gesellschaften gibt es keine Trennung zwischen dem Heiligen und dem Weltlichen. Jede Handlung des Heilers ist ein Gebet, jedes Ritual eine Form von kollektiver Gesundheitspflege.

Der Gedanke, dass wirkliche Heilung auf einer spirituellen Ebene stattfindet, zu der man durch Trance Zugang erhält, ist auch in den Kulturen Westafrikas und der Karibik verbreitet. Zur großen Verblüffung von Völkerkundlern gehen zum Beispiel in Haiti Vodoun-Jünger völlig ungestraft im Reich des Spirituellen ein und aus. Statt mit psychedelischen Mitteln wird der Zugang zu den Göttern jedoch durch geistige Besessenheit erlangt. Wie in den Traditionen der Ureinwohner Amerikas wird Gesundheit als eine Frage der Ausgewogenheit betrachtet. Krankheit und Unheil sind die Folge einer Disharmonie, die häufig auch durch Hexerei hervorgerufen wird, ein Mittel, dessen sich die dunklen Kräfte des Universums bedienen. Diese Kräfte unschädlich zu machen und das Gleichgewicht zwischen Gut und Böse herzustellen ist nicht nur die Aufgabe des *houngan*, des Priesters; es ist das eigentliche Ziel von Vodoun überhaupt und im Grunde das Ziel der meisten traditionellen Heilpraktiken.

Zu den eindrucksvollsten Manifestationen des Vodoun-Glaubens gehört die Fähigkeit besessener Initiierter, extreme Schmerzen und Feuer auszuhalten. In Haiti habe ich häufig besessene Menschen über Feuer tanzen und glühende Kohlen in den Mund nehmen sehen, ohne dass sie Schaden nahmen. Für Vodounisten ist diese bemerkenswerte Fähigkeit nur eine logische Folge dessen, was sie glauben. Wer besessen ist, der ist ein Gott, und ein Gott kann naturgemäß keinen Schaden nehmen.

Die Anhänger vieler Religionsgemeinschaften bekräftigen ihren Glauben dadurch, dass sie sich dem Feuer aussetzen. In Brasilien feiern hunderte von Japanern Buddhas Geburtstag, indem sie über feurige Kohleteppiche gehen. Touristen in Griechenland beobachten im Dorf Agia Eleni regelmäßig Leute, die über glühende Kohlen laufen. Diese orthodoxen Christen glauben, dass die Gegenwart des heiligen Konstantin sie schützt. Der Feuerlauf hat in ganz Asien Tradition. Belegt ist, dass Menschen den Lauf über Feuer mit glühender, 320 Grad heißer Kohle unverletzt überstanden.

Aber nicht das Sensationelle an diesem Phänomen ist so faszinierend, sondern die Ahnung, wozu Menschen fähig sein können. Dass sie Temperaturen unbeschadet überstehen, die in einem normalen Bewusstseinszustand erhebliche Verletzungen zur Folge hätten, gibt sehr zu denken. Es deutet nämlich darauf hin, dass in Trance möglicherweise gewisse angeborene und doch außergewöhnliche geistige Kräfte freigesetzt werden. Obwohl wir noch nicht wissen, wie das genau funktioniert, fällt die bemerkenswerte Fähigkeit, dem Feuer standzuhalten, doch wohl in den Bereich der Wechselwirkungen zwischen Körper und Psyche, den die Neurophysiologen noch auszuloten haben.

Über Feuer laufen und glühende Kohlen in die Hand nehmen zu können sind nur zwei Beispiele für mögliche Fähigkeiten, die durch einen veränderten Bewusstseinszustand geweckt werden. Zahlreiche ernst zu nehmende Beobachter haben bezeugt, dass Menschen in Trance Verstümmelungen überstehen können, offenbar ohne Schmerzen zu empfinden. Tu-Schamanen durchstechen ihre Wangen mit Nadeln, und philippinische Heiler lassen sich Nägel durch Hände und Füße treiben. Andere unglaubliche Taten werden oft mit extremen geistigen Erregungszuständen in Zusammenhang gebracht. Koreanische *mudang* gehen über scharfe Messer, tibetische *tumo*-Anhänger halten extrem niedrige Temperaturen längere Zeit ohne weiteres aus, und einige Hindu-Yogis können ihre Atmung und ihren Herzschlag bewusst so verlangsamen, dass sie kaum noch wahrnehmbar sind.

Wenn wir erst akzeptiert haben, dass es den Feuerlauf und andere ungewöhnliche Fähigkeiten wirklich gibt, wird es uns nicht mehr schwer fallen zu verstehen, dass schamanische Rituale unerwartete physiologische Reaktionen hervorbringen können, zumal dann, wenn Heiler und Patient absolutes Vertrauen in die Behandlung haben. Dass es zudem Menschen aus unserer eigenen Kultur gelungen ist, sich in einen Trancezustand zu versetzen, in dem sie unbeschadet über glühende Kohlen gehen konnten, eröffnet die aufregende Möglichkeit, dass alle Menschen latent Fähigkeiten dieser Art besitzen. Sich dieses Potenzial zu Nutze zu machen und veränderte Bewusstseinszustände einzusetzen, um die Möglichkeiten der Menschen zu erweitern, ist genau das, worum es auf den höheren Ebenen des schamanischen Heilens geht.

Der schamanischen Medizin liegt die Überzeugung zugrunde, dass die Psyche auf den Körper einwirkt. Im Westen verwenden wir dafür den Begriff Psychosomatik, der sich aus den griechischen Wörtern für Psyche und Körper zusammensetzt. Instinktiv wissen wir, dass etwas Wahres dran ist. Wer sich frisch verliebt hat, wird nicht am nächsten Tag krank. Viele von uns werden krank, weil sie starkem emotionalen Stress ausgesetzt sind. Aber selbst wenn wir annehmen, dass die psychische und die biologische Seite des Menschen zwei Teile eines Ganzen sind, bleiben wir aufgrund unserer traditionellen Vorstellungen meist skeptisch. Nicht so die Haitianer und die Indios vom Amazonas. In diesen Kulturen ist schamanisches Heilen dank der überzeugenden Kraft ihres Glaubens anerkannt.

Wer in Haiti den Göttern dient oder unter dem weiten Himmel über dem Amazonas *ayahuasca* einnimmt, wandelt durch eine metaphysische Landschaft, die lebendig ist und auf ihre spirituelle Bereitschaft in vielerlei Hinsicht reagiert. Er glaubt an die Realität der Geister, an die Existenz der Seele und die Wirkung der Magie. Die unausweichlichen Stufen der Erkenntnis, die Gesellschaften mit diesen Überzeugungen nehmen, ja nehmen müssen, um sich gegen Zweifel abzuschirmen, führen zu einem in sich geschlossenen Gedankensystem. All ihre magischen und mystischen Vorstellungen verweben sich zu einem Geflecht, bei dem es sich jedoch nicht um ein äußeres Gefüge handelt, in dem sie gefangen sind, sondern um den Urgrund ihrer Gedanken. Sie können nicht denken, dass ihre Gedanken falsch sind. Selbst wenn sie skeptisch wären, könnten sie ihre Zweifel nur im Rahmen des Glaubens ausdrücken, den sie alle teilen.

Der Schamane und sein Volk haben eine Reihe gemeinsamer Glaubenssätze, aus denen eine Weltsicht hervorgeht, die die psychischen und physischen Erfahrungen jedes einzelnen bestimmt. Wo nur wenige Alternativen zugelassen sind, wird die Annahme dieser Glaubenssätze zwingend und sichert ihnen absolute Gültigkeit. Für Agnostizismus besteht kein Anreiz. Innerhalb dieser Grenzen kann sich der Gläubige je nach seinem intellektuellen Vermögen bewegen, außerhalb allerdings findet er nur Chaos vor.

Es versteht sich von selbst, dass die meisten schamanischen Vorstellungen von Krankheiten und deren Heilung von der gegenwärtigen Schulmedizin nicht geteilt werden. Der Bezug auf die spirituelle Welt, das Wechselspiel zwischen Körper und Seele, die Wechselwirkungen zwischen Menschheit, Umwelt und Kosmos – all diese Vorstellungen, die den Kern des schamanischen Heilens ausmachen, werden von der Medizin des Westens in Bausch und Bogen abgelehnt. Sie passen nicht in das bekannte wissenschaftliche Raster, obgleich diese Themen zum Teil schon sehr früh in unsere Heilkunst eingeflossen und Gegenstand metaphysischer Fragen sind.

Viele Menschen entwickeln zunehmend ein Gespür dafür, dass die Kunst des Heilens nicht nur das wissenschaftliche Verständnis für die Mechanismen des Körpers voraussetzt, sondern auch die Betrachtung anderer, weniger greifbarer Einflüsse erfordert. Für den Schamanen sind Gesundheit und Krankheit Zustände, denen undurchschaubare Geheimnisse zu Grunde liegen, die das Dasein an sich ausmachen – Geheimnisse, die mit Gleichgewicht, Denkvermögen, Glauben, Tod und dem Traum von der Wiedergeburt zu tun haben. Auch in Zukunft werden die Menschen ohne Zweifel viel von der modernen Medizin profitieren. Doch umgekehrt wird auch die Medizin viel gewinnen, wenn sie neue Möglichkeiten in ihr Repertoire aufnimmt und die Lehren traditioneller Heiler übernimmt, die den menschlichen Körper zwar nicht sezieren können, aber vor Urzeiten gelernt haben, den Menschen als Ganzheit zu betrachten.

Pflanzen der Götter

Vor vielen Jahren lebte ich bei den Barasana-Indios am Rio Igara Parana im kolumbianischen Amazonas-Gebiet. Eines Abends wurde ich eingeladen, *ayahuasca* zu trinken, den »Wein der Seele«, das bedeutsamste und feierlichste schamanische Ritual. Der Stammesführer, ein Mann namens Rufino, bezeichnete den Wein als Nektar des Jaguars, als magisches Rauschmittel, das die Seele zu befreien vermag und einen zu mystischen Begegnungen mit Ahnen und Tiergeistern befähigt. Er warnte mich, der Trank könne, wie jede heilige Medizin, allerlei bewirken, allerdings nicht nur Erfreuliches.

Wir saßen im Kreis auf vier kleinen Holzhockern in der Maloca, dem Langhaus der Gemeinschaft. Rufino trug, wie sein Vater Pedro und ein anderer Mann namens Pacho, einen Lendenschurz. Alle drei hatten sich sorgfältig bemalt, Streifen aus roter und schwarzer Farbe aufs Gesicht aufgetragen und sich mit kleinen hölzernen Farbrollern geometrische Muster auf die Beine gemalt. Jeder trug einen Fußring aus Samen und einen einfachen Kopfputz mit einem Kranz aus grünen und gelben Papageienfedern, einem Federbusch aus Adlerdaunen und einer langen Ara-Schwanzfeder. In der Mitte des Kreises stand ein großer roter Keramikkessel, um dessen Rand sich Kreiselmuster zogen. Sein Inhalt brodelte und schäumte. Um den Topf herum lagen Rasseln, Panflöten und andere Musikinstrumente aus Schildkrötenpanzern und Hirschschädeln. Die Männer hatten schon gesungen und getanzt, Schulter an Schulter in einer Reihe, und dabei die

Stützpfosten des Langhauses umkreist. Nun warteten sie still; Frauen und Kinder hatten sich längst zurückgezogen. Das einzige Licht kam von einer Harzfackel am Fuß eines Pfostens.

Pedro stand auf und stimmte einen feierlichen Sprechgesang an. Danach tauchte er ein schwarzes Kalebassengefäß in den *ayahuasca* und reichte es seinem Sohn. Rufino trank und verzog das Gesicht, wie wir alle. Es schmeckte bitter und Ekel erregend. Es folgten weiteres Singen und Tanzen: hohe, tremolierende Stimmen und das Scheppern der Rasseln und Fußringe. Sobald Pedro wieder eine Portion von dem Trank austeilte, trat erwartungsvolle Stille ein.

Ich saß still unter ihnen, unfähig teilzunehmen; dennoch war ich mir der Macht des Rituals bewusst. Die Pflanze wirkte zuerst bei ihnen. Leise murmelnd sprach Rufino von einer roten Sonne, einem roten Himmel und rotem Regen, der auf den Wald herniederfiel. Bald stieg Ekel in ihm hoch und er übergab sich. Sogleich bot ihm Pedro einen neuen Schluck an. Rufino nahm ihn, spuckte und keuchte. Bis dahin hatte ich nichts gespürt, aber als er würgte, musste ich mich abwenden und auch übergeben. Pacho lachte und tat dann das Gleiche. Wir tranken alle weiter *ayahuasca,* mehrere Runden. Eine Stunde oder mehr verging. Ich blickte auf und sah die Konturen ringsum aufweichen, und ich spürte eine Schwingung, die von jenseits des Himmels kam, wie die Ankündigung eines verhaltenen Windes, der vor Energie pulsiert.

Am Anfang war es noch ganz angenehm; eine wundersame, lebendige Wärme umhüllte alles. Aber dann wurden die Empfindungen stärker, wurden von einer seltsamen Strömung überlagert, und die Luft nahm eine metallische Dichte an. Die Welt, die ich kannte, existierte auf einmal nicht mehr. Die Wirklichkeit war nicht verzerrt, sie löste sich auf, als die Schrecken einer anderen Dimension die Sinne übermannten. Die Schönheit der Farben, die endlosen Muster eines sonnengleichen Strahlens fielen wie Regentropfen von meiner Haut. Ich bezwang mich, und als ich aufschaute, sah ich, wie Rufino und Pacho sich sanft hin und her wiegten und stöhnten. Regenbogen hatten sich in ihrem Federkopfschmuck gefangen, ihr Haar war durchsetzt von weinenden Blumen und Bäumen, die dem Himmel entgegenstrebten. Blätter fielen laut heulend von den Zweigen. Der Himmel tat sich auf. Eine fahle Narbe zog sich über den Himmel, Sterne mit hämmerndem Puls, ein mächtiger Wind, der alles in seiner Bahn zerschmetterte. Dann tat sich der Boden auf. Schlangen ringelten sich um die Pfosten der *maloca* und entschwanden in der Erde. Flüsse entfalteten sich wie Blütenkelche. Bewegung gewann Tiefenwirkung. Dann steigerte sich das Entsetzen und das Gefühl hoffnungsloser Zerbrechlichkeit. Überall lauerte der Tod. Ausgehungerte Kinder und Tiere in vielerlei Gestalt lagen krank herum und verdursteten. Sie bohrten ihre Nasen in die trockene Erde. Ihre Flanken waren nackt. Und über allem erhob sich ein Kronendach aus unsäglichem Leid.

Ich versuchte, die Gestalten aus den leuchtenden Bildern abzuschütteln. Doch nun verwandelten sich meine eigenen Gedanken in Visionen, und ich sah keine Dinge oder Orte mehr, sondern eine ganze Dimension, die mir in dem Augenblick nicht nur real, sondern absolut erschien. Das war die wirkliche Welt, und was ich bis dahin gesehen hatte, war nur ein primitives, trübes Faksimile. Ich schaute auf und sah die anderen. Rufino und Pacho saßen ruhig da und beugten die Köpfe über ein Feuer, das vorher nicht da gewesen war. Pedro stand mit ausgebreiteten Armen daneben und sang. Er blickte nach oben, und sein Federkranz leuchtete wie die Sonne. Seine Augen glänzten, strahlend, fiebrig, als ob sein Blick in das Wesen aller Dinge eindrang.

Als die Nacht voranschritt, verloren die Farben langsam ihre Intensität, und die Schreckensbilder wichen zurück. Ich spürte, wie meine Hand über den erdigen Boden der *maloca* streifte, sah den Staub mit einem grünen Schimmer umrandet und hörte die Frauen lachen. Der Tag brach an, ich hörte ihn aus dem Wald kommen. Meine Gefährten blieben an der Feuerstelle sitzen, aber das Feuer war erloschen, und die Luft war kalt. Ich stand auf und streckte mich. Müde, aber jetzt ohne Angst, kroch ich in meine Hängematte. Lange lag ich wach, in eine Baumwolldecke gewickelt wie ein erschöpftes Kind, das das Fieber ausschwitzt. Das Letzte, was ich sah, ehe ich in den Schlaf eintauchte, war eine friedvolle Wolke aus violettem Licht, die sich sanft auf die *maloca* senkte.

Stunden später weckte mich ein Flugzeug, das über das Langhaus hinwegdonnerte. Durch das Schilfdach sah ich kleine Lichtblitze. Mein Kopf schmerzte, und ich hatte Durst, aber sonst war alles in Ordnung. Ich fühlte mich gereinigt, als wäre mein Körper innen und außen gewaschen worden. Ich setzte mich auf, und da bemerkte ich die Jungen, die um mich herumsaßen. Sie folgten mir hinaus in die Sonne und den Pfad zum Fluss hinunter. Das Wasser war kühl und erfrischend, ein köstlicher Trank. Ein Schrei ertönte, und ein Junge deutete aufs Ufer. Dort stand der Pilot der Mission, der mich vor zwei Wochen hier abgesetzt hatte. Neben ihm waren Rufino und sein Vater. Den rituellen Schmuck hatten sie abgelegt, aber an den Beinen sah man noch die aufgemalten Muster, und ihre Gesichter waren mit schwarzem Genipapo-Farbstoff beschmiert. Der Pilot stemmte die Hände in die Hüften.

»Unter die Indios gegangen, was?«, rief er. »Ich an Ihrer Stelle würde das Wasser nicht anrühren.«

»Sie kommen früh«, sagte ich.

»Im Gegenteil, ich bin zwei Tage zu spät dran«, erwiderte er. »Oh.«

»Also los, ich hab nicht den ganzen Tag Zeit. Ich muss am Mittag in Miraflores sein.«

Es wurde ein unangenehmer Abflug. Ich packte meine Sachen und Pflanzenproben zusammen, und was von den Gebrauchsartikeln übrig war, schenkte ich Rufino. Zwanzig Minuten später war ich in der Luft, donnerte über die *maloca* hinweg und über den Wald zu dem Städtchen Mitú. Der plötzliche Perspektivenwechsel war verwirrend. Die Bäche, die wir hinter uns ließen, verbreiterten sich zu Flüssen, die sich schlangengleich durch den stummen, unveränderlichen Wald wanden. Rufino hatte *ayahuasca* mit einer Flussfahrt verglichen, die einen hoch über Land und dann wieder unter Wasser zu den entlegensten Winkeln der Welt führt, wo die Meister der Tiere leben und der Blitz auf seine Geburt wartet. *Ayahuasca* zu trinken, so schrieb der Anthropologe Gerardo Reichel-Dolmatoff einmal, ist wie die Rückkehr in die kosmische Gebärmutter, um wieder geboren zu werden. Es ist, als würde man die Plazenta gewöhnlicher Wahrnehmung durchstoßen und ein Reich betreten, in dem man den Tod erfahren und das Leben anhand von Empfindungen bis zum Ursprung aller Existenz zurückverfolgen kann. Wenn Schamanen davon sprechen, dass sie den Jaguar mit dem Blick bannen, dann deshalb, weil sie es wirklich können.

Wir haben auf der Erde rund 800000 Pflanzenarten, die sich alle vom Sonnenlicht nähren. Doch nur ein paar Tausend lassen sich als Nahrungsmittel oder Arznei verwenden, und von diesen enthalten nur rund hundert Bestandteile, die den Geist in ferne ätherische Wunderwelten geleiten. Genau genommen ist jede chemische Substanz, die die Sinne verwirrt und Halluzinationen hervorruft, ein Halluzinogen, das Wahrnehmungen und Erlebnisse erzeugt, die absolut jenseits jeder normalen, realen Erfahrbarkeit liegen. Akademiker bezeichnen diese Rauschgifte als Psychotomimetika (Psychosenachahmer), Psychotaraxika (Sinnverwirrer) oder Psychedelika (Offenbarer des Geistes). Diese trockenen Begriffe beschreiben nur unzulänglich die bemerkenswerten Auswirkungen auf den menschlichen Geist. Die so gewonnenen Eindrücke sind ja in der Tat so wenig irdisch, die Visionen so erschreckend, dass die meisten halluzinogenen Pflanzen in Einheimischenkulturen einen heiligen Status erhalten haben. Sie werden sogar, wenn auch selten, als Verkörperung der Götter verehrt.

Die pharmakologische Wirkung dieser Pflanzen wird von einer relativ kleinen Anzahl chemischer Bestandteile ausgelöst. Zwar ist es der modernen Chemie in den meisten Fällen gelungen, diese Substanzen künstlich herzustellen oder ihre chemische Struktur sogar so zu verändern, dass neue synthetische Mittel entstehen, aber fast alle Rauschgifte stammen von Pflanzen. Im Pflanzenreich kommen sie nur unter den feiner ausgebildeten Blütenpflanzen und den primitiven Sporenpilzen vor. Die meisten sind Alkaloide, Naturstoffe mit etwa 5000 komplexen organischen Molekülen, die für die Giftigkeit der meisten toxischen Pflanzen und die Heilwirkung vieler Arzneipflanzen verantwortlich sind. Diese aktiven Bestandteile sind in unterschiedlicher Konzentration in allen möglichen Teilen der Pflanze zu finden – in der Wurzel, den Blättern, den Samen, der Rinde und den Blüten – und werden vom menschlichen Körper auch unterschiedlich absorbiert. Das zeigt sich in der Vielfalt der hausgemachten Präparate.

Halluzinogene werden geraucht, geschnupft, frisch oder getrocknet geschluckt, als Sud getrunken oder gespritzt, über die Haut oder einen Einlauf aufgenommen oder auf Wunden gelegt. Bei der Verteilung der Rauschgifte auf der ganzen Welt besteht ein bemerkenswertes Ungleichgewicht, das deutlich macht, welche Rolle diese Pflanzen in alten Gesellschaften innehaben.

Von den 120 oder mehr halluzinogenen Pflanzen, die bis heute gefunden wurden, sind über 100 in den beiden Teilen Amerikas heimisch, der Rest der Welt hat weniger als 20 beigesteuert, eine Erkenntnis, die wir der wissenschaftlichen Forschung verdanken. Eine ganze Reihe dieser Pflanzen wurden erstmals durch meinen ehemaligen Professor, Richard Evans Schultes, und seine Studenten am Botanischen Museum von Harvard und anderswo dokumentiert. Sein Interesse galt hauptsächlich der Neuen Welt. Hätten diese Pflanzen jedoch eine wesentliche Rolle in den alten Kulturen von Eurasien, Afrika, Australien und der Südsee gespielt, wäre das sicher in der reichhaltigen ethnografischen Literatur und aus den Aufzeichnungen der Kaufleute und Missionare hervorgegangen. Bis auf wenige Ausnahmen ist das nicht der Fall. Auch auf besondere Merkmale der jeweiligen Flora lässt sich diese Diskrepanz nicht zurückführen. Vor allem die Regenwälder Westafrikas und Südostasiens sind außerordentlich reichhaltig und vielgestaltig. Zudem haben die Völker dieser Regionen sie sehr erfolgreich auf Vorkommen pharmakologisch wirksamer Substanzen hin untersucht, die sich als Heilmittel oder Gifte verwenden lassen. Tatsächlich ist die Verwendung toxischer Pflanzen ein immer wiederkehrendes Thema bei den afrikanischen Gemeinschaften im Süden der Sahara.

Den Indianern Amerikas waren Giftpflanzen nicht fremd; sie extrahierten daraus ihre Fisch-, Pfeil- und Speergifte. Doch während afrikanische Völker die giftigen Zubereitungen an ihresgleichen ausprobierten, geschah das bei den Indianern so gut wie nie. Jede Verwendung pharmakologisch wirksamer Pflanzen ist kulturell verankert. Wenn afrikanische Völker ihre Umwelt nicht nach halluzinogenen Pflanzen absuchten, dann deshalb, weil es in ihrem kulturellen Umfeld keinen Bedarf dafür gab. Im Gegensatz dazu ist bei vielen indianischen Gemeinschaften der Gebrauch von Halluzinogenen ein wesentlicher Bestandteil ihrer Kultur.

Bei der Suche nach halluzinogenen Pflanzen waren Naturvölker außerordentlich findig, und wie sie damit experimentierten, war geradezu genial. Dabei gingen sie offensichtlich auch große Risiken ein. Peyote (*Lophophora williamsii*) zum Beispiel enthält dreißig wirksame Komponenten, zumeist Alkaloide, und schmeckt extrem bitter, wie die meisten Giftpflanzen. Doch die Huichol, Tarahumara und viele andere Stämme in Mexiko und im amerikanischen Südwesten haben herausgefunden, dass der Kaktus, sonnengetrocknet und als Ganzes gegessen, eine beträchtliche psychoaktive Wirkung entfaltet.

Mit gleichem Eifer entdeckten die Mazatec von Oaxaca eine Pilzfamilie mit zahlreichen tödlich wirkenden Unterarten, von denen zwei Dutzend halluzinogen waren. Sie glaubten, diese seien auf Blitzen zur Erde gefahren, und sammelten sie ehrfürchtig zur Zeit des Neumonds. An anderer Stelle in Oaxaca wurden die Samen der *Ololiuqui*-Ranke, die zur Familie der Winden gehört, gemahlen und als Trank aufbereitet, der, wie wir heute wissen, Alkaloide enthielt, die eng mit LSD verwandt sind. Bei den Azteken hieß das Gebräu *ololiuqui,* »Wein der Schlangen«, und war ebenfalls heilig.

Nur mit Herzklopfen nähern sich die Schamanen zwei Arten von Nachtschattengewächsen, dem Stechapfel und der Engelstrompete, den »heiligen Blumen des Nordsterns« und den »Bäumen des bösen Adlers«. Diese Pflanzen enthalten Tropan-Alkaloide, die zwar bei der Behandlung von Asthma nützlich sind, doch bei höherer Dosis zu erschreckenden Deliriumszuständen führen, die durch brennenden Durst, Höllenvisionen und letztlich Koma und Tod gekennzeichnet sind. Zauberer der Yaqui in Nordmexiko reiben Geschlechtsteile, Beine und Füße mit einer Salbe aus zermahlenen Stechapfelblättern ein, um sich das Gefühl des Fliegens zu verschaffen. Viele glauben, dass die Yaqui dieses Verfahren von den Spaniern übernommen haben, denn im Mittelalter rieben sich die Hexen in Europa mit halluzinogenen Salben ein, in denen Belladonna, Alraune, Bilsenkraut und Stechapfel verarbeitet waren. Vieles im Verhalten der Hexen kann man ebenso der Wirkung dieser Rauschmittel zuschreiben wie der Vereinigung mit Dämonen. Eine sehr wirkungsvolle Methode, sich selbst das Rauschmittel zu verabreichen, ist die Zuführung durch das feuchte Gewebe der Vagina, und dafür war der Besenstiel oder Stock der Hexe besonders praktisch. Die landläufige Vorstellung von einer hageren Frau auf einem Besenstiel kam daher, dass man glaubte, die Hexen ritten um Mitternacht auf ihren Stöcken zum Hexensabbat, der orgiastischen Versammlung von Dämonen und Hexenmeistern. Nun hat es den Anschein, dass die Reise nicht durch den Raum geführt hat, sondern durch die halluzinierte Landschaft ihres Unterbewussten.

Aus den Tälern Südamerikas kommen zahlreiche wichtige und chemisch höchst interessante halluzinogene Präparate; hervorzuheben sind die berauschenden Schnupfpulver *yopo* und *epená* vom Oberlauf des Orinoco, und die Lianen, das Ausgangsmaterial für *ayahuasca*, die bei den Regenwaldvölkern in Nordwest-Amazonien geschnitten werden. Ein hoher Baum liefert *yopo, epená* wird aus Bohnen gewonnen. Man röstet die Samen und zermahlt sie zu einem feinen Pulver, das mit einer alkalischen Substanz vermischt wird, oft mit der Asche bestimmter Blätter.

Das heilige Pulver *epená*, der »Samen der Sonne«, enthält ein stark psychedelisch wirkendes Tryptaminderivat, das nicht nur die Realität aufhebt, sondern die ganze materielle Welt, wie wir sie kennen, auflöst. Das Ausgangsmaterial für dieses bemerkenswerte Halluzinogen ist das blutrote Harz verschiedener Bäume der Gattung Virola aus der Familie der Lorbeergewächse. Die Art der Zubereitung ist unterschiedlich. Die Makú-Nomaden essen das Harz so, wie es ist. Andere Gruppen, vor allem die Huitoto und die Bora, schlucken Pillen aus einer Harzpaste. Als Schnupfpulver genossen wird das Rauschmittel von den Makuna, Barasana, Tukano, Kabuyaré, Kuripako und den Puinave aus Ostkolumbien und von verschiedenen Yanomami-Gruppen am Oberlauf des Orinoco. Zur Herstellung des Pulvers schält man die Rinde frühmorgens von den Bäumen; die weichen inneren Schichten werden abgeschabt und in kaltes Wasser gegeben, das anschließend gefiltert und zu einem dicken Sirup eingekocht wird; nachdem dieser getrocknet ist, wird er pulverisiert und mit der Asche von wilden Kakaobäumen vermischt. Wie bei vielen schamanischen Zubereitungen kann man auch hier andere Pflanzen beimischen, um das Schnupfpulver zu würzen.

Bei *ayahuasca* ist die komplizierte Zubereitung die interessanteste. Das Rauschmittel wird aus zwei Dschungellianen gewonnen (*Banisteriopsis inebrians* und *Banisteriopsis caapi*). Der Trank wird unterschiedlich hergestellt, aber im Allgemeinen wird die frische Rinde vom Stamm geschabt und mehrere Stunden lang gekocht, bis ein dickflüssiges, bitter schmeckendes Gebräu entstanden ist. Die entscheidenden Komponenten sind die Beta-Karboline Harmin und Harmalin, auf deren Wirkungsweise bereits die Tatsache hinweist, dass sie, nachdem man sie erstmals isoliert hatte, als Telepathine bezeichnet wurden. Allein eingenommen ruft die Pflanze subtile Visionen in Blau und Purpur und langsam wogende Farbenwellen hervor.

Schon vor langer Zeit fanden die Schamanen in Nordwest-Amazonien heraus, dass sich die Wirkung durch die Zugabe anderer Substanzen erheblich steigern lässt – ein wichtiges Merkmal vieler volkstümlicher Zubereitungen, das zum Teil daher rührt, dass sich verschiedene chemische Komponenten in relativ kleiner Konzentration gegenseitig potenzieren können. Im Fall von *ayahuasca* kennt man bislang einundzwanzig Zusätze – Wurzeln und Blätter, Lianenrinden und die Blüten und Samen einer ganzen Reihe von Pflanzen. Zwei Zusätze sind besonders interessant: *Psychotria viridis*, ein Strauch der Kaffeefamilie, und *Diplopterys cabrerana*, eine Liane, die mit der *ayahuasca*-Lieferantin *Banisteriopsis caapi* eng verwandt ist. Im Gegensatz zu *ayahuasca* enthalten diese beiden Pflanzen Tryptaminderivate, stark wirkende Komponenten, die, wenn man sie raucht oder schnupft, rasch einen intensiven, kurzen Rauschzustand herbeiführen, der typischerweise von erstaunlichen visuellen Fantasien begleitet wird. Allerdings sind die Tryptaminderivate oral nicht wirksam, da sie durch das Enzym Mono-Amino-Oxydase (MAO, Zellbestandteile in verschiedenen Geweben) abgebaut werden. Tryptamine haben oral nur eine Wirkung, wenn sie zusammen mit einem MAO-Hemmer eingenommen werden. Erstaunlicherweise sind die Beta-Karboline, die in *ayahuasca* vorhanden sind, eben solche Hemmer. Wird *ayahuasca* folglich mit einer dieser Pflanzen kombiniert, ergibt sich ein gewaltiger Synergieeffekt, die biochemische Variante des Satzes, dass das Ganze größer ist als die Summe seiner Teile. Wie die Indios versichern, werden die inneren Bilder noch strahlender, und die Blau- und Purpur-Tönungen werden durch das gesamte Farbenspektrum ergänzt.

Als ich dieses bemerkenswerte Beispiel schamanischer Alchemie zum ersten Mal selbst ausprobierte, war ich weniger von der Wirkung beeindruckt, so umwerfend sie auch war, als von der geistigen Vorarbeit, die der Zubereitung dieser komplexen Mischungen vorausgehen musste. Die Flora Amazoniens umfasst buchstäblich zehntausende von Arten. Wie haben die Indios es geschafft, sie zu bestimmen und morphologisch unterschiedliche Pflanzen mit so einzigartigen und komplementären chemischen Eigenschaften auf derart komplizierte Art und Weise zu kombinieren? Die gängige Erklärung der Wissenschaftler, das hätten sie durch langes Experimentieren gelernt, mag vielleicht für gewisse Neuerungen gelten, aber im Grunde soll diese pauschale Antwort darüber hinwegtäuschen, dass Ethnobotaniker keine Ahnung haben, wie die Indios zu ihren Entdeckungen gelangt sind.

Das lange Experimentieren ist schon deshalb problematisch, weil die Zeremonie der Zubereitung unsagbar kompliziert ist und zunächst nur Ergebnissse hervorbringt, die wenig oder gar nicht

Eine Yak-Karawane im Kama-Tal auf dem Weg zum Kangshung an der Ostseite des Mount Everest, Tibet

Tandu sammelt im Kama-Tal Bambus für die Yaks, Tibet
Das Kloster Shogar Dzong, »Leuchtender Kristall«, in Shegar, Tibet

Im heiligsten Tempel Tibets, Jokhang, Lhasa

Zwei Anstreicher an der Mauer von Tashilunpo, der Klosterstadt der Panchen Lamas in Shigatse, Tibet

Jaguar-Schamane am Rio Ucayali im Amazonas-Gebiet, Peru

Ein Jaguar-Schamane der Waorani erhitzt mit Curare, dem »fliegenden Tod«, imprägnierte Speerspitzen über dem Feuer, Ecuador

Morgendämmerung im Orinoco-Delta, Venezuela
Caboclos, die Bewohner des unteren Amazonas-Gebiets, Brasilien

Junger Runa vom Chinchero in den Anden, Peru
Ein Schamane (Medizinmann) betet über Coca-Blättern, Peru

Zwei junge Inkas in der Sierra Nevada, Kolumbien
Aynis beim Hacken eines Kartoffelackers am Chinchero, Peru

Felder am Antakillqa, dem heiligen Berg Chinchero, Peru

verwertbar sind. *Banisteriopsis caapi* ist eine ungenießbare, unscheinbare Liane, die selten blüht. Ihre Rinde ist zwar bitter, aber kaum bitterer als die von hundert anderen Lianen. Ein Aufguss aus dieser Rinde verursacht Brechreiz und starken Durchfall – wohl kaum ein Anreiz, weiterzuexperimentieren. Doch die Indios waren beharrlich und schließlich so geschickt im Umgang mit den zahllosen Ingredienzien, dass einzelne Schamanen dutzende von Rezepten entwickelten, jedes für einen anderen Trank mit unterschiedlicher Stärke und Zusammensetzung für bestimmte Zeremonien und Rituale.

Die Indios haben ihre eigenen Erklärungen, kosmologische Mythen, die aus ihrer Sicht völlig logisch sind: heilige Pflanzen, die im Bauch der Anakonda den Milchfluss hinaufgeschwommen sind, Tränke, vom Jaguar der Vorzeit geschaffen, die schwebenden Seelen toter Schamanen vom Anfang aller Zeiten. Als Wissenschaftler habe ich gelernt, dass Mythen nicht so wörtlich zu nehmen sind, und doch sind sie Ausdruck einer subtilen Ausgewogenheit, der Denkweise eines Volkes, das nicht zwischen Übernatürlichem und Irdischem unterscheidet. Die Indios glauben an die Kraft der Pflanzen, die Kraft der Magie und die Macht des Geistes. Magische und mystische Vorstellungen sind der Urgrund ihres Denkens. Was sie über die Pflanzen wissen, lässt sich nicht von ihren metaphysischen Einsichten trennen. Selbst wie sie ihre Welt einteilen und benennen, weicht völlig von unseren Denkschemata ab.

In Nordwest-Amazonien gibt es Stämme, die nicht zwischen Grün und Blau unterscheiden, denn das Kronendach ihres Waldes ist zugleich der Himmel, der sie schützt. Diese eigenartige Tatsache hatte ich noch im Hinterkopf, als ich zum ersten Mal im tropischen Flachland arbeitete, und sie kam mir wieder in den Sinn, als ich auf ein anderes botanisches Rätsel stieß, nämlich das System, nach dem die Indios ihre Pflanzen klassifizieren. Die Ingano am oberen Putumayo in Kolumbien kennen zum Beispiel sieben Arten des *ayahuasca*. Die Siona haben achtzehn Varianten, die sie nach der Stärke und der Farbe ihrer Visionen unterscheiden, ferner nach dem wechselnden Handelswert der Pflanze, der Autorität und dem Stammbaum des Schamanen, sogar nach Tonfall und Tonart der Zaubersprüche, die die Pflanzen singen, wenn sie in einer Vollmondnacht geschnitten werden. Botanisch gesehen, sind all diese Kriterien nicht sinnvoll, und soweit die moderne Wissenschaft feststellen kann, gehören alle diese Varianten zu einer Art, *Banisteriopsis caapi*. Doch die Indios sehen die Unterschiede selbst aus größerer Entfernung im Wald auf einen Blick. Außerdem erkennen einzelne Personen aus verschiedenen Stämmen, die durch weite Dschungelabschnitte voneinander getrennt sind, dieselben Abarten mit verblüffender Zuverlässigkeit.

Ähnlich verhält es sich mit anderen stimulierenden Pflanzen. Von der koffeinhaltigen Liane *Paullinia yoco* kennen die Ingano zum Beispiel nicht nur *yoco blanco* und *yoco colorado*, sondern auch Schwarzen *yoco*, Jaguar-*yoco*, *yagé-yoco* und Hexen-*yoco*. Insgesamt vierzehn Unterarten, und nicht eine davon könnte nach unserem wissenschaftlichen System bestimmt werden.

Wie die meisten Halluzinogene ist auch *ayahuasca* eine heilige Medizin und ein lebenswichtiges Requisit des Schamanen, das ihm erlaubt, auch aus großer Entfernung Diagnosen zu stellen, Übel abzuwehren und die Zukunft vorherzusagen. Aber für die Stämme im Nordwesten Amazoniens ist es viel mehr. *Ayahuasca* ist der visionenträchtige Vermittler, mit dessen Hilfe sich die Menschen im Kosmos orientieren können. Unter dem schützenden Mantel der Visionen begegnet der *ayahuasca*-Trinker den Göttern, den Wesen der Vorzeit und den ersten Menschen, während er sich, auf Gedeih und Verderb, im Banne wilder Geschöpfe des Waldes und der Mächte der Nacht befindet. Aus seinem Körper herausgehoben, dringt der Schamane in eine ferne Sphäre ein, schießt wie ein Vogel empor über die Milchstraße hinaus oder fährt auf heiligen Flüssen in dämonenbemannten Kanus in entlegene Gefielde, wo er verlorene oder geraubte Seelen finden oder auf mystischem Weg eine spirituelle Errettung vollbringen kann.

Um zu verstehen, welche Rolle all diese hoch wirksamen Pflanzen in diesen Gemeinschaften spielen, muss man die Rauschmittel im entsprechenden Zusammenhang sehen. Zum einen haben die pharmakologisch aktiven Komponenten nicht überall die gleiche Wirkung. Im Gegenteil, jedes Halluzinogen hat in sich ein zweiseitiges Potenzial – kann Gutes oder Böses, Ordnung oder Chaos bewirken. Pharmakologisch gesehen, stellt es einen gewissen Zustand her, doch der ist gewissermaßen nur das Rohmaterial für die jeweiligen kulturellen und psychischen Kräfte.

Der Arzt Andrew Weil, der viel über den kulturübergreifenden Gebrauch von Rauschmitteln geschrieben hat, erklärt das mit einem Beispiel aus unserer Kultur. In den Regenwäldern von Oregon wachsen mehrere Arten halluzinogener Pilze. Wer nun in den Wald geht, mit dem Vorsatz, diese Pilze zu genießen, erlebt im Allgemeinen einen angenehmen Rauschzustand. Wer sie jedoch unabsichtlich zu sich nimmt, während er nach essbaren Pilzen sucht, endet in der toxikologischen Station des nächsten Krankenhauses. Die chemische Wirkung der Pilze hat sich nicht verändert. Der Unterschied liegt in der eigenen Erklärung des Rauschzustands und der Vorstellung, die der Pilzsucher von der Wirkung des Pilzes hat.

Ähnlich regen auch die halluzinogenen Pflanzen, die die Indios zu sich nehmen, die Fantasie auf kräftige, aber neutrale Weise an. Sie erzeugen eine Folie, auf der die Überzeugungen der eigenen Kultur tausendfach verstärkt werden können. Was man in den Visionen sieht, hängt nicht nur vom Rauschmittel ab, sondern auch von anderen Faktoren: vom physischen und mentalen Zustand des Benutzers, von seinen Erwartungen, die von der kulturellen Umgebung geprägt sind, und vor allem von der Autorität, dem Wissen und der Erfahrung dessen, der die Zeremonie leitet. Die Rolle dieser Person – Schamane, *curandero*, *payé*, *maestro*, *brujo* –, die auch weiblich sein kann, ist entscheidend. Denn der Schamane ist derjenige, der die anstürmenden Visionen und akustischen Reize aufnimmt und ordnet; er interpretiert das komplexe Glaubensgefüge, liest die Schöpfungskraft in Blättern und Steinen, hält die Mächte des Universums geschickt im Gleichgewicht und lenkt das Spiel der Winde. Der kultische Gebrauch halluzinogener Pflanzen dient einer kollektiven Reise ins Unbewusste, die nicht unbedingt leicht und angenehm verläuft, eigentlich in den seltensten Fällen. Sie ist voller Wunder und manchmal auch erschreckend. Doch vor allem erfüllt sie einen kulturellen Zweck.

Indios betreten das Reich der Visionen nicht aus Langeweile oder um sich von nervösen Ängsten zu befreien, sondern um ein Bedürfnis der Gruppe zu stillen. Im Amazonas-Gebiet werden Halluzinogene zum Beispiel eingenommen, um die Zukunft vorauszusagen, die Wege der Feinde nachzuvollziehen und sich die heilkräftigen Eigenschaften von Pflanzen offenbaren zu lassen. Die Amahuaca in Peru trinken *ayahuasca,* auf dass ihren jungen Männern das Wesen der Waldtiere bewusst wird. Die Huichol in Mexiko essen ihre Peyotl am Ende einer langen, anstrengenden Pilgerreise durch eine Landschaft der Geister, um so lebend schon zu erfahren, wie die Seelen der Toten in die Unterwelt gelangen. Im Osten Nordamerikas schlossen die Algonquin Heranwachsende zum Zwecke der Initiation zwei Wochen in ein Langhaus ein und ließen sie ein Stechapfelgebräu trinken. Während dieses ausgedehnten Rauschzustands und der anschließenden Amnesie, einer pharmakologischen Eigenart dieses Halluzinogens, vergaßen die jungen Männer ihre Kindheit, sodass sie nun lernen konnten, was es bedeutet, ein Mann zu sein.

Was auch immer die vorgeblichen Ziele eines visionären Ausflugs sein mögen, jedenfalls nehmen die Indios die heiligen Pflanzen in einem rituell genau festgelegten Rahmen ein. Außerdem soll diese Erfahrung erklärtermaßen einer positiven Entwicklung dienen. Der Rausch ist kein Fluchtweg aus einem unsicheren Dasein, sondern wird eher als ein Beitrag zum Wohle aller im eigenen Volk betrachtet.

Der Kaktus der Vier Winde

Vor über 2000 Jahren, als das Inka-Reich groß genug geworden war, um sich Tawantinsuyu einzuverleiben, die Vier Teile der Welt, entstand in einem kleinen Dorf in Peru die erste große Anden-Zivilisation. Dieses Dorf lag in einem Tal am Rande eines Gebirges, in dem die Flüsse zusammenliefen und in die Wälder Amazoniens hinabströmten. Kunst und Kultur erlebten eine Blütezeit, wie es sie vordem in Südamerika noch nie gegeben hatte: Die Leute von Chavín webten Stoffe von unbeschreiblicher Schönheit, entwickelten eine Architektur von großem Raffinement und meißelten allegorische Steinreliefs, deren Leichtigkeit und dramatische Darstellung in den Anden nie übertroffen werden sollten. All das setzte eine neue Form politischer Organisation voraus und die Fähigkeit, Rohstoffe zu verwalten und Arbeitskräfte zusammenzuziehen, was vorher nie in diesem Umfang notwendig gewesen war. Aber in erster Linie verkörperte das Aufblühen des Dorfes Chavín den Triumph eines neuen religiösen Gedankens, der von hier aus weiterverbreitet wurde. Der Kult von Chavín entstand, geheimnisumwoben, aus einer heiligen Orakelstätte, einem steinernen Tempel, in dem ein neuer Glaube erblühte, eine spirituelle Überzeugung mit einer uns unbekannten Aussage, aber mit einer so ungeheuren Ausstrahlung, dass sie binnen eines Jahrhunderts weit nach Norden und Süden vordrang; sie umfasste das gesamte zentrale Andenmassiv und reichte im Westen bis zum Meer.

Der Anstoß zu diesem Kult könnte von einer Pyramide bei Chavín de Huántar ausgegangen sein, einer Ruine im Schatten der Cordillera Blanca, die der peruanische Archäologe Julio César Tello in den 20er-Jahren ausgegraben hatte. Ein Erdrutsch begrub die Stätte später, doch der Zugang zur Pyramide blieb frei. Von einer eingesunkenen Terrasse aus führt eine breite Treppe zu einem Portal mit Säulen aus weißem Granit und schwarzem Stein, über dem in Stein gehauene Vögel schwirren. Im Inneren befinden sich ein Labyrinth aus Gewölben und ein hoher Raum, in dem sich vier schmale Gänge in der Dunkelheit treffen. Dort, in der Mitte des Bauwerks, durchbohrt ein schlanker Monolith, zweimal so groß wie ein Mensch, den Boden wie ein Dolch. Dieser Lanzón de Chavín, wie er genannt wird, ist ein Abbild des Lächelnden Gottes, des Ersten Weltenschöpfers, eines Wesens, das sich am Anfang der Zeiten in Stein kristallisiert hat und erst später von Tempelwänden umgeben wurde, die ihn vor der Sonne schützen. Er hat die Fangzähne eines Jaguars, die Haare sind ineinander verflochtene Schlangen, und die Augen, in Trance nach oben verdreht, schauen blicklos ins Leere.

Einen Hinweis auf den uralten Kult von Chavín und eine mögliche Erklärung für seine plötzliche Verbreitung könnte ein Bild im Basrelief der Steinplatten liefern, die die eingesunkene Terrasse und den Sockel der Pyramide umgaben. Die Abbildung, auf das Jahr 1300 v. Chr. datiert, stellt ebenfalls einen Gott dar, ein anthropomorphes Wesen mit gewelltem Haar, Raubtierklauen, den Fangzähnen einer Wildkatze und einem Gürtel mit einer doppelköpfigen Schlange als Schnalle. Es handelt sich um Symbole der Talwälder: Jaguar und Anakonda. Die Klauen gehören einer Harpye, dem Affenjäger und Mörder ungeratener Kinder. Auf dem Relief greifen sie nach dem Stangenkaktus mit vier Rippen, so genau dargestellt, dass kein Zweifel möglich ist: Es ist der *huachuma*, der »Kaktus der Vier Winde«, eine magische Pflanze, die im Gebirge wächst, mit Meskalin angereichert und in der Botanik als der Nachtblüher San-Pedro-Kaktus, *Trichocereus pachanoi*, bekannt.

Niemand weiß, wozu die Pilger von Chavín vor über achthundert Jahren den Kaktus verwendet haben, aber in den archäologischen Aufzeichnungen finden sich gewisse Anhaltspunkte. Auf Geweben, die an der Südküste gefunden und auf das erste Jahrtausend vor Christus datiert wurden, ist der hoch aufgerichtete Kaktus von Katzen und Kolibris umgeben – heutzutage Symbolen für das schamanische Vermögen, negative Kräfte aus dem Körper eines Patienten herauszuziehen. Abbildungen auf Keramiken zeigen die Pflanzen zusammen mit Hirschen, deren hurtiges Ausweichen für das flinke Vorgehen des Heilers steht, der den bösen Bann, unter dem der Kranke steht, sofort erkennt und bekämpft. Ein Motiv taucht auf mehreren Gefäßen aus der Zeit zwischen 700 und 500 v. Chr. auf: ein gefleckter Jaguar, flankiert von Stangenkakteen und umgeben von Spiralornamenten.

Mag sein, dass es sich dabei nur um abstrakte Verzierungen handelt, aber vielleicht stellen sie auch die von der Pflanze ausgelösten Farbenwirbel und die Visionen dar, die den Initiierten in die jenseitige Welt tragen.

Als sich der Kult von Chavín ausbreitete und die Stämme und Gottheiten in den Bergen und an der Küste unter seinen Einfluss brachte – und damit ein für alle Mal die Isolierung der Andenstämme aufhob –, wurde er umgekehrt auch von anderen religiösen Auffassungen beeinflusst. Doch als er im 4. Jahrhundert v. Chr. an Bedeutung verlor, blieben seine Sakramente bestehen. Der Kaktus, dem die Spanier den Namen San-Pedro-Kaktus gaben, wächst im Allgemeinen in Höhen zwischen 2000 und 3000 Metern, aber er gedeiht auch an der Küste und wurde in jenen alten Zeiten dort sicher auch angepflanzt. Man fand Mumienbündel aus der Nazca-Kultur (100 v. Chr. bis 500 n. Chr.), aus deren Schulterpartie etwas von dem eingebundenen *huachuma* ragte, der als Symbol für die Fähigkeit zur Wiedergeburt aus der Dunkelheit galt, da sich die Kaktusblüten schon vor der Morgendämmerung öffnen. Moche-Wasserkessel aus dieser Periode zeigen eine alte Curandera, halb Frau, halb Eule, in einen Umhang gehüllt und vornübergebeugt beim Heilen mit dem Stangenkaktus. Auf den Töpferwaren von Chimú, dem Reich, das Moche ablöste und über die peruanische Küstenzone herrschte, bis es 1475 von den Inkas überwältigt wurde, ist dieses Bild der alten Heilerin noch vorhanden; hier bläst sie den Geist des Kaktus auf die Erde, um sie zu segnen.

Die Spanier brachten Krankheiten mit, die das Land überzogen, und verwüsteten auf grausame Weise die nördliche Küstenregion und alle Gebiete, in denen der Kaktus verehrt wurde. Im späten 14. Jahrhundert raffte die Pest in Europa innerhalb von vier Jahren ein Drittel der Bevölkerung dahin. Die Zahl der Todesopfer, die die Eroberung Perus durch die Spanier forderte, war zweieinhalb Mal so groß. Die fruchtbaren Wüstentäler im Norden und die angrenzenden Hochlandgebiete wurden praktisch entvölkert. Wasserleitungen und schmale Kanäle, die der Wüste Leben brachten, verfielen oder wurden vorsätzlich zerstört. Danach dauerte es 450 Jahre, bis es den Peruanern gelang, wieder eine Fläche zu bewässern, die so groß war wie die Felder im Jahr 1528, als Francisco Pizarro die Wüste bei Tumbes zum ersten Mal blühen sah.

Mitten in dieser Zerstörungsorgie wurde die rituelle Einnahme von *huachuma* in den Untergrund verbannt und in einer Form vollzogen, die bis heute unklar ist. Als die Spanier kamen, war sein Gebrauch noch gang und gäbe, und das blieb auch so während der ganzen Kolonialzeit. Die Kirche bemühte sich, alle Spuren alten Aberglaubens zu tilgen, und dabei stießen Missionare auf Beweise, dass der Kult weiterbestand und noch immer sehr einflussreich war. »Die führenden *caciques* und *curacas* dieses Volkes«, schrieb Pater Oliva 1631, »trinken, um Gut und Böse unterscheiden zu können, einen Trank, den sie *achuma* nennen und aus dem Saft einer dicken und glatten Kaktusart machen, die sie in den heißen Tälern anpflanzen.« Etwa zwanzig Jahre später bezeichnete Pater Cobo den Kaktus als »eine Pflanze, mit deren Hilfe der Teufel die Indianer Perus in ihrem Götzenglauben bestärkt. Wer ihren Saft trinkt, verliert seine Sinne und ist wie tot. Es wurde sogar bezeugt, dass manche von ihnen wegen der großen Kälte in ihrem Gehirn starben. Wenn die Indianer von diesem Getränk fortgerissen werden, träumen sie tausend absurde Dinge und glauben daran, als seien sie wahr.« In einem vom Bischof von Cajamarca verfassten kirchlichen Dokument wird über die Festnahme eines Schamanen im Jahr 1782 und den folgenden Prozess berichtet; er war angeklagt, weil er mit einem Trank aus dem Saft des *gigantón* – noch eine Bezeichnung für den Kaktus – eine Heilbehandlung vorgenommen hatte.

In den nächsten 150 Jahren verschwindet der Name der Pflanze aus sämtlichen Aufzeichnungen. 1945 sah ein Anthropologe, wie die Kaktusstangen auf Märkten an der nördlichen Küste Perus verkauft wurden. Mehrere wissenschaftliche Publikationen bestätigten daraufhin, dass es eine ungewöhnliche Tradition des Heilens gab, deren Hauptmerkmal darin bestand, dass der halluzinogene Kaktus nachts eingenommen wurde. Die Ende der 60er-Jahre einsetzende Forschungsarbeit mehrerer Anthropologen, allen voran Douglas Sharon, damals ein Studienkollege von Carlos Castaneda an der Universität von Los Angeles, offenbarte die Weisheit des zeitgenössischen Kultes. In mehreren Beiträgen und Büchern schilderte Sharon seine Lehrzeit bei Eduardo Calderón, einem bewundernswerten Volksheiler aus der Küstenstadt Trujillo.

Durch die Einnahme der magischen Pflanze, so Sharon, lernt Eduardo zu sehen und über die Grenzen der Sinneswelt hinaus zu Einsichten zu gelangen, die es ihm möglich machen, eine

Krankheit zu diagnostizieren und zu behandeln. Laut Eduardo erzeugt die Pflanze »eine Ertaubung des Körpers und danach tiefe Ruhe. Und dann kommt die Loslösung, und eine visionäre Kraft befeuert alle Sinne: Sehen, Hören, Riechen, Tasten, und auch den sechsten Sinn, den telepathischen Sinn, der einen über Zeit und Materie hinaushebt … in eine andere, ferne Dimension«. Bei der Behandlung fördert der Heiler tiefe Erkenntnisse des Patienten zu Tage, indem er ihn zum Blühen bringt, auf »dass er sich öffne wie eine Blume, um sich ebenfalls von der Materie zu befreien«. Die Einnahme von San-Pedro-Kaktus »hebt einen über Zeit, Materie und Raum hinaus«.

Wenn die Seele zu fliegen beginnt, steigt der Heiler in metaphysische Bereiche empor, wo Zeit und Raum keine Bedeutung mehr haben. Gedanken verwandeln sich in Ziele. Als Eduardo ein *curandero* geworden war, erhob sich seine Seele in den Monaten danach oft hinauf zu Andengipfeln, zu Las Huaringas, den geheiligten Lagunen, der Heimat der größten *curanderos*, wie er Sharon erzählte, an deren Ufern die allerstärksten Heilpflanzen wuchsen. Im Allgemeinen bereitete es Eduardo keine Schwierigkeit, die Ursache der Krankheit zu erkennen und dem Patienten eine Kur zu verordnen. Aber gelegentlich war es nötig, den Kranken zu diesen Seen zu schicken, auf den Weg der Metamorphose und geistigen Erneuerung, der nach Meinung aller Heiler Genesung verspricht. Einige waren erfahren genug, um im Trancezustand zu reisen. Die meisten nahmen den Bus, der über eine Bergstraße in das hoch gelegene Städtchen Huancabamba fährt, das spirituelle Zentrum des San-Pedro-Kults. Von dort aus windet sich ein Pfad durchs Tal, durch die Wolken hindurch zu den Seen auf dem *puna*, wo kein Baum wächst.

Im Winter 1981 hatte der Regen in den Bergen von Peru früh eingesetzt, doch die Flüsse in der Wüstenlandschaft der nördlichen

Küstenregion waren unerklärlicherweise trocken. Zwei Jahre später kam El Niño mit vernichtenden Fluten, die die Lehmhütten der Armen aufweichten, Brücken fortrissen, Ernten zerstörten und die Ufer der Flüsse Piura und Chira überfluteten, während breite Wasserwände die Sechura-Wüste in ein Meer wogenden Grases verwandelten. Geschäftstüchtige Leute brachten das Vieh in Lastwagen von den Hochalmen der Anden hinunter auf unversehens saftig gewordene Weiden. Doch als ich diese Region besuchte, musste man sich Sorgen um die Dürre machen, denn dass die Wüste eine solche Verwandlung durchmacht wie damals, war unvorstellbar. Am Rande der Oasenstadt Piura, in der ich mich zwei Tage aufhielt, um Proviant für meine Fahrt nach Huancabamba einzukaufen, grasten Ziegen die Zweige entlaubter Bäume ab, und Dünen in endloser Reihe umgaben die Grasmattenhütten der Vertriebenen aus dem Hochland. Erfahrene Wüstenkenner suchten nach den saftigen Wurzeln der *yuca de caballo* und sammelten die langen grünen Schoten der *algarroba*, um ihre Kinder und ihr Vieh damit zu ernähren. Zugewanderte aus dem Hochland, unter ihnen viele Frauen, die trotz der Hitze drei bis vier Lagen wollener Unterröcke trugen, schickten ihre Familien in die Stadt, damit sie alle überleben konnten: die Ehemänner, um als Lastträger Geld zu verdienen, und die hohläugigen Kinder, um zu betteln oder auf den Märkten zu stehlen, wo Ziegenköpfe in der Sonne trockneten und die Fischweiber Schlangenhäute, Amulette, Hirschbein und geschrumpfte Lamaembryos verkauften.

Die ersten 65 Kilometer der Strecke Piura-Huancabamba führen über den Pan American Highway, einen schmalen Asphaltstreifen, der die flache Küstenlandschaft durchquert. Vor sieben Jahren bin ich diese Strecke schon einmal mit meinem Freund und Kollegen Timothy Plowman gefahren. Über ein Jahr lang reisten Tim und ich damals in den Anden herum, um die Cocapflanze zu untersuchen, die die Inka »das göttliche Blatt der Unsterblichkeit« nennen. Auf dieser Reise war ich zum ersten Mal auf den San-Pedro-Kaktus gestoßen, der ungünstigerweise im Patio einer Bank in einem ecuadorianischen Städtchen wuchs. Ein paar Monate später, als wir über die Hochebene nach Bolivien hinüberfuhren, gelangten wir südlich von La Paz bei einem zufälligen Abstecher zu einem ausgewaschenen Canyon, dem so genannten »Tal des Mondes«, einer zerklüfteten Landschaft aus fantastisch verformten Felsen und Säulen aus gesprungenem Lehm. Dort stolperten wir über eine wild wachsende Variante des San-Pedro-Kaktus, die merkwürdige Abart *Trichocereus bridgesii*. Obwohl sie offiziell nicht als halluzinogen bekannt ist, sagte uns eine alte Aymara-Frau, dass sie einen vor Visionen trunken macht. Wir probierten es aus, und es stimmte tatsächlich. Was mich nun nach Huancabamba zog, war der Wunsch, diese äußerst wirksame Pflanze genauer zu untersuchen und zu botanisieren, aber auch mitzuerleben, wie sie von anerkannten Heilern benutzt wird, von Schamanen, deren Abstammung bis zu den Anfängen der Anden-Zivilisation zurückreicht.

Der Weg nach Huancabamba führt von der Landstraße weg auf eine holprige, unbefestigte Straße, die sich am Berghang entlangzieht und auf den knapp 100 Kilometern nach Canchaque mehrmals ausgetrockneten Bachläufen folgt. Von Canchaque aus, einer kleinen Stadt am Rande der Anden, geht es steil den Berg hinauf, 3000 Höhenmeter auf weniger als fünfzig Kilometern. Bis in die 40er-Jahre gab es keinen Zugang von Westen, sodass die Bewohner von Huancabamba zwei Wochen lang auf einem schmalen Pfad über Land marschieren mussten, wenn sie zur Küste wollten. Heute braucht ein Bus für diese Strecke acht Stunden, vorausgesetzt, die Straße ist einigermaßen gut befahrbar. In der Regenzeit zucken selbst die gesprächigsten Fahrer die Achseln, wenn man sie nach der Ankunftszeit fragt. Als ich hinfuhr, brauchten wir elf Stunden, um die Höhe zu erreichen, und weitere drei, um in das sanft abfallende Becken des Huancabamba-Flusses hinabzurollen.

Das Vegetationsgefälle ist so abwechslungsreich wie nirgendwo sonst in Südamerika. Am Fuß der Berge, wie ein Saum am Wüstenrand, wachsen kleine Mesquite-Büsche und *palo verde,* ein Gehölz laubloser Bäume und Sträucher auf Sand- und Steinboden. Etwas höher sammelt sich Feuchtigkeit in kleinen Mulden und ermöglicht eine vielfältigere Flora – blauer und roter Salbei, die bunten Blüten von Korbblütlern und wildem Senf, wetterharte Pantoffelblumen zwischen Opuntien und hohen Stangenkakteen, um die sich die wickenförmigen Blätter kriechender *Mutisia* ranken. Auch zwei Arten von *Jatropha* sind dort zu finden, eine mit roten, die andere mit weißen Blüten. Bei diesen handelte es sich angeblich um *huarnarpo macho* und *huarnarpo hembra,* das heißt, männlich und weiblich, und der Busfahrer versicherte mir, dass der kleinste Kratzer ihrer Dornen Mann oder Frau mit wildem sexuellen Verlangen erfüllt.

Urplötzlich, wie es schien, kamen wir in einen Dunstschleier mit Nieselregen. Das Licht änderte sich, und einen Augenblick lang konnten wir nicht mit Sicherheit sagen, ob das Laub wirklich grüner war oder die Pflanzen sich wirklich verändert hatten. Doch dann erkannten wir, dass der Dunst den Beginn des Nebelwaldes ankündigte, eines schmalen Vegetationsstreifens oberhalb der unfruchtbaren Wüste. Nach einem Monat an der Küste staunte ich über die Orchideen und Aronstabgewächse, die Moose und Farne, *Fuchsia* und *Iochroma,* die Purpurtöne zwischen den leuchtend gelben Kelchen der *Bomarca* und die roten Blüten des Heidekrauts. Es war eine so unerwartete, aber anschauliche Lektion in Geografie, wie aus dem Lehrbuch. Die feuchtwarme Luft vom Pazifik verdichtet sich über der kalten Humboldt-Strömung zu Wolken, die als Regen wieder ins Meer fallen. Die trockenen Wüstenwinde nehmen beim Aufsteigen an den Berghängen wieder Feuchtigkeit mit nach oben, wo sich neue Wolken bilden, die über der Strahlungswärme verharren und so das Wachstum der Tibouchina, Clusia, Rhododendren und aller anderen Pflanzen des Nebelwalds ermöglichen.

Die Fahrgäste drängten sich wegen der feuchten Kälte eng aneinander und hatten kein Auge für den kaleidoskopartigen Wechsel von Pflanzengattungen und Farben. Unter ihnen befanden sich zwei Schwestern aus Lima, und so wie sie aussahen, waren sie gut betucht. Sie klagten sich gegenseitig ihr Leid – die eine fand sich zu dick, die andere zu dünn. Eine 14stündige Busfahrt macht aus den Fahrgästen eine Familie, und so dauerte es nicht lang, bis wir die wahre Geschichte erfuhren. Die ältere Schwester, mit einem massiven silbernen Kruzifix zwischen den Brüsten und einem Lippenstift, der zu ihrem Umhang passte, erklärte uns, die zurückgewiesene Geliebte ihres Vaters habe die ganze Sippe verflucht. Seit einem Monat habe ihre jüngere Schwester keinen Bissen mehr hinuntergebracht, während sie überhaupt nicht mehr aufhören könne zu essen. Sie seien gewillt, einen Betrag von 100 000 Soles, rund 200 Dollar, zu zahlen, um den Fluch entkräften zu lassen, das sei ihnen die Sache wert. Sie zeigte mir eine sorgfältig getippte Liste aller Personen, auf die sich der Fluch erstreckte – genug, um ein ganzes Stadtviertel zu bevölkern. Die andere Schwester zog einen seidenen Handschuh aus ihrer Tasche, der, wie sie behauptete, ihrer Feindin gehörte. »*Una mujer sin vergüenza*«, sagte sie seufzend, »einer schamlosen Frau«. Selbst aus der Entfernung roch man noch das Parfum der Angeklagten.

Jenseits der Wasserscheide im Küstengebirge änderte sich die Vegetation abermals. Obwohl wegen der Regenzeit alles grün und üppig war, wurde es nun erheblich trockener, und die Bäume auf dem Gipfel, Polylepsis, Fliederspeer und Erlen, wurden abgelöst

durch Eukalyptus, Agaven, dichte Brombeersträucher, Wandel-
röschen und Wasserdost. Auf den Feldern stand Mais, und als die
Straße tausend Meter zum Huancabamba-Tal hin abfiel, wurde die
Landschaft wieder vom Geist der Anden beseelt. In der Inkazeit
verlief die Bergstraße, die Cuzco und Cajamarca mit Ecuador verband, am Rio Huancabamba entlang, dicht an der modernen Stadt
vorbei. Capac-ñan, die »schöne Strasse«, verband die Region sowohl ganz konkret wie auch kulturell mit der Nord-Süd-Achse
des Reichs. Der Fluss entspringt keine hundertfünfzig Kilometer
vom Pazifik entfernt und fließt ostwärts in den Marañón und mit
diesem in den Amazonas. Bis zum Bau der Straße über den Berg
nach Canchaque war das moderne Huancabamba von der Küste
völlig abgeschnitten. Von Bergen eingeschlossen, blickte es, wie
alle Gemeinden der Anden, etwas unsicher auf das Flachland im
Osten und Westen, eine Fundgrube an wundersamen Dingen,
aber auch eine Hochburg von Gewalt und Magie.

»*Allí està!*«, rief der Busfahrer aus. »*La ciudad que camina.*« Die
Stadt, die wandert. Aus der Ferne scheint sie eine Stadt wie jede
andere, eine leidgeprüfte Andensiedlung, angelegt wie ein weißes
Kreuz auf grünem Feld. Aber die ganze Stadt steht auf schwan-
kendem Boden, gleitet ganz langsam in den Fluss, der sie durchquert. Oft wachen die Leute morgens auf und stellen fest, dass sie
neue Nachbarn haben. Doch wie ich bald feststellte, waren die
Bewohner von Huancabamba stolz auf die Tradition ihrer Stadt
und ließen auch wenig von der Verachtung spüren, mit der Mestizen sonst auf alles Indianische herabblicken. Der Grund dafür
wurde mir klar, als ich umherging und ein paar Pflanzen am Fluss-
ufer sammelte, wilden Tabak und später noch ein wunderschönes
Dickblattgewächs, das zwischen den roten Dachziegeln wuchs.
Die Gesichter der Kinder verrieten mir, dass Huancabamba, im
Gegensatz zu sämtlichen Pueblos in den Bergen, die ich besucht
hatte, keine Indianerstadt war. Auf den Straßen wurde Spanisch

gesprochen und nicht Quechua. Auf den Feldern, die bis an den Stadtrand heranreichten, hatten einzelne Bauern Weizen angepflanzt und bearbeiteten den Boden mit einem von Ochsen gezogenen hölzernen Hakenpflug, so wie er zur Zeit der Eroberung in Südeuropa in Gebrauch war.

Später am Morgen traf ich den Bürgermeister, der mir mit Vergnügen eine Liste der bekanntesten Heiler überließ und mir die Namen verschiedener Führer für einen Ausflug zu den Seen nannte. Für ihn war Huancabamba so etwas wie Lourdes, und die Haupteinnahmequelle stellten die *curanderos* dar. Er hatte keine Ahnung, dass ihre Heilbehandlung mit dem Glauben der Indios zusammenhing, mit einer 3500 Jahre alten Tradition, und ebendiese Unkenntnis gestattete es ihm als Mestizen, stolz auf die Hauptattraktion der Stadt zu sein. Aber seine Einschätzung war völlig falsch. Die weit zurückreichenden Wurzeln des uralten Kultes kommen buchstäblich in jeder Phase des Heilrituals zum Vorschein, wie ich zwei Tage später im Haus von Pancho Guarnizo beobachten konnte, einem der am meisten verehrten *curanderos* am Ort.

Ein schlammiger brauner Pfad wand sich an üppig blühenden Agaven vorbei zu einer offenen Veranda, die auf drei Seiten von den Adobeziegelwänden des Bauernhauses eingefasst wurde. Auf einer Seite saßen vier Patienten reglos auf rohen Bänken. Zu ihren Füßen lagen die Gaben, die jeder zur Zeremonie mitbringen musste: eine Flasche Alkohol, eine Tasche mit weißem Zucker, eine Flasche *agua florida*, wohlriechendes Wasser, und eine Flasche *agua cananga*, rotes Parfüm. Einige waren schon ein paar Tage hier, andere waren erst an diesem Morgen angekommen. Jeder hatte Don Pancho – oder den *maestro*, wie sie ihn nannten – bereits konsultiert, und bei dieser ersten Begegnung hatte gleich die Therapie begonnen. Die Stunden des Wartens dienten als Übergang, als eine Zeit der Besinnung, die sie von den Sorgen des Alltags entfernen sollte. So warteten sie auf die Nacht und, womöglich, eine Offenbarung.

Diese vier Personen zeigten beispielhaft, welche Art von Beschwerden die *maestros* behandelten. Ein einäugiger Vater war mit seiner Tochter aus Mendoza bei Chachapoyas im Marañón-Tal gekommen. Das Mädchen war bis vor kurzem gelähmt gewesen und litt, trotz einer Behandlung durch einen Flachland-Schamanen, immer noch unter starken Rücken- und Magenschmerzen und einer Depression. Eine geheimnisvolle Krankheit hatte die Viehherde der Familie von 58 Stück auf sechs verringert. Als wäre das nicht schon genug, wurde eine Tante geisteskrank. Da sie nicht selbst kommen konnte, war stellvertretend der Vater hergekommen und hatte Zaubersteine und Münzen mitgebracht. Ein anderer Patient war ein Geschäftsmann aus der Küstenstadt Sullana. Er wollte den Namen des Schuldigen erfahren, der in seiner Firma 800000 Soles unterschlagen hatte, etwa 1500 Dollar. Der letzte Patient war psychisch krank, nachdem er vor einigen Wochen seine Frau in den Armen eines anderen entdeckt hatte. Der betrogene Ehemann hatte nach dem Gewehr gegriffen, aber der Liebhaber verfluchte den Ehemann mit flinker Zunge und warnte ihn: Der Mord werde im Himmel gerächt werden, doch bis dahin werde er lebenslang in einem peruanischen Zuchthaus darben. Don Pancho zufolge fielen die Wörter wie »Erdklumpen auf einen hohlen Sarg«. Der Ehemann war unter Zuckungen zusammengebrochen. Als er wieder zu sich kam, war er nicht mehr Herr seiner Sinne.

Der *maestro* erschien in jener Nacht kurz nach zehn. Er trug einen dunklen Poncho und einen riesigen Strohhut, der sein ganzes Gesicht überschattete, bis auf das Kinn, das hervorstach wie die Spitze eines alten Stiefels. Mit einer Kerosinlampe in der Hand verkündete er kurz, es sei an der Zeit. Seine Frau, eine klein gewachsene, verhuschte Gestalt, führte uns zu einem geschützten Alkoven auf der anderen Seite des Hauses und bedeutete uns, vor der *mesa* Platz zu nehmen, einem Altar, dessen Bogenform von sieben in den Boden gerammten spanischen Degen abgesteckt wurde. Der *maestro* nahm seinen Platz neben dem Altar ein und begann, ihn langsam und sorgfältig zu bestücken. Aus verschiedenen Stofftaschen holte er seltsame Requisiten hervor: Walfischbein, Hirschgeweih, Quarzkristalle, präkolumbianische Keramikscherben, Messinglöwen, Spielzeugsoldaten aus Kunststoff und ein Silbertablett. Bestimmt hatte jeder Gegenstand eine symbolische Bedeutung, aber was die Patienten im Augenblick fesselte, waren weniger diese Dinge als die anhaltende Konzentration des *maestro*. Man spürte, dass er imstande war, Raum und Zeit zu überwinden und Dinge von der Küste und den Wäldern der Ebene in Besitz zu nehmen, Eberhauer, Wulstschneckenmuscheln, Stecken von *membrillo*, *chonta* und *ajohaspi*, lauter Dschungelpflanzen. Wie um der Historie Ehre zu erweisen, fügte er noch ein spanisches Messer hinzu, zwei Würfel, eine Marienfigur und mehrere Bilder und Figurinen von katholischen Heiligen. Vor den Altar legte er sodann etwas von den Gaben eines jeden Patienten, auch das ein Symbol der Zusammenführung. Die *mesa* mit allem, was darauf lag, stellte das Feld des Schicksals dar, und da das Los der Patienten nun damit verknüpft war, konnte die Zeremonie mit der Beschwörung beginnen.

Mit sanfter Stimme intonierte der *maestro* einen leisen Sprechgesang: »Möge uns Glück, Arbeit und Wohlergehen lange beschieden sein. Ich verlangsame den Lauf der Welt, um in eine andere hinübergleiten zu können, eine Welt glücklicher Zeiten und wunderbarer Augenblicke. Dank der Gnade Gottes und der heiligen Jungfrau bete ich darum, dass dieser Tabak meinen Patienten glückliche Wendungen bringen möge, mein guter Tabak und die guten Berge und Seen, die guten Kräuter und mein guter Tabak – Blatt um Blatt, Ader um Ader, Wurzel um Wurzel, Trieb um Trieb, gleich ob in Piura, in Lima oder in Cajamarca, wo unser König Atahualpa gestorben ist –, Goldstücke und Silberglocken. Ihnen gleich möge mein Name erschallen, der Name meiner Familie, mein Glück, meine Arbeit, mein Wohlergehen und mein Geschäft, dank der Gnade Gottes und der heiligen Jungfrau.«

Danach erklärte der *maestro*, es sei an der Zeit, dass die Patienten, ich eingeschlossen, ein erstes Opfer darbringen. Nacheinander traten wir vor den Altar und verneigten uns, während er einen feinen Dunst aus Alkohol und Parfum über uns blies. Hierauf grüßte er die Himmelsrichtungen. Eine große Schale wurde gebracht; sie enthielt in einer aromatischen Lösung eingeweichte Blätter. Er stellte die Schale auf den Boden, goss eine Flasche *aguardiente*, Schnaps, hinein und vermengte den Inhalt.

Dann stand er auf, tunkte eine Muschelschale in die dunkle Flüssigkeit und hob sie an die Nase. Die erste Portion sog er kräftig durch den linken Nasenflügel ein, gleich darauf eine zweite durch den rechten, alles zusammen knapp dreißig Gramm. Er bezeichnete es als *florecimiento*, als Erblühen und Öffnen des Herzens. Er wies uns an, es ihm gleichzutun und uns dann an der offenen Seite der Veranda auszuschütteln, um »die Kraft freizusetzen«. Ich fragte mich, ob es sich bei den Blättern um Tabakblätter handelte. Hoffentlich war es nicht Stechapfel, ein starkes, giftiges Halluzinogen. Die Lösung brannte mir in der Nase und rann mir die Kehle hinunter. Ich ging nach draußen und stand ein paar Sekunden in der kalten Luft. Als ich mich umschaute, sah ich das warme Licht der Lampen und erkannte, dass hier die Grenzwand zwischen Innerem und Äußerem war, zwischen dem Heiligtum, das Zuflucht bot, und der Welt außerhalb, einem Ort der Finsternis und der Geister. Die nächsten Stunden waren mit Beschwörungen und Litaneien ausgefüllt, auf die unweigerlich das unangenehme Einschnüffeln von *aguardiente* und Parfum folgte.

Nach einer halben Stunde wurde mir klar, dass die Blätter in der Lösung Tabakblätter waren. Wäre es Stechapfel gewesen, wäre ich nicht mehr in der Lage gewesen, etwas wahrzunehmen, geschweige denn, mich zu erinnern.

Endlich war es Mitternacht, und der *maestro* hieß uns aufstehen. Ein großer Kessel mit einem Aufguss vom San-Pedro-Kaktus wurde hereingebracht. Eine kleine Kalebasse ging im Uhrzeigersinn herum, und jeder Patient trank drei ganze Tassen des Gebräus. Es schmeckte vertraut, rauchig und stark, und roch nach Pflanzen, die nicht genießbar sind. Mittlerweile war es ziemlich spät, und eigentlich wollten wir alle endlich schlafen. Zusammengerollt lagen wir in unseren Decken auf dem Boden, über uns ein bleierner Himmel, der den Mond verdeckte. Das flackernde Licht der Lampe huschte über das Messingkruzifix an der Lehmwand über dem Altar, und wir kämpften gegen den Schlaf an. Der *maestro* sprach unaufhörlich weiter und beschwor uns, wach zu bleiben. Gespannt wartete ich auf die Wirkung des Tranks, doch als er zu wirken begann, hatte ich nur das diffuse Gefühl von Klarheit und Angeregtheit und nahm einen flüchtigen Purpurhauch wahr.

Nun machte sich der *maestro* an die Arbeit, sprach mit jedem Patienten, spürte die Quelle ihrer Kümmernisse auf und wies ihnen den Weg zur Genesung. Seine Gesten entsprangen einem aufrichtigen Gefühl, und seine tiefe Stimme klang tröstlich. Er ging von einem zum anderen, berührte die Schläfen des jungen Mädchens, saugte an der Brust des Mannes, der nicht mehr ganz bei Sinnen war, und redete mit ruhiger Stimme zwischendurch mit den andern. Eine Stunde verging, die Patienten lagen um den Altar herum. Wenn der Kaktus sie in irgendeiner Weise berauscht hatte, so war davon nichts zu merken. Trotz aller düsteren Warnungen dösten wir alle ein, auch der *maestro*.

Kurz vor Tagesanbruch sprang der Geschäftsmann auf und

stürmte mit zwei Holzstöcken an den Rand der Veranda. »Böse Mächte, weicht!«, brüllte er. »Weg mit euch, Ausgeburten der Finsternis! Wir sind Soldaten. Wir sind Soldaten! Jetzt haben wir die Macht, dank der Gnade von Don Pancho Guarnizo. Also fort mit euch, ihr Monster der Nacht!« Der *maestro* wachte plötzlich auf, sichtlich verlegen. Er schalt sich, dass er eingeschlafen war, rappelte sich auf und wankte hinaus zum Geschäftsmann, der die verblassenden Sterne anschrie. In dem gedämpften Licht erkannte ich nur seine Umrisse. Eine ganze Litanei grandioser Anklagen, Prahlereien und Drohungen schallte durch das Haus, jedesmal mit heftigen Stockschlägen bekräftigt. Nachdem er uns nun alle mit seiner Unerbittlichkeit und Gottesfurcht beschämt hatte, kehrte er zur *mesa* zurück, wo er nach mehr *aguardiente* mit Parfum verlangte. Noch vor Tagesanbruch hatte jeder von uns mehrere Unzen von dem dunklen Zeug durch die Nasenflügel inhaliert.

Eine weitere Läuterung begann beim ersten Tageslicht. Mit Steinen und Stöcken von der *mesa* rieb der *maestro* jeden Patienten ab, massierte ihm die Glieder und zog an den Fingergelenken. Dann wirbelte er uns nacheinander im Uhrzeigersinn herum, ein Schwindel erregendes Gefühl, das sogleich wieder verjagt wurde durch scharfe Peitschenhiebe auf den Rücken, die uns taumelnd zum Rand der Veranda trieben, wo er uns mit gleichmütiger Stimme befahl, die Kräfte der Nacht abzuschütteln. Dann übernahmen zwei seiner jungen Schüler. Sie rieben jeden Patienten mit runden schwarzen Steinen, weißen Felsbrocken, Quarzkristallen und geschmolzenem Glas ab. Darauf folgte eine zweite Massage mit Stöcken und Schwertern. Mit Hilfe von zwei Stöcken, die er uns, unter den Armen hindurch, über die Brust legte und von hinten packte, schüttelte der Stärkere unsere schlaffen Leiber kräftig hin und her. Mit sanfter Hand geleitete er uns dann über ein aus den Schwertern gebildetes Kreuz auf dem Boden, und nachdem wir diese Schwelle überschritten hatten, kehrten wir ans Tageslicht zurück. Es erfolgten weitere *florecimientos,* und anschließend wurden wir mit zerstäubtem Parfum und *aguardiente* besprüht und mit Zucker und Puder bestäubt. Die Zeremonie endete mit einer letzten Segnung, und jeder Teilnehmer erhielt als Geschenk ein *seguro,* eine kleine Parfumflasche, gefüllt mit Wasser und Kräutern von den heiligen Seen von Las Huaringas, die magischen Schutz verleiht.

In der folgenden Woche regnete es jeden Nachmittag und Abend, und der Regen durchtränkte die Felder und überflutete die Ufer. Die Straße zur Küste war unterspült, die Telegrafendrähte waren abgerissen und die Wege im Tal unpassierbar vor Schlamm; wie unter einer Glasglocke war die Stadt von ihrer Umwelt abgeschnitten. Endlich einmal gab es eine Ruhepause im spirituellen Wirken des *maestro,* und er hatte Zeit, sich um seine Pflanzen zu kümmern. Die Patienten blieben in seinem Haus, aßen seine Vorräte und schliefen in dem Alkoven, in dem die Zeremonie abgehalten worden war. Die Ursache ihrer Beschwerden war nun festgestellt, aber die Behandlung war noch nicht abgeschlossen. So lebten sie außerhalb der Zeit, unfähig, die Offenbarungen der *mesa* einfach zu verdrängen, aber ebenso unfähig, das Haus zu verlassen, bis ein Wetterumschwung kam und sie die Heilwirkung der heiligen Seen erfahren konnten.

Jeden Morgen, bevor sich die Wolken zusammenballten, traf ich den *maestro* auf seinem Feld und unterhielt mich mit ihm über Kräuter. Er war ein großzügiger Mensch, überhaupt nicht schwierig, doch schien er müde. Sein Sohn José hingegen war recht munter, von der Liebe zu den Pflanzen und den Verheißungen des Kults beseelt. Er war der Botaniker in der Familie und aktives Mitglied der *Asociación de Naturalistas Evangelicas del Peru.* Er hatte über 3000, zumeist auf der Hochfläche *puna* beheimatete Heilpflanzen namentlich erfasst.

Seit über zehn Generationen habe es in der Guarnizo-Familie Heiler gegeben. Sie war vor hundert Jahren aus Ecuador nach Huancabamba gezogen, und ein Zweig der Familie hatte sich am Ufer der Schwarzen Lagune niedergelassen, einem der vielen Seen der Las Huaringas. Pancho Guarnizos Großvater war ein berühmter Heiler gewesen, der Hüter der Seen, und der *maestro* hatte selbst viele Jahre auf der *puna* gelebt. Erst in den letzten Jahren war er, seines Alters und seiner Arthritis wegen, der Kälte entflohen und hatte sich ins Tal zurückgezogen. Die Familie besaß noch Land in den Bergen. Josés Frau und Kinder lebten dort und hüteten die Herde, solange er mit dem Vater arbeitete. Seine Aufgabe war es, die Patienten zu den Seen zu geleiten, auf dem schmalen Pfad, der viele hundert Meter aufstieg und dann zum windgepeitschten Hochland hin abfiel, wo unachtsame Wanderer zu Stein verwandelt wurden.

Während wir auf einen Wetterumschlag warteten, führte mich José durch das untere Tal. Er wusste viel über Pflanzen und ließ mich an seinem Wissen teilhaben. Mir lag vor allem daran, einen blühenden San-Pedro-Kaktus zu finden. Er blüht bei Nacht, aber die Blüten sind so kurzlebig, dass sie von Botanikern lange übersehen wurden. Seit der Kaktus in den 20er Jahren aufgrund von Material, das man in Ecuador entdeckt hatte, zum ersten Mal beschrieben worden war, schenkte man ihm nur wenig Beachtung. Trotz seiner Bedeutung gab es keine vollständigen botanischen Ausstellungsstücke, weder in Harvard noch im Field Museum of Natural History in Chicago, Nordamerikas größter und bedeutendster Sammlung peruanischer Pflanzen.

In den Hügeln, die zu dem Marktflecken Cataluco hinaufführten, zeigte uns eines Morgens ein Junge ein wunderbares Exemplar, das neben dem Haus seiner Tante wuchs. Der Kaktus war fünf Meter hoch, und seine verschiedenen Säulen trugen liebliche weiße Blüten, 20 Zentimeter lang und den Nachtblüten des

Cereus ähnlich. Der Rumpf war stachellos, und die meisten Säulen hatten sieben Zweige. Einschnitte im Fleisch brachten orangefarbene Flecken hervor, laut José ein Zeichen dafür, dass die Pflanze besonders stark ist. Ein Glückstreffer. Früher einmal wuchs der Kaktus im ganzen Tal. Um 1981 war er schon relativ selten und wuchs fast ausschließlich neben Häusern auf dem Grund und Boden der Familie. Mit wachsender Beliebtheit des Heilkults wuchs auch die Nachfrage. Auf den Märkten an der Küste wurde ein 30 Zentimeter langes Stück mit 20 Zentimeter Umfang für einen Dollar verkauft. Ein Kaktus von der Größe des Exemplars in Cataluco hätte eine Familie einen Monat lang ernähren können.

Aber ein anderes Geheimnis hatte mich nach Huancabamba gelockt. Neben dem San-Pedro-Kaktus wurden im Tal auch noch dutzende anderer Heilpflanzen angewendet, oft in kuriosen Kombinationen, die nie richtig untersucht worden waren. Anthropologen hatten eine Menge über einen *cimora* genannten Zaubertrank geschrieben, aber kein Mensch wusste genau, worum es sich handelte. Schon 1967 hatte Richard Evans Schultes, eine international bekannte Koryphäe auf dem Gebiet halluzinogener Pflanzen, angemerkt, dass die exakte Bestimmung des *cimora* »eine der größten Herausforderungen in der Ethnobotanik halluzinogener Pflanzen darstellt, die nicht einmal schwer zu bewältigen wäre«. Und er hatte Recht. Um hinter des Rätsels Lösung zu kommen, brauchte ich nur in José Guarnizos Garten zu gehen.

Am frühen Nachmittag kehrten wir ins Tal zurück und erreichten die Guarnizo-Farm, knapp ehe sich die Wolken über den Bergen entleerten. Wir zeigten dem *maestro* unsere Exemplare und tranken etwas. Danach verbrachten José und ich die Stunden des Sturms in einem kleinen Schuppen, von dem aus man den Garten sah. Wie sich herausstellte, hat der Begriff *cimora* eine ganze Reihe von Bedeutungen. Zum einen bezog er sich auf eine

Pflanze oder Pflanzenfamilie. Am Rand des Gartens wuchsen drei Stechapfelkräuter, *Brugmansia candida,* die José als *cimora galga, cimora toro curandero* und *cimora oso* bezeichnete. Er erwähnte drei weitere Pflanzen, die aber nicht zu sehen waren, nämlich *cimora aguila, cimora león* und *cimora restrera.* Seiner Beschreibung nach waren es ebenfalls Stechapfelkräuter, entweder *Brugmansia candida* oder eine der drei anderen Arten, die es in diesem Tal gab, *B. insignis, B. suaveolens* und *B. versicolor.* Aber *cimora* ist nicht nicht nur ein Name, es ist ein Oberbegriff für *algo malo,* etwas Schlimmes. Auch in der Bezeichnung für bestimmte Pflanzen schwang immer etwas von der Leere und Angst mit, die diese Pflanzen mit ihren magischen Eigenschaften hervorriefen. Laut José wurden die drei Stechapfelgewächse, auch *mischas* genannt, nur selten dem San-Pedro-Tee beigemischt. Vielmehr wurden sie von einzelnen Heilern, die vor unlösbaren Heilungsproblemen standen, pur eingenommen, um ihre ganze Kraft entfalten zu können. Sie lösten Visionen ganz anderer Art aus, chaotisch, verworren und Furcht erregend. Diesen stellte sich der Heiler nicht als Kundiger, der seine spirituelle Welt zu interpretieren und zu manipulieren vermochte, sondern eher als Bittsteller, dem sich, wenn er sich von dem durch die Planzen ausgelösten Wahnsinn berühren ließ, vielleicht eine Lösung offenbarte.

Die Tage vergingen, und der Regen machte keine Anstalten aufzuhören. Morgens ging ich weiter auf Entdeckungen im Tal, botanisierte Pflanzen an den Hecken und auf den steilen Hängen, auf denen kein Vieh weiden konnte. An der roten Felswand des Cerro Colorado, einem Hügel aus roter Erde, der sich über die Stadt erhob, fand ich einen kleinen Garten mit ungewöhnlichen Arten, hoch aufgeschossene *Ephedra, Notholaena*-Farne, eine wunderschöne *Peperomia,* eine Zwergpfefferpflanze, die in dichten Büscheln auf dem kahlen Fels gedieh. Mitten in der Regenzeit gaben diese Wildpflanzen einen Ausblick auf die stauberfüllten Sommermonate, in denen der Boden ausgedörrt und braun ist und die Sonne der Anden unbarmherzig brennt.

Unter ihnen wuchs ein hoher, in Segmente gegliederter Kaktus mit sechs bis acht ausgeprägten Rippen und recht stumpfen Stacheln. Obwohl dieser *pishicol* auf diesem Hügel sehr häufig vorkam, entpuppte er sich doch als eine äußerst seltene, nur hier heimische Art, *Armotocereus lactus*, die ursprünglich in den 40er Jahren beschrieben wurde, ohne dass ein Exemplar vorlag. Die Pflanze wurde im gesamten Norden Perus nur an vier Stellen gefunden und nie botanisiert. Jenseits der Felswand lief der Pfad an einem alten Friedhof mit bröckeligen Zement- und Ziegelgräbern vorbei, die von wildem Tabak und Nachtschattenpflanzen überwuchert waren. Der San-Pedro-Kaktus heißt deswegen so, weil nach christlicher Vorstellung Sankt Petrus die Schlüssel zur Himmelspforte besitzt. Ich trat in den Friedhof ein, gespannt, ob ich den Kaktus hier vielleicht als Hüter der Toten fände, aber das war nicht der Fall. Dafür gab es wunderschöne rote Passionsblumen, verflochten in schmiedeeiserne Kreuze, und mehrere junge Eukalyptusbäume, die im Nieselregen ihren zarten Duft verströmten. Eine Grabstätte war vor kurzem gesäubert worden. Die eine Pflanze, die man neben dem Grab stehen gelassen hatte, war ein echter Stechapfel, *Datura stramonium*. Die englische Bezeichnung *Jimson Weed* für diese im Osten Nordamerikas heimische dürre Pflanze leitet sich von den Hexen in Jamestown in Virginia her, die sie angeblich beim Hexensabbat einnahmen. Für die Algonquin und andere Indianervölker war der Stechapfel eine toxische Medizin, ein kultisches Halluzinogen, das bei Initiationsriten verwendet wurde. Die jungen Männer, die drei Wochen lang im Langhaus eingesperrt wurden und sich, nach strengen rituellen Vorgaben, ausschließlich von dieser Pflanze ernährten, blieben in dieser Zeit in einem tollwutartigen Zustand, der gewährleistete,

dass sie ohne Erinnerung an ihr Knabendasein ins Erwachsenen-
leben eintraten.

Als ich die schwach purpurroten Blüten später José und seinem
Vater zeigte, erkannten sie die Pflanze sofort als *chamico* und
meinten, sie sei sehr wirksam gegen Asthma. Ich wusste, dass das
stimmte, aber es erstaunte mich doch, dass keiner von beiden sich
zu den halluzinogenen Eigenschaften der Pflanze äußerte. Sie
brachten das niedrig wachsende Kraut auch nicht in Verbindung
mit seinen nächsten Verwandten, den Stechapfelsträuchern, die
für sie die eigentlichen *cimoras* waren. Offenbar bestimmte nicht
allein die chemische Zusammensetzung über das magische Potenzial der Pflanze. Auch die Herkunft spielte eine Rolle. *Chamico* ist ein eingeführtes Kraut und hat als solches unter den heiligen Pflanzen in der Arzneitruhe des *maestro* nichts zu suchen. Die
cimoras kommen aus den Anden, ebenso wie *huachuma* und *pishicol,* der Kaktus, der erstaunlicherweise auf dem Cerro Colorado
wuchs. Pancho Guarnizo kannte ihn gut und behauptete, er sei
genauso wirksam wie der San Pedro. Er gab mir sogar ein Rezept:
Man nehme einen zwei Meter langen Zweig, schneide ihn in
schräge Scheiben, die man fünf Stunden lang in fünf Liter Wasser kocht. So hatte ein ungeplanter Ausflug ganz unerwartet eine
reiche Ausbeute erbracht: eine seltene, auf dieses Gebiet be-
schränkte Pflanze und ein neues Halluzinogen, das die *maestros*
bei ihren Zubereitungen allerdings schon seit langem mitver-
wendet hatten.

Als sich Pancho Guarnizo nach einer Woche immer noch sträub-
te, seine Patienten zu den Seen zu schicken, beschloss ich, allein
zu Fuß zu gehen, in der Hoffnung, José und die anderen später
dort zu treffen. Um Pflanzenexemplare und Ausrüstung beför-
dern zu können, mietete ich ein Maultier von Romulo Seminario,
den mir der Bürgermeister empfohlen hatte, und nahm einen sei-

ner Söhne, Jorge Eduardo, als Führer mit. Eines Morgens kurz nach der Morgendämmerung brachen wir auf und folgten dem Fluss, bis der Pfad auf einmal steil in die Sierra aufstieg. Ein paar Stunden lang kamen wir durch Ackerland, und überall waren die Bauern mit der Bearbeitung des Bodens beschäftigt, die Männer an den hölzernen Pflügen und vor ihnen die Frauen, die die Ochsen geradeaus führten. Die Zugtiere hatten zu kämpfen, weil die Hänge so steil waren, dass sie jedes Mal, wenn sie kehrt machten, um eine neue Furche zu ziehen, samt dem Pflug den Hang hinunterzupurzeln drohten.

Es war schon merkwürdig, dieses Andental, dem so viel Spanisches aufgepfropft worden war. Ich dachte an Cuzco, an die Kirchen und Kathedralen dort, die man einfach auf die alten Inkatempel gebaut hatte. Bei jedem Erdbeben kam die ursprüngliche Architektur zum Vorschein, solide und dauerhaft. Ähnliches zeigte sich auch in der Arbeit der *maestros*. Ihre Gebete zur heiligen Jungfrau waren ebenso aufrichtig wie ihre Verehrung des Kreuzes. Aber für ihren Glauben war etwas anderes wesentlich: die Wanderung durch den Raum, der Gang durch die Landschaft, die Pilgerreise, die den Bittsteller aus dem Bereich menschlicher Gesellschaft auf die öden Höhen der *puna* führt, zu dem unendlichen Spektrum an Möglichkeiten, entweder erlöst oder wahnsinnig zu werden, denn jede Begegnung mit dem Element des Wilden birgt als Möglichkeit beides. Aber das hat mit Christentum nichts zu tun.

Der Name der Lagunen, Las Huaringas, ist aus zwei Wortstämmen zusammengesetzt: *huari* bedeutet in Aymara »Gott der Kraft«, und *inga* ist das aus der Kolonialzeit stammende Wort für »Inka«, Herr oder König. Sinngemäß sind die heiligen Seen also die Herren des Lebens, der Macht, die Bäder der Inkas. Ihre Verbindung mit dem Tal besteht zunächst geografisch, denn der Rio Huancabamba nimmt seinen Anfang in der Shimbe-Lagune, dem

Weißen See. Andererseits ist sie auch symbolisch, denn die Seen und alle Gewässer führen die Milch von Pachamama, der Großen Mutter, und indem der Fluss ins Tal hinabfließt, wird er zum Lebensfaden, zur Nabelschnur, welche die Magie der Lagunen in die Felder der Lebenden und darüber hinaus trägt, über die letzten Gebirgszüge hinab in die unendlichen Wälder Amazoniens.

Wenn die Pilger mühsam den Berg erklimmen, die silberblauen Agaven, die Opuntien, Erlen und Eukalyptusbäume hinter sich lassen, wird die Wanderung zu einem Übergang. Es ist ein langer, anstrengender Weg, eine Steigung von 2000 Höhenmetern an einem Tag, über endlose, in die Bergflanke eingegrabene Serpentinen. Das Ziel ist der See. Die Mühsal ist das Opfer, das hier nicht »Geben« bedeutet, sondern eher »heilig machen«. Das ist der Schlüssel zur Heilkunst der *maestros*. Es genügt nicht, ein Symptom zu bestimmen und zu beseitigen, sei es mit Heilpflanzen oder durch magisches Eingreifen. Um den Körper zu heilen, muss man den Einklang anstreben, nicht nur mit dem Reich des Übernatürlichen, sondern mit der Erde, dem Quell allen Lebens. Die Bewegung durch heilige Räume macht Versöhnung möglich. Das ist die eigentliche Bedeutung des Heilens. Heil zu machen, heilig zu machen. Etwas von sich der Erde zu geben und so wieder ins Gleichgewicht zu kommen, was die Grundlage und das Wesen des Wohlbefindens ist. Wie alle anderen Aspekte des heutigen Kults ließ auch dieses Streben nach Gleichgewicht erkennen, dass der *maestro* seit eh und je im Geist der uralten Traditionen der Anden handelte.

Drei oder vier Stunden nach dem Aufbruch wanderte ich auf offenem Hügelland durch grobes Gras, weit oberhalb der Baumgrenze. Der Pfad führte auf ein schmales Tal zu und stieg am Ende zur offenen *puna* an. Zu meiner Rechten ballten sich die Wolken zusammen, und Regenschauer fegten über das Tal tief unter uns hinweg. Ein Sonnenstrahl traf auf die Flügel eines Vogels, eines

Kondors, der sich nur wenige Meter entfernt in die Höhe schraubte. Seine Augen glichen kleinen Samen, schwarz und glänzend, und ich hörte den Wind durch sein Gefieder sausen.

Der Wind trieb Wolken über die *puna*, und im Wechselspiel von Schatten und Sonne offenbarte die Landschaft ganz unterschiedliche Stimmungen. Die Jahreszeiten kamen und gingen, brachten kalten Regen, grelle Sonne, plötzliche Hagelfälle. Es war erstaunlich, in solcher Höhe Anpflanzungen anzutreffen, vereinzelte Felder mit Mondbohnen, durchsetzt mit Knollengewächsen der Anden, keine Kartoffeln, sondern *lisas* und *oca*. Der Boden war dunkel, vulkanisch, aber selbst ein noch so üppiges Feld wirkte irgendwie fehl am Platz, wie ein Flicken, den jemand in die Hänge voller wilder Gräser eingesetzt hat. Bald ließen wir auch diese wenigen Zeugnisse menschlichen Tuns hinter uns. Der Weg mündete in die offene Tundra. Kilometerweit verfolgten wir den Flug der Geierfalken und einen hakenschlagenden Andenfuchs, bis wir schließlich auf ein allein stehendes Haus stießen, das ungeschützt auf der offenen *puna* stand. Das Lehmhaus war von drei leeren, mit Steinen oder Gestrüpp eingefassten Pferchen umgeben, und ein paar hundert Meter hangabwärts sah man einen vor kurzem umgepflügten Acker.

Das Haus gehörte José Guarnizo, und am Hofrand wurden wir von seiner Frau Angelita und einigen zähnefletschenden Hunden begrüßt. Es war nicht sehr angenehm. Die Frau war schwanger und krank und hatte ihren Mann seit einem Monat nicht mehr gesehen. Unter diesen Umständen interessierte es sie überhaupt nicht, dass ich mit der Guarnizo-Familie gearbeitet hatte. Es war kalt und feucht, neuer Regen war im Anzug, und wir waren seit Tagesanbruch auf den Beinen. Nun ging die Sonne unter, und bald würde es Nacht werden. Angelita zeigte Eduardo, wo das Maultier grasen konnte, und ließ mich zum Übernachten in ihr Haus. Der Weg zur Tür wurde mir von einem ausgemergelten Hund versperrt. Die Frau drehte sich um und trat das arme Tier so kräftig in die Seite, dass es von der Veranda flog und schlaff auf dem Boden landete.

Der Raum war dunkel und verraucht. Ein kleines Feuer brannte im Herd, daneben war Brennmaterial aufgestapelt, Rasenstücke von der *puna*. Die Wände aus Stroh und Schlamm, ohne Anstrich, waren behängt mit Gerätschaften, Aluminiumtöpfen, Kräuterbüscheln und einem getrockneten Schafrumpf. Das einzige Bett bestand aus einer erhöhten Plattform aus Lehmziegeln mit Decken aus Schaffell. Darauf räkelten sich vier schlaftrunkene Kinder zwischen zwei und acht Jahren, obwohl sich das nicht so genau feststellen ließ. Ein Baby schlief in einer sauberen Holzwiege neben dem Feuer; es fing an zu weinen, als wir eintraten, und Angelita eilte schnell zu ihm hin und wiegte es sanft in den Schlaf. Gleichzeitig griff sie nach einem Suppenkessel und stellte ihn auf den Herd. Weiter im Süden hatte ich oberhalb der Baumgrenze Herdfeuer gesehen, die mit Tola beschickt wurden, einem Heidekrautgewächs, das so viel Harz enthält, dass es gut brennt, selbst wenn es noch grün ist. Aber die Rasenstücke hier erzeugten mehr Rauch als Wärme. Ich breitete die Bettrolle auf dem Boden aus und legte mich schlafen.

Am Morgen wachte ich auf, steif und kalt, und stolperte ins Licht. Die Sonne stand schon hoch, aber der Dunst trübte die Sicht. Vor der Veranda lag der Hund tot dort, wo er gelandet war. In der Nacht hatte irgendetwas fast seine ganze Flanke gefressen, wahrscheinlich einer der anderen Hunde. Als ich es später Angelita erzählte, lachte sie achselzuckend, was mich etwas erstaunte. Sie war nicht grausam, aber um sie zu rühren, hätte es mehr gebraucht als einen toten Hund. Das Frühstück bestand aus Suppe, heiß und ohne Salz, einer dünnen Schaffleischbrühe und *tarwi*, den Samen einer giftigen Lupine. Diese Pflanze half ihrer Familie über die schwierigen Monate hinweg. Im Gegensatz zu Knollengewächsen konnte man *tarwi* immer aussäen und nach genau vier Monaten ernten. Wenn man die Samen eine Woche lang einweichte, dann das Wasser abgoss und sie dreimal aufkochte, waren die giftigen Alkaloide beseitigt und die Samen essbar.

Angelita war nicht sehr begeistert, als sie erfuhr, dass ich zur Laguna Negra wollte. Sie befürchtete nicht etwa, dass meine Gegenwart die Heiligkeit der Seen beeinträchtigen könnte, sie wollte nur nicht dafür verantwortlich sein, der Polizei mein Verschwinden erklären zu müssen. Was für einen Schutz hatte ich denn? Was würde mich davor bewahren, dass mich die Windgesänge verzauberten und in Stein verwandelten? Allein der Gedanke, dass man sich ohne die Führung eines *maestro* derartigen Gefahren aussetzte, erschreckte sie. Ich zeigte ihr meinen *seguro*, die kleine Flasche mit Kräutern und rotem Parfum, die mir ihr Schwiegervater am Morgen nach der Zeremonie geschenkt hatte. Aber das machte keinen Eindruck auf sie. Auch nicht auf Jorge Eduardo. Doch nach einer kurzen Auseinandersetzung war er bereit mitzugehen, vorausgesetzt, ich würde nicht erwarten, dass er in den See ging. Ich war einverstanden, und wir machten uns auf den Weg.

Der Pfad von Angelitas Haus in Talaneo verlief eine Stunde lang über die offene Steppe und durch mehrere feuchte Flachmoore, ehe er zu einem kleinen kohlschwarzen Bergsee abfiel; dieser befand sich in einer Senke am Fuß eines Felsabbruchs. Wolken zogen dicht über das Wasser dahin. Der Wind frischte auf, und der Regen fegte in Böen über den See. Es war sehr kalt, wir waren durchnässt, und der Boden war aufgeweicht. Jorge Eduardo wickelte sich in seinen fuchsroten Poncho und suchte im Windschatten eines großen Felsblocks Schutz. Ich ging aufs Ufer zu, und Angelita zuliebe hielt ich meinen *seguro* in der Hand, kam mir aber reichlich lächerlich vor. Der abgelegene See schien mir in keiner Weise ungewöhnlich. Braune Büschel *ichu*-Gras umrahmten ihn, auf den Steinen schimmernde Flechten, an den Bächen, die am anderen Ufer in den See mündeten, ein paar Flecken *Polylepis*. Hoch aufragende Bergspitzen. Hier unten Enzian, Krapppflanzen, Veilchen und Heidekraut. Dazwischen die windgepeitschte Oberfläche eines ganz gewöhnlichen Sees.

Das Wasser war eiskalt. Ich versuchte mir vorzustellen, wie die Pilger aus dem Dschungel und von der Küste hierher kommen, sich bis auf die Unterwäsche ausziehen und im kalten Nieselregen stehen, während der *maestro* Parfum und Alkohol in ihre Handflächen gießt. Ein langes Gebet, der durch die Nase aufgenommene Trank, der Gang ins Wasser, das rituelle Werfen von Silbermünzen und zuckerbestäubten Limonellen in den See. Korpulente alte Frauen und kleine Kinder, die vor Kälte zittern, sich mit feuchten Lumpen abtrocknen, auf den Segen des *maestro* warten, ehe sie wieder in ihre nassen Kleider schlüpfen. Das Bestäuben mit weißem Puder. Reinigung durch die Schwerter des *maestro*. Rituelle Läuterung durch Amulette. Ein Verrückter, der allein am Ufer kniet, vielleicht genau dort, wo ich stand, der süßen Wein und Parfum über die Lagune bläst. Der *maestro*, der die Zeremonie beendet, indem er abermals die Macht des Sees anruft und Schutz für die Patienten erfleht, jeden mit einem letzten Trankopfer und einer Kräutertinktur aus seinem *seguro* segnet, die aus den Kräutern zu seinen Füßen stammt.

Da ertönte ein Schrei, und ich drehte mich um. Jorge Eduardo stand ungeschützt zwischen den Grasbüscheln und winkte mir, ich solle mich vom Ufer entfernen. Ich ging hinüber und fand ihn jetzt zusammengekauert hinter dem Felsblock. Er sagte, es sei Zeit zu gehen. Ich bat ihn, noch ein paar Minuten zu warten, ging wieder zum See, zog mich aus und schritt ins Wasser, aus keinem anderen Grund als dem, mich zu waschen. Es war sehr kalt, und ziemlich rasch war ich wieder am Ufer und erschauerte im Wind. Jorge Eduardo war entsetzt, dass ich ohne angemessenen Schutz ins Wasser gegangen war. Ich versuchte ihn dadurch wieder zu versöhnen, dass wir direkt nach Talaneo zurückmarschierten, ohne im Regen eine Pause zum Sammeln von Pflanzen zu machen. Nun bestand eine Kluft zwischen uns. Für mich war die Laguna Negra ein Bergsee. Für ihn war sie das Reservoir einer spirituellen Kraft mit durchaus ambivalenter Wirkungsweise. Keiner von uns beiden hatte Recht oder Unrecht. Wir kamen einfach aus verschiedenen Welten.

Jorge Eduardo erzählte Angelita von meinem Bad. Sie war nicht erfreut, lächelte aber dennoch. An diesem Abend beklagte sie sich weiter über ihren Mann, doch im Laufe der nächsten zwei Tage beruhigte sie sich etwas, und bald verstreuten sich die Kinder auf alle Wiesen und sammelten Kräuter für mich. An den Abenden oder in einer Ruhepause zwischen den Stürmen besah sich Angelita meine Arbeiten und belehrte mich über Heilpflanzen. Sie fielen in zwei Kategorien, die sich überschnitten. Einerseits waren es Geistpflanzen, die als Arznei dienten, und ohne Zweifel waren viele davon auch pharmakologisch wirksam. Ein Aufguss von *pegapega*, mit Honig gemischt, ergab ein starkes Mittel gegen Atembeschwerden. Ein Absud der *chagapa morada* in *aguardiente* wurde bei Gelbfieber verabreicht. Als allgemeines Mittel gegen Fieber diente *chagapa roja*, eine Pflanze derselben Gattung. Es gab dutzende solcher Arzneien, die in unterschiedlichen Kombinationen angewendet wurden.

Für Angelita gab es keine strenge Abgrenzung zwischen der Welt der Materie und der Welt des Geistes. Eine zierliche Pflanze der Binsenfamilie, *hierba de dominación*, das Kraut der Herrschaft, legte einen schützenden Schleier über die Lebenden, der die Kräfte der weißen Magie vor dem Einfluss des Bösen bewahrte. Andere Pflanzen von den Seen dienten als magische Beimischungen zum San-Pedro-Kaktus. Die wichtigste davon war *hornamo*, ein wirksames Beruhigungsmittel, wenn die Kraft des Kaktus außer Kontrolle geriet und die Träume des Pilgers in furchtbare Albträume verwandelte. Von dieser Gattung gab es dutzende von Pflanzen, jede mit einer genauen Spezifizierung. Da gab es den purpurnen *hornamo*, die weiße Variante, den *hornamo* des Pferdes, den *hornamo* des Fuchses. Wie sich herausstellte, gehörten sie alle zur Familie der *Valeriana*, einem natürlichen Sedativum. Eine Überdosis davon ruft Halluzinationen und unerklärliche Tobsuchtsanfälle hervor.

Nach fünf Tagen in Talaneo, in denen ich gerade angefangen hatte, die Fauna der Seen zu erforschen, war es Zeit, nach Huancabamba zurückzukehren. Am letzten Morgen zählte mir Angelita ihre Forderungen an ihren Mann auf. Die Kinder hatten Hunger, die Felder lagen brach, und der Herd war kalt. Ich hörte mir ihre Beschwerden an, machte ein paar Versprechungen und brach dann auf. Der Pfad floss wie Quecksilber zurück nach Huancabamba. Der Marsch über die ebene *puna*, ein müheloser Abstieg in die Wälder im Tal, der gewundene Weg durchs Tal, die Fährten von Füchsen und Schafen. Regen und kalter Wind. Immer wieder Regen.

Jorge Eduardo und sein Muli gingen zügig voraus, sieben Stunden lang bergab, begierig, die Stadt zu erreichen. Auch ich war müde und sehnte mich nach einer guten Mahlzeit. Nun wurde die Vegetation vertrauter, Agaven und Eukalyptus, die für die Anden typischen Pflanzen. Als wir um eine Kurve kamen, auf ein Stück Weg, den ich auch zuvor gegangen sein musste, aber nicht mehr in Erinnerung hatte, sah ich zu meiner Linken etwas, was ich zunächst für ein Trugbild hielt. Nur fünf Kilometer von Huancabamba entfernt stand da, neben einem Adobehaus mit roten Lehmziegeln, ein San Pedro, so riesig, dass ich seine Höhe vom Pfad aus nicht schätzen konnte. Ich rief Jorge Eduardo zu, er solle stehen bleiben, aber er achtete nicht darauf und ging einfach weiter.

Ich legte mein Bündel ab, verließ den Pfad und ging auf den Kaktus zu. Als ich ein Geräusch hörte, drehte ich mich um und sah mich einem drahtigen *campesino* gegenüber. Ich grüßte ihn und bat ihn, mir seine Machete zu leihen. Gemeinsam bahnten wir uns einen Weg durch das Dickicht aus Baccharis und wilden Brombeeren bis in den Schatten des Kaktus. Ein erstaunlicher Anblick war das, eine ganze San-Pedro-Sippe auf tausend Quadratmetern, einzelne fünfzehn Meter hohe Säulen, abgefallene Arme mit einem Durchmesser von dreißig Zentimetern. Diese Gewächse waren doppelt so groß wie alle, die in der Literatur jemals beschrieben worden sind. Man kam sich vor wie in einem Wald. Auf jeder Stange saßen Blüten, und der Duft war trotz der späten Stunde überwältigend. Ich schnitt Stücke aus verschiedenen Stämmen und reichte sie meinem neuen Gefährten. Er nahm sie und bahnte sich langsam den Weg zum Rand des Bestandes. Als er an mir vorbei schaute, stieß er plötzlich einen Schrei aus und warf sich bäuchlings zu Boden. Beunruhigt durch sein Verhalten, beeilte ich mich, meine Sammlung zu vervollständigen.

Später überlegte ich, weshalb man diese Kaktuspflanzen, die nur fünf Minuten vom Weg nach Las Huaringas entfernt waren, nie verwertet hatte. Der San Pedro verkaufte sich gut, für ein 30 Zentimeter langes Stück bekam man einen Dollar, und hier stand eine einzige Stammpflanze mit einer riesigen Nachkommenschaft, insgesamt mehrere Tonnen Kaktus. Am nächsten Morgen wollte ich mit Pancho Guarnizo darüber sprechen; er fragte mich sehr ernst, wie weit ich mich in den Kakteenbestand hinein gewagt habe. Als ist antwortete, ich hätte nur am Rande etwas eingesammelt, seufzte er erleichtert. In diesem Fall, meinte der *maestro*, würde ich nicht sterben, sondern nur von einer schrecklichen Krankheit befallen werden. Der Grund und Boden gehörte einem Señor Cortes. Aber der Hüter des Kaktus war eine riesige Schlange, die in der Mitte des Bestandes lebte. Zwar griff sie den

Eindringling nicht an, aber als geistige Hüterin der Pflanze sorgte sie dafür, dass er von einer abstoßenden Krankheit heimgesucht wurde, die mit stinkenden Ausschlägen auf dem ganzen Körper einherging. Das Fleisch dieses Kaktus war höchst wirksam, aber kein *maestro* hätte es gewagt, sich ein Stück davon zu holen. Daher war dieser Bestand seit hundert Jahren nie angetastet worden.

Ich blieb noch eine Woche in Huancabamba und wartete darauf, dass die Küstenstraße wieder geöffnet wurde. Pancho Guarnizo hatte seine Patienten endlich zu den Seen geschickt. José hatte sie begleitet, sicher auch, um seiner Frau zu helfen. In seiner Abwesenheit arbeitete ich weiter im Tal. Die Erinnerung an diesen Kaktushain war stark: das Zentrum der Macht, das Bild der Schlange. Aber was war mit dem Krankheitsfluch? Da nichts passierte, wusste ich nicht, wie ernst die Mahnung des *maestro* zu nehmen war. Vielleicht handelte es sich nur um ein symbolhaftes Giftspucken der Schlangenhüterin? Oder doch um ein reales, das in der Vergangenheit Krankheiten hervorgerufen hatte? Mir kam die gefürchtete Carrion'sche Krankheit in den Sinn, ein schreckliches Leiden, das nur in den Ausläufern der westlichen Anden in Höhen zwischen 800 und 3000 Metern auftritt.

Die Ursache ist eine nur dort existierende Bakterie, die von winzigen Flöhen übertragen wird und hauptsächlich im Gesicht, manchmal aber auch auf dem ganzen Körper warzenähnliche, blutgefüllte Knötchen hervorruft, die sich leicht aufstechen lassen. Während der Eroberung litten Pizarros Männer heftig unter dieser Krankheit, als sie in die Berge östlich von Tumbes, gut hundertfünfzig Kilometer nordwestlich von Huancabamba, vordrangen. Der Inka Garcilaso de la Vega beschrieb ihre Misere in seinen *Comentarios reales de los Incas*, die 1609 in Lissabon erschienen:

»Zuerst dachten sie, es seien Warzen, weil sie zunächst auch wie Warzen aussahen. Aber nach einiger Zeit wurden sie größer und reiften wie Feigen, denen sie an Größe und Form glichen. Sie hingen und baumelten an Stielen, sonderten Blut und Körperflüssigkeit ab, und nichts war grausiger anzusehen und schmerzlicher, denn sie schmerzten bei der kleinsten Berührung. Die von diesem Übel befallenen Elenden waren schrecklich anzusehen, ganz übersät mit diesen purpurblauen Früchten, die ihnen von der Stirn hingen, von den Augenbrauen, aus den Nasenlöchern, den Bärten und sogar aus den Ohren, und sie wussten auch nicht, wie sie es behandeln sollten. Manche von ihnen starben gar, aber andere überlebten. Und so plötzlich, wie sie gekommen waren, verschwanden die Auswüchse auch wieder, so wie schlimme Grippeanfälle.«

Also hatte die Kaktusschlange vielleicht einen Verbündeten, einen mikroskopisch kleinen Krankheitserreger, der von winzig kleinen, kaum sichtbaren Insekten übertragen wurde. Aber welchen anderen Schutz gab es sonst noch? Aus welchem Grund war der *maestro* so zurückhaltend? Fast einen Monat lang hatte ich mich bemüht, die dicke Schicht katholischer Anschauungen auf seinem Glauben abzutragen. Noch zweimal hatte ich an der *mesa* teilgenommen, den San-Pedro-Tee getrunken und die *florecimientos* ertragen. Aber nichts war geschehen. Niemand geriet in Trance. Der Anthropologe Douglas Sharon hatte geschrieben, es sei »viel mehr als der psychoaktive Kaktus nötig, um sehen zu lernen. Um über das, was wir die reale Welt nennen, hinaussehen und Visionen erlangen zu können, bedarf es harter Arbeit, langwieriger Übung, vor allem aber einer ganz besonderen psychischen Disposition und kulturellen Prägung.«

Das klang bis zu einem bestimmten Grad ganz vernünftig. Das Vermögen des traditionellen Heilers, die halluzinatorische Erfahrung zu deuten, ist eine hoch entwickelte Kunst. Im Rahmen des Rituals gestaltet der Schamane die anstürmenden visuellen und akustischen Reize und erläutert ihre Bedeutung, und dank seiner

Kenntnisse werden die Teilnehmer vor dem unstrukturierten, ambivalenten Potenzial solch machtvoller Einflüsse bewahrt. Doch selten wird ein Schamane das Erlebnis des Suchenden einschränken. Im Gegenteil, sein Ziel ist es ja gerade, die urtümliche Kraft des Wilden in ihm freizusetzen und ihm durch die magischen Pflanzen direkten Zugang zum Göttlichen zu ermöglichen. Mit anderen Worten: das Komplettangebot.

Zweimal hatte ich die ungebremste Kraft des Kaktus erlebt. Im Frühling 1975, kurz nach der Entdeckung des *Trichocereus bridgesii*, eines engen Verwandten des San Pedro, im Mondtal außerhalb von La Paz, waren Tim Plowman und ich in Richtung Osten bis über die Anden hinausgereist, um in den Wäldern der *montana* nach wildem Coca zu suchen. Einen Monat später kehrten wir in die Berge zurück, überquerten die Coroico-Schlucht und kamen erschöpft an einem Wasserfall an, der über die Felswände 300 Meter in den Canyon hinabstürzte. Wir kampierten neben der Straße, im Nebelwald unterhalb mehrerer Weiher. Am Abend holte ich eine Jutetasche hervor, und wir aßen beide eine Hand voll von dem getrockneten Kaktus.

Eine Stunde verging. Auf einer kleinen Lichtung saßen wir zwischen Baumfarnen auf Lattenkisten einander gegenüber. Keiner wagte den andern anzusehen. Wir fühlten uns beide unwohl, eine ganz leichte Übelkeit konnte die erste Woge eines Rauschzustands sein oder auch der Anfang einer Vergiftung. Das Licht veränderte sich. Über den Canyon flogen Schwalbenschwärme. Der Wind fegte durch die Schlucht und das silberne Laub der *Cecropia*-Bäume. In langsamen Wellen hob und senkte sich die Erde, und während das Licht die Farbe des Bernsteins annahm, begann der Wald zu flüstern. Ein Lastwagen kam vorbei, und ein Dutzend lachende Aymara-Frauen warfen uns, als würden sie unsere Wonne mitempfinden, Früchte zu, Mangos, Avocados und Bananen, die eine schwache Spur in der Luft hinterließen.

Wir kletterten auf einen Hügelkamm hinauf, von dem aus wir die Schlucht überblickten, und kamen zu einer alten heiligen Stätte, die durch ein umgefallenes Kreuz gekennzeichnet und von Chinarindenblüten umgeben war. Der Mond ging auf, und im silbernen Licht landeten Schwärmer auf den duftenden Blüten. Ihre Flügel waren von leuchtenden Kreisen umringt, deren warmes Glühen in die stille Nachtluft ausstrahlte und auch auf unseren Hund Pogo fiel, der auf dem trockenen Boden zusammengerollt schlief. Als dann der Tag anbrach, stellten wir fest, dass wir mit *Trichocereus bridgesii* nicht nur ein neues Halluzinogen entdeckt hatten, sondern außerdem einen seltenen Chinarindenbaum, von dem das Chinin stammt, und eine bislang unbekannte Coca-Art, zarte kleine Sträucher zu beiden Seiten des umgefallenen Kreuzes.

Wir verließen die Berge und fuhren zur Küste, und eine Woche später kampierten wir in der Wüste südlich von Lima auf einer Felsklippe, die schützend eine kleine Bucht umgab, einen Halbmondstrand mit weißem Sand, der ein mit Guano bekleckertes Inselchen einfasste. Es war Mittag, und die Sonne hatte den Dunst des Meeres aufgelöst. Wir wussten, dass der Kaktus bekömmlich ist, und waren gespannt darauf, seine Wirkung zu erleben. Wir ließen eine oder zwei Stunden verstreichen, bis das Licht weicher geworden war, und aßen dann ein paar Hand voll davon. Wir warteten einige Sekunden, blieben still im Sand sitzen und sahen der Brandung zu. Bald – zu bald, wie mir schien – hatte ich dann diese seltsame, unverkennbare Empfindung, eine Wärme in meinem Innern, eine schwache Ahnung von dem, was folgen würde. Windgesäusel in der Luft, ein Vogel im Flug, lautlos und gelassen. Die Wellen kamen heran, schlugen auf den Sand und spuckten weißen Schaum. Plötzlich war die Welle in mir, floss in den Körper hinein und wieder heraus wie Ebbe und Flut.

Wir stolperten zum Meer und verloren uns in dieser Welt aus

Felsen, Seesternen und Krabben; Schuppenmolche krochen an Land, wurden von der Brandung zurückgeworfen und krochen wieder zurück, um sich am nassen Vulkangestein festzuhalten; ihre Haut, schwarz wie vor Urzeiten, glitzerte in der Sonne. Der Himmel ein Farbengewölbe, roter Regen. Durchsichtige Schleier, mauve und rosafarben, ließen den Sand mit dem Himmel verschmelzen und verliehen den Klippen weiche Konturen.

Wir kletterten die Klippenwand hinauf, bloße Füße auf glattem Fels, schwarze Steine zerplatzten zu Blüten. Der Wind wehte vom Meer her, hob uns auf einen breiten Felsüberhang, und dahinter erstreckte sich die ganze Wüste. Jede Geste hinterließ Spuren in der trockenen Luft, eine farbige Welle, die zum Horizont lief. Die Luft nahm Gestalt an, wurde fühlbar. Als ob wir uns schwimmend durch einen See pastellfarbenen Lichts bewegten. Ich drehte mich um und sah Tim wie einen Schattenriss vor dem Hintergrund des Meeres. Über uns ein verwirrender, greller, blendender Himmel. Um die Sonne flogen Gestalten, wilde Kreaturen mit roten Brüsten, blauen Schlangenhaaren und Augen wie Untertassen aus Licht, das in immer kleiner werdenden Kreisen kreiselte.

Der Himmel tat sich auf. Ein Dom aus tiefstem Blau wich einem Schwarz, in dem überall kleine Lichtkristalle aufblitzten. Ich schaute nach unten und sah die braune Erde zurückgleiten. Auf den Schwingen von Vögeln segelten wir durch den Raum, durch Leere, über Länder aus purpurnem Sand und Flüsse aus Glas hinweg, die ins Meer mündeten. Aus der Wüste erstanden Formen, Burgen und Tempel, gewaltige, auf Dünen ausgebreitete Eidechsen, in den Sand gekratzte Totemfiguren, bloße Abbilder vertrauter Dinge. Ein Flug an unwegsamen Bergwänden vorbei, im Wind die Berührung von Wolken auf Federn. Unsere Federn waren das, der Haut entsprossen. Das Auge eines Bussards. Die Schönheit des Wassers, das Adern in die Erde gräbt. Wind, der uns in den Nachthimmel und über die verstreuten Sterne hinaus trägt.

Eine ferne Stimme aus der Tiefe. Ein Brunnen der Finsternis. Das bleiche Gesicht eines lächelnden Kindes. Ich drehte mich um und sah einen Raubvogel, dessen ausgespannte Flügel sich über den Morgenhimmel wölbten, und im Fluge zielte sein Schnabel mitten auf die Sonne. Kein Laut, nur das Bild eines aufsteigenden Vogels, der dem Vergessen zustrebt. Dann ein allmählicher, spiraliger Abwärtsflug, bei dem meine Füße die Erde anzusaugen schienen. Dann wieder auf dem Boden. Langsam erhob ich mich und blickte aufs Meer hinaus. Die Sonne war untergegangen. Stunden waren vergangen. Ich schaute mich um und sah Tim auf einem Stein sitzen, inmitten eines Teichs aus samtenem Licht.

Der Mond hatte sich langsam über den Himmel gewälzt, und die Wüste erwachte zum Leben. Das Licht änderte sich, und der raue Wind sandte blitzende Leuchtspuren vorbei. Bald erhob sich die Morgendämmerung über uns, und die Wolken im Osten nahmen am leeren Himmel eine glänzende Färbung an. Alle Farbtöne des Sonnenuntergangs wiederholten sich nun, aber unendlich zarter. Eine große Wand aus Dunst schob sich ans Ufer, und als sie sich auflöste, waren auf einmal Fischer da und suchten den Strand nach Ködern ab.

Alles schien möglich in diesem Augenblick. Kollektive Visionen, Bewegung durch Raum und Zeit, Verwandlung. Farbspiralen, vorzeitliche Bilder, in den Boden graviert, aufsteigende Vögel, die in die Mäuler himmlischer Jaguare fliegen – das waren keine poetischen Bilder. Das war wirklich oder jedenfalls eine Wirklichkeit, die der Kaktus uns enthüllt hatte. Vielleicht lag hier der Schlüssel zum Verständnis des Ursprungs der ersten großen Anden-Zivilisationen, des Geheimnisses von Chavín, der Quelle der religiösen Triebkräfte, die vor viertausend Jahren die Völker dieser Berge erleuchtet hatten. Der Kaktus der Vier Winde, eine Pflanze, die über solche Kräfte verfügt, dass sie das Bewusstsein zerstören, den Körper in Geist umwandeln und den Himmel aufreißen konnte.

In Huancabamba gingen ganz andere Dinge vor sich. Mir fiel auf, dass der *maestro*, obwohl er zweifelsohne vertraut war mit den Visionen, die der Kaktus ermöglichte, den Zugang zum Reich des Geistes strenger kontrollierte als allgemein angenommen. Er spielte anscheinend weniger die Rolle eines Schamanen als eines katholischen Priesters, der als Einziger den Gläubigen am Leib Christi teilhaftig werden lassen kann. Sein Tee hatte jedenfalls nicht das pharmakodynamische Potenzial des Kaktus. Ähnlich wie die Oblate beim Abendmahl war der Kaktus zum bloßen Symbol des Göttlichen herabgestuft worden. Deutlicher als jede andere Eigenheit zeitgenössischer Kulte ließ sich daran der Triumph der katholischen Kirche im Tal der Schlange ablesen. Freilich, im Glauben des *maestro* waren auch noch einige uralte Anschauungen lebendig: der Glaube an Schutzgeister, der Gedanke, dass Heiler böse Mächte bekämpfen, die Überzeugung, dass das Bewusstsein dem Land Leben einhaucht. Aber was fehlte, zumindest für die Teilnehmer an den *mesas*, zu denen ich ja auch gehörte, war der Schlüssel zu einer Welt außerhalb zeremonieller Ordnung, jenseits des Rituals. Das hatte mit Metaphysik nichts zu tun, es war lediglich eine Frage der Dosierung.

Pfade in die Wildnis

Stellen Sie sich vor, in der Spätnachmittagssonne am Rande eines Hochplateaus zu sitzen; vor Ihren Augen, hinter den Rinnen der Schneeschmelze und der dicht verzweigten Fichten, jenseits der Flüsse, Seen und zerklüfteten Berge, breiten sich unbewohnte Täler aus, die größer sind als ganze Länder. Stellen Sie sich vor, Sie wandern über die Tundra, jenes Füllhorn an Farben und Lauten, an Pfiffen und Vogelrufen, rötlichgelb und rötlichbraun, alles auf eine Leinwand geklatscht, die sich bis zum Horizont erstreckt – und dort: Berge wie Wälder in Eisfelder gepackt, eine brodelnde Masse aus Fels und Schnee in einem Meer von Wolken. In alle Richtungen unendlicher Raum.

Im Osten liegt Spatsizi, das Land der Roten Ziege, der größte und entlegenste Wildpark in British Columbia, der Geburtsort des Stikine, des ungestümsten Flusses am westlichen Rand von Nordamerika. Im Westen, jenseits der aufragenden Höhen des Klastine-Plateaus ist der Edziza, der heilige Berg der Tahltan-Indianer, ein Turm von einem schlafenden Vulkan, immer von Wolken eingehüllt, der Gipfel gekrönt von einem Eisfeld mit knapp 10 Kilometer Durchmesser. Hoch oben ziehen Greifvögel über den Himmel, in der Ferne führen Ziegenpfade hinab in den Wald. Überall Anzeichen von Wild – auffliegende Schneegänse, verschlungene Fährten fliehender Wölfe, Berufkraut, von den Pranken schwerer Grizzlys zerdrückt. In dieser Landschaft hat alles übermenschliche Ausmaße – mit Ausnahme der schmalen Landstraße, die das Tal in Nord-Süd-Richtung durchschneidet, und daneben eine Ansammlung von Häusern, die von hier oben wie zerbrechliches Spielzeug aussehen.

Wer auf der ungepflasterten Stewart-Cassiar-Strasse nach Norden zum Yukon fährt, wird sicherlich an einer Gruppe baufälliger Hütten anhalten, die sich Tatogga Lake Triangle Resort nennen. Dort findet man rund fünfzehnhundert Kilometer nördlich von Vancouver nach vier Stunden Fahrt die erste Tankstelle und nach sechs die erste ordentliche Unterkunft. Im Gegensatz zu den meisten Orten, durch die man auf dem Weg nach Norden kommt – haufenweise verzinktes Metall, aneinandergekoppelte Wohnwagen auf Kies, Souvenirstände, wo Bücher nach Gewicht verkauft werden –, ist Tatogga aus Holz erbaut, Blockhütten hauptsächlich, mit so vielen Elchgeweihen geschmückt, dass man Appetit bekommt.

Da steht dann wahrscheinlich eine Wohnmobilkarawane neben den Tanksäulen, ein paar geparkte Lastwagen, und darüber fliegen Hubschrauber mit baumelnden Geräteladungen für die provisorischen Lager der Goldsucher hin und her. Außerdem gibt es ein beleuchtetes Exxon-Schild, und Leute aus Florida, die Angst vor Bären haben, fragen an, ob sie nachts darunter parken dürfen. Auf einer Wiese in der Nähe pflegte Betsy Robinson, eine Puffmutter aus Detroit, jeden Frühling mit ihrem fahrbaren Bordell Rast zu machen, bevor sie nach Norden weiterfuhr, wo mehr los war. Im Gasthaus schmücken Pelze und Fallen die Wände; Buschpiloten, Fahrer, Fallensteller und einheimische Fremdenführer sitzen um den steinernen Kamin, unter dem wachsamen Blick des signierten Porträts einer Dame.

Tatogga Lake wird seit fünfzehn Jahren von Mike Jones geführt, einem Fischerei-Biologen. Wie er mir einmal erzählte, hatte er sich in dem Tal niedergelassen, weil man in diesem Gelände den ganzen Yosemite-Park verstecken könnte, ohne dass die Amis ihn jemals finden würden. Er hatte seinerzeit hier Station gemacht, weil er noch Informationen für eine Studie über Lachse benötigte, und dabei mitangehört, wie sich Leon Fleming, der damalige Besitzer von Tatogga, über sein Leben beklagte. Er konnte sich nicht entscheiden, ob er jetzt angeln gehen oder sich den See hinuntertreiben lassen sollte, um sich den großen Elchbullen zu schnappen, den er die ganze Zeit vom Kai aus beobachtet hatte? »Ihre Sorgen möchte ich haben«, hatte Mike gesagt, und Leon meinte: »Können Sie gerne haben.« Mit einem Handschlag wurde der Handel besiegelt und dazu noch mindestens eine Heirat. Mike Jones trat aus seinem Leben heraus und in ein anderes hinein.

Abgesehen davon, dass Mike einer der besten Buschpiloten, Bootsführer und Jagdführer dieser Gegend war, konnte er Geschichten erzählen, »dass die Sterne wackeln«, wie die alten Indianer sagten. Viele handelten von Leuten, denen er aus der Klemme geholfen hatte, wie etwa den drei deutschen Kanuten, die in selbstmörderischem Tempo den falschen Fluss hinabgeschossen waren; oder den vielen Reportern aus dem Osten mit ihren schenkellangen Messern, die oben am Griff einen kleinen Kompass hatten. Oft erzählte er von seinen Reisen im Norden, und wie es schien, gab es kaum einen Ort, an dem er noch nicht gewesen war. An den Abenden kamen die Leute aus dem ganzen Tal und versammelten sich um Mikes Kamin. Hier fühlten sie sich wohl, hier in diesem Land, das Mike seine Heimat nannte.

Um ein Land kennen zu lernen, schrieb der englische Schriftsteller Lawrence Durrell einmal, braucht man nur ein wenig Geduld, beschauliche Ruhe und einen Ort, an dem man die geflüsterte Botschaft der Landschaft hören kann. Sie war in seinen Augen der Schlüssel zum Charakter. Könnte man Frankreich entvölkern, schrieb er, und es dann mit Tataren neu besiedeln, so würde man nach wenigen Generationen verwundert feststellen, dass die Nationaleigenschaften alle wieder auferstanden sind: die rastlose Neugier am Metaphysischen, der leidenschaftliche Individualismus, der Hang, das Leben zu genießen. Er nannte das die unsichtbare Konstante des Ortes. Die kanadische Schriftstellerin Margaret Atwood hatte das begriffen, als sie schrieb: Wenn man das Wesen von Großbritannien, Amerika und Kanada in einem Wort charakterisieren müsste, wären das die Wörter Insel, Grenzland und Überleben. Damit formulierte sie etwas, was Reisende von jeher empfunden hatten. So wie die Landschaft ein Volk kennzeichnet, so ersteht Kultur aus dem Geist des Orts. Der Liedermacher Gilles Vigneault aus Quebec erfasste den stummen Patriotismus der Kanadier perfekt, als er schrieb: »Mein Land ist kein Land, es ist der Winter.«

Weite, Land und Winter – das ist die überwältigende Realität Kanadas. Freilich sind Zahlen langweilig, aber in diesem Fall sind sie höchst eindrucksvoll. Ein Land, das sich über 7200 Kilometer und sechs Zeitzonen erstreckt, mit einer Fläche von 10,3 Millionen Quadratkilometern. Ein Land, das mehr Seen hat als Einwohner, eine Nation, die ganz Großbritannien in British Columbia unterbringen könnte, ein Land, in dem der Winter die Stimmung des ganzen Jahres bestimmt.

Doch das Beschäftigtsein der Amerikaner mit sich selbst und die Zwangsvorstellungen der Kanadier von Amerika verdecken ein entscheidendes Merkmal der kanadischen Geografie. Demografen weisen immer wieder darauf hin, dass 80 Prozent der kanadischen Bevölkerung in einem 160 Kilometer breiten, an Amerika angrenzenden Streifen leben und dass Neufundland näher an Dublin liegt als an Vancouver, Calgary näher an Mexico City als an Halifax. Dreht man die Landkarte jedoch um, sieht man das etwas anders. Von der amerikanischen Grenze bis zum Nordzipfel Kanadas sind es knapp 5000 Kilometer, weiter als von New York nach Los Angeles. In diesem ungeheuer großen Areal liegen Wälder, die sechsmal so groß sind wie Frankreich, und eine Tundra, die größer ist als Westeuropa, bevölkert von weniger Menschen, als man in einem Baseball-Stadion unterbringen könnte. Die Gebiete im Norden, die uns größtenteils unbekannte, im ewigen Dauerfrost liegende Heimat der Ureinwohner, machen 40 Prozent von Kanada aus.

Diese Weite macht den Reiz Kanadas aus, die Vorstellung, dass man von der Grenze aus nach Norden gehen und in einem Land verschwinden könnte, das nie aufhört und sich immer weiter bis zu unvorstellbar fernen Gestaden erstreckt. Nur die Sahara und Teile Amazoniens können vielleicht ähnliche Empfindungen wachrufen, das Gefühl, dass eine einmal begonnene Reise womöglich nie endet. Doch während die Landschaften dort völlig exotisch sind, weist der kanadische Norden eine gewisse Vertrautheit auf – die Erinnerung an Winter, die Art der Fauna und Flora –, die Europäer und Amerikaner an Dinge gemahnen, die sie in ihrer Heimat längst vergessen haben.

Das Gewicht des Nordens ist jedem kanadischen Kind im Hinterkopf stets bewusst. Die lebhaftesten Erinnerungen an meine Jugend in Quebec betreffen die Eisstürme, die von der Arktis ins Land fegten und die Stämme von Ulmen und Ahornbäumen knickten. Ich weiß noch, wie Jungen auf dem Sankt-Lorenz-Fluss Hockey spielten und der Puck über den Eisschollen verschwand, wie der schwarze Turm der katholischen Kirche sich in Winterwinden auflöste, die Himmel und Erde zu unendlichem Weiß verschmolzen, ohne Umrisse, ohne räumliche Tiefe. Dieses Gefühl von Wildnis kennen alle Kanadier, selbst im Herzen der Städte. In Vancouver, wo ich lebe, laichen die Lachse in die nächsten Bäche, und Schwarzbären kommen von den Küstenbergen herab, um sich an ihnen gütlich zu tun. In den Stadtparks trifft man auf glatzköpfige Adler, und im Frühling fliegen Raben umher.

Welche Rolle die Landschaft in der Vorstellung der Kanadier

spielt und wie sich amerikanische und kanadische Wesensart unterscheiden, versteht man vielleicht am besten, wenn man die Werke zweier Männer liest: Henry David Thoreau und Frederick Phillip Grove. Thoreaus Prosa ist sehr schön, und was er zu sagen hat, wird die Zeiten überdauern; aber über die Wildnis konnte er nur so schreiben, wie er es eben tat, denn er hatte in seinem Leben nie etwas wirklich »Wildes« erlebt. Grove hingegen war mit dem dramatischen Leben in der Wildnis völlig vertraut. In seinem Klassiker *Over Prairie Trails* erzählt er von den Wegen, die er in einem Winter zurücklegte – zwischen der Schule, an der er unterrichtete, und seiner Familie, die 54 Kilometer entfernt in der Prärie von Manitoba lebte. Im Gegensatz zu dem überaus selbstbewussten Thoreau war das Schreiben für Grove eine Art von Meditation; seine Geschichten waren nur für die Ohren und Augen von Frau und Kind bestimmt und um in den Wochen seiner Abwesenheit abends am Kaminfeuer vorgelesen zu werden.

Jede seiner Erzählungen, jeder einzelne Weg, ist einzigartig. Da ist eine träumerische Bewegung, die Poesie der Stille, wenn die Kufen sanft über den Schnee gleiten. Da sind die Schrecken der Winterstürme, wenn die Temperaturen so tief fallen, dass die Lederhalfter brechen und der Atem der Menschen, knisternd wie die Stimmen der Sterne, sofort gefriert. Grove erzählt von wundersamem Wandern durch das Licht des Tages in die Schatten des Wintermonds, vom Nebel über dem Moor, der weicht und den Blick auf das Nordlicht freigibt. Er erzählt von verzweifelten Wegstrecken mit verletzten Kindern und sterbenden Frauen durch Landschaften, von Schnee und Wind geformt, in denen Tierkadaver die Prärie durchziehen wie dunkle Landmarken. Die Natur ist für Grove keine Wesenheit, sondern ein Zustand, etwas, das man ertragen muss, und nicht etwas, das man freudig begrüßt.

Grove erlebte Kanada nicht als Wildnis, sondern als entlegenes, wildes, schönes Homeland voller Leben. Für ihn war es ein vertrauter, wenn auch etwas sonderbarer Lebensraum, wo es mehr Karibus gab als Menschen, aber doch einer, in dem Mann, Frau und Natur schon lange in Frieden miteinander lebten. Dazu gehörte auch die ganz besondere Beziehung zu einer Landschaft, die den Luxus der Weite für sich beanspruchte. Und in diesem riesigen Territorium, dieser geistigen Weite, und in der Einsamkeit der Prärie entdeckte er, was es bedeutete, Teil dieser Umgebung zu sein.

Für die einheimischen Volksgruppen Kanadas prägte dieses Zugehörigkeitsgefühl zur Landschaft, diese Topografie des Geistes, das Leben einst bis in alle Einzelheiten. In Yukon traf ich einmal einen älteren Sekani, den ein Missionar mit seiner Anschauung vom Himmel völlig verwirrt hatte. Er konnte unmöglich glauben, dass jemand alles aufgeben sollte, was das Leben lebenswert machte, Rauchen, Trinken, Fluchen, Saufen, um irgendwohin zu gehen, wo keine Tiere zugelassen waren. »Keine Karibus?«, fragte er völlig konsterniert. Eine Welt ohne das Element des Wilden konnte er sich nicht vorstellen.

Mike Jones hat oft erzählt, dass er nördlich von Ontario einmal einen Cree-Trapper angeheuert hatte, Peter Whitehawk, der ihm bei einer Umweltstudie helfen sollte. Mehrere Wochen lang sah der Indianer mit wachsendem Unverständnis zu, wie Mike winzige Fallen aufstellte, um kleine Nagetiere zu fangen. Als sich Whitehawk schließlich nicht mehr beherrschen konnte, verließ er eines Morgens das Lager. Mike wachte auf und fand eine seiner Mausefallen auf dem Frühstückstisch und daneben eine sehr sorgfältig ausgehobene Wolfsfährte. Schon als Kind hatte Whitehawk gelernt, dass man einen anderen nie direkt kritisieren darf. Aber er fühlte sich verpflichtet, Mike darauf hinzuweisen, dass er mit einer so kleinen Falle nie etwas fangen würde, was sich lohnte.

Diese einfache Geste kennzeichnet, ähnlich wie das Vorrecht des Schweigens, die Haltung eines Volks, dem die Tat immer mehr bedeutet hat als das Wort. Vor einigen Jahren arbeitete ich in einem Jagdlager im Norden von British Columbia zusammen mit Alex Jack, einem alten Gitxsan; wir kümmerten uns um Pferde, reparierten Zäune und führten ab und zu einen Jäger bei der Suche nach Elchen oder Ziegen. Ich bat Alex jeden Tag, mir Geschichten aus alten Zeiten zu erzählen, Mythen oder Sagen über sein Volk und sein Land. Er erzählte frohgemut aus seiner Jugend, von den täglichen Jagdausflügen, um das Dorf mit Fleisch zu versorgen, und von den winterlichen Handelsfahrten mit Hundeschlitten zur Küste. Doch über die alten Legenden sprach er nie.

Er zog es vor, vom Kampf ums Überleben zu berichten, von Wintern, in denen die Winde so eisig waren, dass die Karibus erfroren, Hunde starben, die Menschen Fichtenrinde aßen und Eltern entscheiden mussten, welches ihrer Kinder sie am Leben erhalten und welches sie dem Tod überlassen wollten. Einmal kamen wir in eine Gegend, in der sein Bärensee-Stamm viele Jahre lang gelebt hatte. Alex sagte nicht: »Hier haben wir gelebt«, sondern, die Worte sorgfältig abwägend, als bediente er sich einer fremden Sprache: »An dieser Stelle haben wir überlebt.«

Monate später, nachdem ich es längst aufgegeben hatte, noch auf die alten Legenden zu hoffen, paddelte ich hinaus, um einen toten Elch zu bergen, den ein Trophäenjäger einfach liegen gelassen hatte. Mit einem Kanu voller Fleisch kam ich zwei Tage später zurück, und Alex erwartete mich am Anlegeplatz. Wir marschierten mit unserer Ladung durch den Kiefernhain, und da sagte er ganz ruhig, er erinnere sich an eine Geschichte. Das war der Anfang einer langen Reihe von Mythen vom We-gyet-Schöpfer, die ich mir alle merkte.

Ein paar Tage später fragte ich Alex, wie lange der gesamte Geschichtenzyklus dauern werde. Genau das habe er schon seinen Vater gefragt, erwiderte er, und um das festzustellen, hatten sie sich ihre Schneeteller angeschnallt und waren den ganzen Bärensee entlanggestapft, fünfundzwanzig Kilometer weit, und der Vater hatte erzählt. Am anderen Ende des Sees kehrten sie um, und als sie wieder zu Hause ankamen, hatte er »noch nicht mal die Hälfte der Geschichte erzählt«, erinnerte sich Alex.

Seit damals sind zwanzig Jahre vergangen, und obwohl ich mich einmal im Jahr eine Zeit lang im Tal aufhalte und mit Alex zusammen bin, habe ich das Wesen der Landschaft, die er so gut kennt, immer noch nicht ganz begriffen. Ich verstehe etwas von ihrer heilenden Kraft, und ich weiß, was in jener Nacht geschah, als We-gyet seine Pfeile am Mond vorbeischoss. Ich weiß auch, an welchem Tag die Fleischmutter ihre Felldecke zwischen den Berggipfeln ausspannte und die Tiere himmelwärts warf, sodass jedes in seinem bevorzugten Lebensraum landete. Ich kann nicht mit den Bergziegen wandern, ohne mich an das Kind zu erinnern, das die Menschen von ihrer Habgier befreite, und immer, wenn ich die Nordlichter sehe, muss ich an die Krieger denken, die im Kampf gefallen sind, und an ihr Blut, das den Himmel befleckt, und an die Seufzer ihrer Witwen, die im Dunkeln zu hören sind. Wenn ich Bärenlosung auf Pfaden sehe oder wirbelndes Espenlaub im Wind oder Habichte im Sturzflug, erinnert mich all das an die alten Erzählungen von Ausgleich und Ehre, an das Lachen und Weinen in einem Land, in dem die alten Sitten noch hoch geachtet werden und die Kinder noch im Bewusstsein der Zauberkraft der weißen Winde aufwachsen.

Kanada war zu seinen einheimischen Völkern nicht sehr freundlich. Doch ihr Geist schwebt immer noch über dem Land und prägt nun auch das Leben der Neuankömmlinge: der Pferdehüter und der Bergführer im Westen, der Fischer und Fischerfrauen, die ihre Netze im Salzwasser vor der Küste Neuschottlands auswerfen, der Fallensteller, die mit dem Frost in die Wälder von Saskatchewan verschwinden, der Goldsucher, die von Labrador bis zum Yukon im Boden nach Gold schürfen, der Männer und Frauen Neufundlands, die bei der Robbenjagd auf dem Eis den Tod gefunden haben. Sie leben in den Rockies, auf der Halbinsel Gaspé, an den Seen und Gewässern im bewaldeten Ontario und in der grenzenlosen Tundra – ganz gewöhnliche Kanadier, vereint in einer Landschaft, deren absolute Gleichgültigkeit zu Toleranz und gegenseitigem Respekt erzieht. Sie haben wenig gemeinsam außer der zufälligen Mutation in ihrer gemeinsamen Vergangenheit, die sie hartnäckig und unbeugsam machte, und der festen Überzeugung, dass Kanada ein Paradies ist, das sich nicht verbessern lässt.

Sollten Sie in diesem Sommer nach Tatogga Lake kommen, werden Sie Mike Jones nicht mehr antreffen. Im vergangenen Winter war es so kalt, dass die Bergziegen ihr eigenes Haar fraßen und die Karibus an daumendicken Weidenästen nagten. In den Küstengebirgen fielen über dreißig Meter Schnee. Irgendwann kurz vor Weihnachten machte sich Mike zu seiner Fallenstrecke am Bowser Lake auf. Die Mounties fanden seinen Hund Chinook, um 15 Kilo abgemagert; nach den wenigen Pelzen in Mikes Hütte an der Strecke zu schließen, war er wahrscheinlich im Eis eingebrochen, kurz nachdem er seine Fallenstrecke erreicht hatte. Seine Leiche wurde erst im Frühling gefunden. Ungläubige Trauer erfasste das ganze Tal. Mike hatte den Busch gekannt wie kein anderer. Er verstand, was ihm die Wildnis zuflüsterte.

Wenn Sie nach Tatogga kommen oder zu den Klippen bei Cape Breton oder ins Ödland von Alberta, dann halten Sie lange genug inne, um eine offene Bergkette zu entdecken, wo der Himmel die Erde schützend überdeckt, oder ein Tal, in dem Pferde ihre Mähnen schütteln, die wie ferne Regenwände beben. Halten Sie Ausschau nach Pollen im Wind, einem kreisenden Adler, nach Eis, das sich auf einem sommerlichen See bildet. Wenn Sie dann eine Stelle finden, wo Wolken und Dunst die Gipfel umhüllen und so die Illusion von Tiefe hervorrufen, die jeder Reise Bedeutung verleiht, dann lüften Sie den Hut und gedenken Sie derer, die vor Ihnen da waren und Ihnen den Weg gebahnt haben.

Im Schatten der Roten Zeder

Im Schatten der Roten Zeder, an einem Fluss, dem die Lachse Farbe geben, wo Pflanzen sich ihre Nahrung aus der Luft holen und kleine Lebewesen vom Tau leben und den Waldboden nie berühren, da ist es schwer, sich eine Zeit vorzustellen, in der es die Regenwälder an der Küste Nordamerikas in einem gemäßigten Klima nicht gab. Denn diese ungeheuer großen und geheimnisvollen Wälder, die an Wundern und Dimensionen alles übertreffen, was es in den Tropen gibt, erstrecken sich heute in großem Bogen von Nordkalifornien 3000 Kilometer weit nach Norden und bis zum Copper River und dem Golf von Alaska nach Westen. Myriaden von Pflanzen und Tieren haben sich hier angesiedelt. Diese einzigartige Ansammlung von Leben zwischen Meer und Bergriesen kümmert sich nicht um nationale Grenzen, und alle Wesen, die sich im Bann dieses Lebensraums bewegen, sind vom Geist dieser unvergleichlichen Landschaft durchdrungen.

Im Süden wird diese Welt von riesigen Mammutbäumen begrenzt, den gewaltigsten Gewächsen überhaupt, und von Küsten-Sequoien, die sich 100 Meter hoch über die Nebelbänke von Mendocino erheben. Im Norden gedeihen zwei Bäume: die kanadische Sprossentanne mit ihren feinen gescheitelten Nadelblättern und der schuppigen Rinde, und die Sitka-Fichte, das majestätischste aller Kieferngewächse, ein atemberaubend schöner Nadelbaum mit blaugrünen Nadelblättern, der Salz verträgt und aus Meeresgischt Mineralien und Nährstoffe zu gewinnen vermag. Dazwischen, entlang der stillen, buchtenreichen Küste in der Mitte von British Columbia, ragen hinter einem Schutzschild von Sitka-Fichten Gehölze mit riesigen Douglasien auf. Überall, wo es häufig regnet und der Boden feucht ist, gedeiht inmitten von Sprossentannen und anderen Tannen der wohl wichtigste Bewohner der Senke zum Pazifik, die Rote Zeder des Westens, der Riesen-Lebensbaum, der den großartigen uralten Küstenkulturen zur Blüte verhalf.

Wandert man im tiefen Winter durch diese Wälder, wenn sich der Regen in Dunst verwandelt und weich auf den Moosen niederlässt, dann ist es, als ginge man in die Vergangenheit zurück. Vor zweihundert Millionen Jahren spannten riesige Nadelwälder einen Gürtel um den Planeten. Dinosaurier entwickelten im Lauf der Zeit lange, schlanke Hälse, um sich im hohen Geäst gütlich zu tun. Dann machte die Evolution einen Sprung, und Blumen wurden geboren. Das Besondere an ihnen war der Mechanismus der Bestäubung und Befruchtung, der das Leben auf der Erde völlig veränderte. Die primitiven Nadelbäume mussten die Nährstoffe der Samen erzeugen, aber ohne die Garantie, dass diese auch befruchtet wurden. Bei den blühenden Pflanzen hingegen erschafft erst die Befruchtung die Nährstoffreserven der Samen. Mit anderen Worten: Im Gegensatz zu den Koniferen strengen sich die blühenden Pflanzen gar nicht erst an, wenn sie nicht sicher sein können, dass ein lebensfähiger Same dabei herauskommt. Aufgrund dessen und anderer evolutionärer Entwicklungen nahmen die blühenden Pflanzen in kürzester Zeit eine dominierende Stellung auf der Erde ein. Die meisten Koniferen starben aus, und die überlebenden zogen sich an die Ränder der Welt zurück, wo eine kleine Anzahl den Bestand durch Anpassung an äußerst harte Lebensbedingungen sicherte. Heute gibt es Schätzungen zufolge rund 250000 Arten blühender Pflanzen, aber nur noch etwa 700 Arten Koniferen, und in den Tropen, der Brutstätte der Evolution, sind sie fast völlig verdrängt worden.

Auf der ganzen Erde gibt es nur noch eine Region von nennenswerter Größe und Bedeutung, in der sich die Koniferen, dank besonderer klimatischer Bedingungen, noch in ihrer früheren Herrlichkeit behaupten können. An den Küsten im Nordwesten von Nordamerika sind die Sommer heiß und trocken, die Winter kalt und nass. Die Pflanzen brauchen Wasser und Licht, daraus ziehen sie ihre Nahrung. Im Sommer gibt es hier zwar genug Licht für die Fotosynthese, aber nicht genug Wasser für die meisten Laubbäume, außer in tiefer gelegenen Regionen, wo großblättrige Laubbäume wie Weiche Erlen, Pappeln und Silberahorn gedeihen. Im Winter, wenn genügend Wasser und auch Licht vorhanden sind, verlieren die blühenden Pflanzen wegen der tiefen Temperaturen ihre Blätter und gehen zur Winterruhe über. Die immergrünen Koniferen hingegen gedeihen den ganzen langen Winter hindurch, und da sie das Wasser viel besser ausnutzen können als die breitblättrigen Pflanzen, entwickeln sie sich auch in den trockenen Sommermonaten weiter. So haben wir hier ein Ökosystem von solcher Fülle und Produktivität, dass die Biomasse an den besten Stellen gut viermal so groß ist wie in vergleichbaren tropischen Gebieten.

Umfang und Reichtum der Regenwälder an der Küste sind wirklich überwältigend. Der höchste Baum der Wälder im Osten, die Weymouthkiefer, bringt es auf fast 70 Meter. In den Regenwäldern an der Küste gibt es dreizehn Arten, die noch höher werden; die Redwoodbäume erreichen knapp 140 Meter Höhe, mehr als ein 24stöckiges Hochhaus. Die Riesen-Lebensbäume haben am Boden sieben Meter Durchmesser oder mehr. Der »Fußabdruck« einer Douglasie würde eine kleine Hütte zermalmen. Der Stamm der Westlichen Hemlocktanne, ein Wunder biologischer Ingenieurkunst, speichert mehrere tausend Gallonen Wasser und trägt Zweige mit rund 70 Millionen Nadeln, die alle das Licht der Sonne einfangen. Auf dem Boden ausgebreitet ergäben die Nadeln eines einzigen Baums eine fotosynthetische Fläche von zehn Fußballfeldern.

Diese Riesenbäume entzücken den Wanderer, aber das eigentliche Wunder des Waldes sind die vielen kleinen Erscheinungen in diesem staunenswerten Netz wechselseitiger Beziehungen: ein Schopfspecht, der in der Höhlung eines Aststumpfs sein Heim hat, winzige Meeresvögel, die ihre Eier zwischen den Wurzeln einer alten Zeder ablegen, im Moos der Astgabel einer Baumkrone nistende Marmoralke, fuchsrote Kolibris, die im Frühling genau zur Zeit der Brombeerblüte zurückkommen. In den Waldgewässern wohnen Frösche mit Schwänzen und Salamander ohne Lungen, die den Sauerstoff durch die Haut aufnehmen. Sonderbare Amphibien, die ihre Eier nicht im Wasser ablegen, sondern an Land, in feuchtem Humus und abgebrochenen Ästen.

Das Leben der Wirbellosen ist von bemerkenswerter Vielfalt. Eine erste Untersuchung zur systematischen Erforschung des Lebens in den Baumkronen im Carmanah-Tal auf Vancouver Island förderte 15000 Arten zutage, ein Drittel aller in Kanada bekannten Wirbellosen, darunter 500 Arten, die der Wissenschaft bislang nicht bekannt waren. Doch auch auf dem Waldboden gibt es viel Leben – zwölf Schneckenarten zum Beispiel, schleimige Pflanzenfresser, die in manchen Gegenden bis zu 70 Prozent der tierischen Biomasse ausmachen. Ein Quadratmeter Boden kann an die 2000 Regenwürmer beheimaten, dazu 40000 Insekten, 120000 Milben, 120 Millionen Fadenwürmer und Abermillionen Einzeller und Bakterien, die allesamt Nahrung aufnehmen, verdauen, sich vermehren und sterben.

Natürlich lebt keines dieser Geschöpfe unabhängig für sich. In der Natur nützt alles allen. Jeder biologische Prozess, jede chemische Reaktion führt zur Entfaltung neuer Möglichkeiten. Die verschiedenen Stränge in einem Ökosystem einzeln zu verfolgen ist etwa so kompliziert wie der Versuch, die verschiedenen Ereignisse auseinander zu halten, die zur Bildung der Mythen geführt haben. Das maschinelle Holzfällen und Roden ermöglicht inzwischen zwar Kahlschläge von der Größe kleiner Länder, aber die Regenwälder an den Küsten gehören immer noch zu den am wenigsten erforschten Ökosystemen der Welt. Erst seit ein oder zwei Jahrzehnten haben sich Biologen ernsthaft damit beschäftigt, und nun beginnen sie mit der Erfassung der dynamischen Kräfte dieser großartigen Wälder und des komplexen ökologischen Geflechts, dem sie ihre Existenz verdanken.

Am Anfang stehen Regen und Wind, die offene Weite des Pazifik und die steil ansteigenden Gebirge, die den ständigen Kreislauf des Wassers zwischen Land und Meer ermöglichen. Die Herbstregen werden von den Frühlingsregen abgelöst, oft vergehen Monate, ohne dass sich die Sonne zeigt. Manchmal kommt der Regen auch als Nebeldunst herab, und das Laub der Bäume saugt sich die benötigte Flüssigkeit aus der Luft. Hin und wieder gibt es gewittrige Stürme, bei denen sich der tägliche Niederschlag mit dem Zollstock messen lässt. Der Regen zieht lebenswichtige Nährstoffe aus dem Boden und schwemmt sie in Flüsse, die zum Meer hinunterfließen, und so entsteht hier die größte biologische Vielfalt, die es an irgendeiner Meeresküste gibt. In den Meeresarmen und Tidebecken von British Columbia, in Seichtwasserzonen, die in Feuchtgebiete übergehen, existieren 600 Algenarten und 70 Arten von Seesternen. Etwas weiter landeinwärts schützen Riementangwälder hunderte von Lebensformen, die ihrerseits eine Nahrungskette begründen, die bis in den Himmel reicht, da dutzende von Meeresvogelarten davon profitieren.

Das Land liefert Vitalstoffe für das Meer, aber das Meer nährt umgekehrt auch das Land. Vogelkot im Moos ergibt Tonnen von Stickstoff und Phosphor, die vom Winterregen in die Erde gespült werden. Millionen Lachse kehren in ihre »Geburtsflüsse« zurück und ernähren Adler und Raben, Grizzlys und Schwarzbären,

Schwertwale, Otter und über zwanzig andere Meeres- und Wald-
säugetiere. Am Ende ihrer Reise treiben sie flussabwärts in den
Tod und werden in den Nahrungskreislauf des Lebens aufgenommen: Rotlachse, Silberlachse, Chinook-Lachse, Ketalachse und
Buckellachse. Letztlich gibt es keine Trennung mehr zwischen
Meer und Wald, zwischen den Geschöpfen des Landes und des
Meeres, denn alle Lebewesen an der Regenküste sind demselben
ökologischen Rhythmus unterworfen. Alles ist voneinander abhängig. Die Pflanzen auf dem Land haben andere Schwierigkeiten; vor allem müssen sie sich Nährstoffe aus kargen Böden sichern, die die meiste Zeit des Jahres vom Regen ausgelaugt werden. Das daraus entstandene Geflecht von ökologischen Anpas-
sungen grenzt ans Wunderbare. So bildet zum Beispiel ein ganzes
Fünftel der organischen Substanzen aus den Nadelblättern einer
alten Douglasie eine Flechte, die auf anderen Pflanzen wächst, *Lo-
baria oregana*, und aus der Luft geholten Stickstoff ins Ökosystem
einspeist. Die Nadelblätter der Sitkafichte absorbieren Phosphor,
Kalk und Magnesium, und geben ein hohes Maß an Feuchtigkeit
an ihre Umgebung ab, was wiederum den Flechten sehr zugute
kommt.

Dicke Sumpfmoosmatten und andere Moose auf dem Waldboden filtern Regenwasser und schützen die Myzelien von hunderten von Pilzarten, wodurch eines der reichhaltigsten Pilzge-
biete der Welt entsteht. Myzelien stellen die vegetative Phase des
Pilzes dar, ein Geflecht von haarfeinen Zellfäden, die sich in der
organischen Schicht der Erdoberfläche ausbreiten, Nahrung aufnehmen und den Verfall beschleunigen. Ein Pilz ist einfach der
Fruchtkörper. Die wachsenden Zellfäden treffen dauernd auf
Baumwurzeln. Wenn die Kombination der Arten stimmt, erfolgt
ein bemerkenswertes biologisches Geschehnis: Pilz und Baum bilden zusammen eine symbiotische Partnerschaft, Mykorrhiza genannt, die beiden Nutzen bringt. Der Baum beliefert den Pilz mit

aus Sonnenlicht gewonnenem Zucker. Die Myzelien steigern ihrerseits die Fähigkeit des Baums, Nährstoffe und Wasser aus dem Boden aufzunehmen. Sie produzieren ebenfalls Chemikalien, die das Wachstum regulieren und die Bildung neuer Wurzeln fördern. Außerdem stärken sie das Immunsystem des Baums. Ohne diese Partnerschaft könnte kein Baum gedeihen. Westliche Hemlocktannen sind davon so abhängig, dass ihre Wurzeln kaum ins Erdreich eindringen, selbst wenn ihr Stämme in gewaltige Höhen ragen.

Aber es kommt noch besser. Alles Leben braucht Stickstoff zur Bildung von Proteinen. Nitrate, eine wesentliche Quelle, gibt es so gut wie gar nicht in den sauren, ausgelaugten Böden des Regenwalds. Doch die Myzelien enthalten stickstoffgierige Bakterien, die nicht nur dieses lebenswichtige Material liefern, sondern auch eine Hefekultur, die das Wachstum sowohl der Bakterien wie auch des Pilzes fördert. Es gibt viele verschiedene Mykorrhizen; die Wurzeln einer einzigen Douglasie können vierzig Typen unterhalten, und wie jedes Lebewesen muss sich der Pilz behaupten, vermehren und nach Mitteln suchen, seine Sporen auszubreiten. In vielen Fällen ist der Fruchtkörper ein unterirdischer Trüffel. Wenn er reif ist, bekommt er einen stechenden Geruch, der durch den Boden hindurch Nagetiere, Flughörnchen und Fichtenmäuse anzieht, zarte Geschöpfe, die sich ausschließlich von delikaten Trüffeln ernähren. Die Wühlmäuse lassen ihren Kot dann überall im Wald fallen, kleine saubere Bündelchen, die Hefekulturen, Pilzsporen und Stickstoff fixierende Bakterien enthalten – mit einem Wort, alles, was nötig ist, um Wurzeln zu impfen und die Entstehung neuer Mykorrhizen in die Wege zu leiten.

Pilze bringen dem Wald großen Nutzen; sie versorgen alles, was darin lebt, mit Stickstoff, und das Tote wandeln sie um. In alten Waldbeständen sind 20 Prozent der Biomasse, 600 Tonnen pro Hektar, in abgefallenen Blättern, Bruchholz und Baumstümpfen enthalten. Auf dem Boden sind genauso viel Nährstoffe vorhanden wie in der Erde. Das Moos auf dem Waldboden ist sehr dicht; praktisch alle Schösslinge sprießen folglich aus der Oberfläche verrottender Stümpfe und Äste, die ihrerseits mehrere hundert Jahre brauchen, bis sie völlig zerfallen sind.

Fällt ein Baum im Wald um, wird er sofort von Pilzen und einer Vielzahl von Insekten besetzt. Das Holz spendet kräftige Kohlehydrat-Nahrung. Zur Gewinnung von Proteinen und anderen Nährstoffen entwickeln die Pilze natürliche Antibiotika, um Stickstoff bindende Bakterien zu töten. Von den Pilzen ausgeschiedene chemische Stoffe ziehen andere Beute an, zum Beispiel Fadenwürmer, die sich mit platzenden Giftsäcken und einem erstaunlichen Arsenal mikroskopisch kleiner Waffen auf den Weg machen. Der Angriff auf das Holz wird von vielen Seiten aus geführt. Bestimmte Insekten, die Holz nicht direkt verdauen können, setzen Pilze ein, um diese Arbeit für sie zu erledigen. Ambrosiakäfer bohren zum Beispiel Kanäle ins Holz und deponieren darin Pilzsporen. Wenn diese gekeimt haben, bestellen die winzigen Tiere winzige Pilzfarmen, die im Dunkeln gedeihen.

Zu gegebener Zeit tauchen noch andere Lebewesen auf, Milben, Termiten und Holzameisen, die sich lange Gänge ins Holz beißen; darin bringen sie gefangene Blattläuse in Kolonien unter, die ihnen Honigseim aus Pflanzensaft liefern. Der Stamm durchläuft verschiedene Phasen des Verfalls, und schließlich tauchen weitere Unratfresser auf, darunter solche, die weiße Zellulose vertilgen, das Holz blutrot färben und Kernholz in Staub verwandeln. Ein Zoll Erdboden braucht 1000 Jahre, um zu entstehen. Organischer Abfall kann Jahrhunderte überdauern. Tote Bäume geben dem Wald Leben, aber ihr Reichtum an Substanzen wird nur sehr langsam verwertet.

Diese Beobachtung führt uns womöglich zu einem höchst erstaunlichen Rätsel. Gerade diese gemäßigte Zone der Regenwälder an der Küste ist ungewöhnlich fruchtbar und ist in der Lage, weit besser als irgendein anderes Ökosystem auf der Erde, das Rohmaterial für Leben zu erzeugen; dieser unglaubliche natürliche Reichtum ist nur durch ein riesiges Netzwerk biologischer Wechselwirkungen möglich geworden, das allerdings so komplex ist und so raffiniert ineinander greift, dass man eine lange evolutionäre Entwicklung seit Beginn der Zeiten voraussetzen müsste. Dennoch deutet alles darauf hin, dass diese Wälder erst innerhalb der letzten Jahrtausende entstanden sind. Nach Anmutung und Zusammensetzung der Arten beschwören sie das Bild großer Nadelwälder aus tiefster geologischer Vergangenheit herauf, aber als für sich in evolutionärer Entwicklung begriffenes Ökosystem sind diese Regenwälder im gemäßigten Klima der Küste einem Wickelkind vergleichbar.

Vor rund 20000 Jahren war das heutige British Columbia ein eisbedecktes, durcheinander geschütteltes Land, jung, instabil, Opfer explosiver Ausbrüche, die über die Küste hereinbrachen. Auf dem Binnenland lag eine 2000 Meter hohe Eisdecke, und während sie sich über das Landesinnere schob, wölbte sie Gebirge hoch und hobelte Täler aus und veränderte dabei ständig den Lauf der Flüsse. Riesige Eiszungen schnitten tiefe Fjorde ins Küstenland. Der Meeresspiegel fiel um 100 Meter, und das schiere Gewicht des Eises drückte die Küstenlinie 250 Meter unter den heutigen Spiegel. Vor 14000 Jahren, für geologische Zeitbegriffe ein Augenblick, fing das Eis an zu schmelzen, und die Gletscher zogen sich zum letzten Mal zurück. Das Meer überschwemmte die Küste, überflutete Küstentäler und Inseln. Aber das Land, endlich befreit von der Last von Äonen, sprang buchstäblich in die Höhe. Innerhalb von nur 1000 Jahren flutete das Wasser ins Meer zurück, und die Küstenlinie nahm mehr oder weniger die Gestalt an, die sie heute hat.

Erst in der Folge dieser geologischen Erschütterungen entstanden die Wälder. Anfangs war das Land trocken und kalt, eine ungeschützte Landschaft mit Espen und Drehkiefern. Vor 10000 Jahren, als die ersten Menschen an die Küste kamen, wurde die Luft feuchter, und die Douglastanne verdrängte allmählich die Kiefer. Sitkafichten gediehen, und Hemlocktannen und die Rote Zeder, der Riesen-Lebensbaum, waren noch selten. Nach und nach erwärmte sich das Klima und lange, eisfreie Jahreszeiten entstanden. Es fiel immer mehr Regen, und endlose Wolkenbänke hielten das grelle Sonnenlicht von den Bäumen ab. Die Westliche Hemlocktanne und der Riesen-Lebensbaum vergrößerten ihren Bestand an der Südküste und arbeiteten sich zugleich nach Norden vor, auf Kosten der Tannen und Sitkafichten.

Für die ersten Menschen an der Regenküste wurde dieser ökologische Übergang ein Abbild der Zeitendämmerung, die Erinnerung an eine Ära, da der Rabe aus dem Schatten der Roten Zeder schlüpfte, um das Sonnenlicht zu stehlen und Mond und Sterne in den Himmel zu schnicken. Die Mythologie verklärt die Naturgeschichte; die Verbreitung des Riesen-Lebensbaums verhalf den großen Kulturen im pazifischen Nordwesten zur Blüte. Die Jäger und Sammler, die seit Jahrhunderten als Nomaden an den Westküsten Nordamerikas umherzogen, waren sehr anpassungsfähig und nutzten jede neue Möglichkeit. Zwar war die Küste schon seit 5000 Jahren besiedelt, aber Werkzeuge für bestimmte Zwecke sind archäologisch erst 3000 v. Chr. nachweisbar; das war etwa die Zeit, in der die Rote Zeder die Wälder zu beherrschen begann. Im Laufe des nächsten Jahrtausends erfolgte ein dramatischer technischer und kultureller Wandel. 1000 v. Chr. wurde viel mit Zedernholz gebaut, aber 500 Jahre später entstanden ganz neue Kunstformen. Mit schweren Steinhämmern und Holzkeilen, Obsidianklingen und Muscheln mit scharf geschliffenen Rändern ließ sich dieses harte Holz zu vielen Gegenständen verarbeiten, mit denen man sich das Leben erleichtern konnte.

Etwa 500 Pflanzen an der Küste wurden verwertet, aber die Rote Zeder war von Anfang an, was ihr Name besagt: ein wirklicher Lebensbaum. Die weiche, biegsame Innenrinde lieferte Material für Schnüre und Seile, die Faser konnte man verweben. Unter Dampf ließ sich das Holz zu Kästen zum Aufbewahren von Lebensmitteln biegen, vor allem für Lachse, Beeren und Kerzenfischöl. Aus Zedernholz wurden Rüstungen und Kriegswaffen hergestellt, behauene Bretter für den Hausbau, Einbäume zum Rudern, Fischen und Jagen von Walen und Robben. Aber mit Schnitzereien aus Zedernholz konnte man auch Träume verwirklichen, das Andenken von Familien feiern, der Höhepunkte mythologischer Zeiten gedenken und über Generationen hinweg die Erinnerung an die Toten wach halten.

Mit der Zeder als materieller Lebensgrundlage und dem Lachs und anderen Gaben des Meeres als Hauptnahrung konnte sich die wohl vielseitigste Zivilisation ohne Landwirtschaft entwickeln, die es je gegeben hat. Zwar lebten diese Küstenbewohner in festen Siedlungen, in einem nach Bürgern, Sklaven, Schamanen und einer aristokratischen Elite unterteilten Klassensystem, aber sie blieben dennoch ein Volk von Seefahrern und nomadischen Jägern, deren Leben von ihrer guten Beziehung zur wilden Natur abhing.

Anders als viele Völker, die sich dem Ackerbau zugewandt hatten, glaubte dieses Küstenvolk an die Macht der Tiere, an die Magie und das Wirkungsvermögen des Geistes. Die physische Welt war für sie nur eine Seite der Realität. Dahinter existierte eine andere Welt der tieferen Bedeutungen, in die man durch Verwandlung Zugang erlangte; Schamanen kannten den Weg dorthin und riefen ihn in der Zeit der Wintertänze und der rituellen Feierlichkeiten den anderen in Erinnerung.

Das Volk, das von der Natur lebte, aber keine technischen Hilfsmittel besaß, um sie zu bezwingen, hielt Ausschau nach Zeichen. Der Flug der Adler zeigte Fischern, wo Lachszüge zu finden waren. Kraniche kündigten Heringsschwärme an. Begannen bestimmte Pflanzen zu blühen, gingen Familien zum Strand, um essbare Muscheln zu sammeln; blieben jedoch Raben und Krähen dem Strand fern, war das ein sicheres Zeichen dafür, dass die Schalentiere vergiftet waren. Zwischen Mensch und Tier fand ein fortwährendes Zwiegespräch statt, das sich in Handeln ausdrückte, in raschem Hin und Her, aber auch in Mythen und Geschichten mit magischem und mystischem Inhalt. Die Tlinglit sprachen die Pflanzengeister an und beteten, bevor sie einen Baum abernteten. In Nuu-chah-nulth-Zeremonien erflehte man Schutz für Jäger und beschwor Wale, ihr Leben freiwillig zu opfern. Wenn wilde Strömungen Trupps der Haidas auf dem Kriegspfad bedrohten, verstreuten die Paddler Schwanenfedern auf dem Wasser, um das Meer zu besänftigen. Begegnungen mit Grizzlys verliehen den Gitxsan Macht. Die Kwagiulth schickten Initiierte in den Wald, wo sie Huxwhukw und den Krummschnabel des Himmels aufsuchen sollten, Menschen verschlingende Geister am nördlichen Rand der Welt.

Diese einheimischen Völker waren weder sentimental noch durch die Sehnsucht nach Vergangenem geschwächt; doch sie ersannen sich, gestützt durch Tradition und Rituale, ein mystisches Bild von unserer Erde. Dieses Bild wurde nicht nur von dem Land bestimmt, mit dem sie so eng verbunden waren, sondern auch von der subtilen Vorstellung, dass dieses Land erst durch den Hauch des menschlichen Bewusstseins ins Dasein getreten war. Berge, Flüsse und Wälder waren für diese Menschen keine unbeseelten Requisiten auf der Bühne, auf der sich das Drama menschlicher Entwicklung vollzieht; für sie war das Land lebendig, eine dynamische Kraft, die der Mensch nutzen und mit seiner Fantasie verwandeln soll. Wichtig ist nicht, ob dieses Bild nun im absoluten Sinn richtig ist oder nicht, sondern wie sich diese Überzeugung auf den Alltag der Menschen auswirkte. Ein Kind, in Ehrfurcht vor dem Wald als der Wohnstatt von Geistern erzogen, unterscheidet sich grundsätzlich von einem Kind, das in dem Glauben aufwächst, der Wald sei zum Abholzen da.

Ich war fünfzehn, als ich zum erstenmal hörte, dass all diese uralten Wälder, von Kalifornien bis Alaska, sterben. Diese erschreckende Information wurde uns im Biologieunterricht durch einen Dokumentarfilm vermittelt, der erst einmal verdaut sein wollte. Der bekannte Fernsehschauspieler Eddie Albert war der Sprecher. Er wanderte als Mr. Arnold durch ein grünes Gehölz von Hemlocktannen und Zedern. Es waren mächtige Bäume, unten mit drei Metern Durchmesser und mit Flechten umkleidet, die in das saftige, dichte, Moos auf dem Waldboden übergingen. Nebeldunst hing in der Luft. Ein Bach floss durch das Bild, und an beiden Ufern wuchs ein dichtes Gestrüpp aus Schwertfarn und Brombeersträuchern.

»Sieht ja ganz gesund aus«, meinte Arnold. »Aber lasst euch nicht täuschen! Der Wald hier stirbt.«

Unser Lehrer, ein schlappes Männchen mit einem leuchtend roten Haarschopf, gab uns die wissenschaftliche Erklärung für Arnolds erstaunliche Feststellung. Der jährliche Zuwachs an Zellulose war in jungen Anpflanzungen nachweislich größer als in einem alten Bestand. Ein alter, ausgewachsener Wald war ein Wald, mit dem es bergab ging. Die Bäume waren überreif. Ein Beweis für den Verfall war das Bruchholz, Tonnen verrottenden Holzes nutzlos auf dem Waldboden. Eine vernünftige Verwaltung müsse sich zum Ziel setzen, die untauglichen Bestände durch neue, ertragreiche Bäume zu ersetzen. Durch gewissenhafte Rodung würden die alten Bäume beseitigt, dann könne man den Abfall verbrennen und nach neuesten Erkenntnissen gezüchtete Nadelholzsämlinge in Monokultur auspflanzen, sodass Pflanzungen mit Reinbeständen heranwachsen können. Kurz – moderne Forstwirtschaft werde mit dem Durcheinander aufräumen, das uns die Natur hinterlassen hat.

Schon damals, als ich im Klaszimmer saß und die bewaldeten Hänge von Vancouver Island sah, hatte ich das Gefühl, dass da irgendjemand falsch spielte. Rodungen im großen Stil zu industriellen Zwecken waren seit dem Zweiten Weltkrieg in British Columbia gang und gäbe. Der Rotationszyklus – die Geschwindigkeit, mit der die Wälder in der ganzen Provinz abgeholzt werden sollten und damit die Grundlage für dauerhafte Forsterträge vernichtete – sah vor, alle alten Bestände abzuholzen und durch Neupflanzungen zu ersetzen. Der ideelle Wert alter Wälder hatte keinen Platz im Kalkül der Waldplaner. Die Forstwirtschaft lieferte die logische Begründung für die Kahlschläge. Die offensichtlichen Nutznießer dieser Politik waren die großen Holzkonzerne, einschließlich des freundlichen Geldgebers für den Film, den wir ansehen mussten.

Einige Jahre später, kurz nachdem ich mein Studium beendet hatte, konnte ich mit eigenen Augen sehen, was moderne Forstwirtschaft anrichtet. Ich arbeitete für eines der größten Holzunternehmen in British Columbia und verbrachte einen langen Winter in einem Holzfällerlager nahe der Westküste von Haida Gwaii, wie man die Queen-Charlotte-Inseln auch nennt. Obwohl als Forstingenieur angestellt, arbeitete ich als Aufseher, was bedeutete, dass ich die meiste Zeit in dem uralten Wald verbrachte und, den Holzfällern weit voraus, die Wege, die Fällgrenze und die Reihenfolge der zu fällenden Bäume festlegte. Im tiefen Winter bewegte sich unser kleiner Trupp durch Bestände von Riesen-Lebensbäumen, Hemlocktannen und Sitkafichten, Bäume so hoch wie Kathedralen.

Unweigerlich bekam das Leben in unserem abgelegenen Lager, zumindest für mich, etwas Unwirkliches. Hier lebten Männer, von ihren Familien getrennt, und verdienten sich ihren Lebensunterhalt, indem sie in Minuten Bäume fällten, die Jahrhunderte gebraucht hatten, um zu wachsen. Das unablässige Motorengedröhn, die Zerstörung des Waldes, von dem nur Schlamm und verbrannte Holztrümmer übrig blieben, der Wind und der Eisregen, der an den Geräten festfror und über die zugefrorene Bucht fegte, hinterließen tiefe Spuren in den Herzen dieser Männer. Aber niemand machte sich Illusionen über unsere Arbeit. Alles Gerede über Forsterträge, überreife Bäume, dekadente und normale Wälder überließen wir den Bürokraten der Regierung und den Förstern im Dienst des Holzunternehmens. Wir lachten über die kleinen gelben Markierungen an den Wegen, die nur wir jemals begehen würden und die anzeigten, dass acht Hektar neu angepflanzt worden waren. Als ob das eine Rolle spielte bei einem Kahlschlag, der sich bis zum Horizont erstreckte.

Mit qualvoller Regelmäßigkeit brausten Winterstürme über die Inseln und an den von der Rodung aufgerissenen Waldrändern vorbei, und so kam es öfter vor, dass wir auf ganze Hektar Bruchholz stießen, das der Winde zu Boden geschmettert hatte: ein Albtraum von übereinander liegenden Stämmen und Wurzeln, tausenden Tonnen Holz, mit ungeheurer Wucht zu Boden geschleudert und darauf wartend, beim ersten Schnitt der Säge auseinander zu bersten. Windbruch auszuwerten war eine gefürchtete Arbeit, gefährlich und manchmal tödlich. Um das Risiko zu vermindern und den Verlust von Faserstoffen zu vermeiden, erlaubten uns die staatlichen Forstbeamten, den Hiebort bis zu windgeschützten Abgrenzungen auszudehnen. Am Ende waren dann ganze Täler von Lichtungen umgeben, die bis zu den Ausläufern ferner Berge reichten. Wenn ein Hang als zu steil galt, dann nur, weil die Steigung für die Maschinen zu groß war. Einzelne übrig gebliebene Bäume am Ufer von Seen oder Bächen würde unweigerlich der nächste Sturm fällen, also wurden sie auch umgesägt. Mein direkter Vorgesetzter meinte im Scherz, dass es doch gut sei, den Wald wegzuschaffen, dann könnten wir endlich etwas sehen. Als er einmal gefragt wurde, ob es klug sei, Bäume an einem Lachsgewässer zu fällen, sagte er: »Ach Quatsch, das ist doch kein Bach, bloß eine Rinne mit ein bisschen Wasser drin.«

Natürlich wusste jeder, dass die alten Wälder nie mehr zurückkehren würden, jedenfalls nicht in absehbarer Zeit. Das dichte Unterholz, das hier nachwachsen würde, hatte nicht mehr Ähnlichkeit mit dem Wald, der vernichtet worden war, als ein Weizenfeld mit dem wilden Grasland der Prärie. Aber niemand machte sich ernsthaft Sorgen über unser Tun. Es war Arbeit, und wer am Rande eines so riesigen Waldes wohnt, glaubt einfach, dass es ewig so weitergeht.

Ob jemand in der Regierung wohl weiter dachte? Gehört haben wir jedenfalls nie davon. Von unserem Lager bis zum nächsten Forstamt waren es mit dem Boot über einen Meeresarm hinweg dreißig Kilometer bis zu einer unbefestigten Straße und dann noch einmal 65 Kilometer. Die Regierung hatte den Lohn für Überstunden gekürzt, und in Anbetracht der gesetzlich festgelegten Kaffee- und Essenspausen war es den Forstbeamten nicht möglich, den Hin- und Rückweg zu unserem Lager in weniger als siebeneinhalb Stunden zu schaffen. Folglich ließen sie sich selten blicken. Aber der Bürokratismus im Holzunternehmen war auch nicht besser. Die Mühlen im Süden beschwerten sich, dass unser Lager minderwertiges Douglasienholz lieferte, was insofern erstaunlich war, als diese Tanne überhaupt nicht auf den Inseln von Haida Gwaii wächst.

Freilich gab es auch Gerüchte über ökologische Bedenken, die unser Lager erreichten. Eines Morgens traf ich in der Küche einen alten Freund, einen Sprengmeister mit Namen Archie, dem lebenslanges Rauchen und der Staub von einem Dutzend Sprengungen eine belegte Stimme beschert hatten. Er las in einer alten Zeitung, und in der Schlagzeile stand etwas von Greenpeace.

»Diese Hurensöhne haben doch keine Ahnung, was Luftver-schmutzung ist«, sagte Archie. Dann erzählte er mir von den Ar-beitsbedingungen in den Uranminen im Felsgestein der North-west Territories gleich nach dem Zweiten Weltkrieg. Die Firmen waren in Sorge wegen radioaktiver Auswirkungen und sperrten deshalb die Arbeiter, auch Archie, in große versiegelte Kammern, in die sie ein mit Aluminiumpartikeln versetztes Gas einströmen ließen. Das Aluminium, so dachten sie, würde die Lungen über-ziehen, und am Ende der Schicht würden die Männer das Zeug zusammen mit dem radioaktiven Staub erbrechen.

»*Das* war Umweltverschmutzung!«, knurrte Archie.

Es lässt sich in der Tat nur schwer feststellen, wie sich das Le-ben in einem so zerstörerischen Umfeld auf die Waldarbeiter aus-wirkte. Einige glaubten blindlings an das Vorhaben, und dieser Glaube machte sie resistent gegen Zweifel. Andere wechselten von Lager zu Lager, manchmal nur für einen Monat, sodass sie nie einen ganzen Kahlschlagabschnitt mitbekamen. Wieder an-dere zeigten sich gleichgültig. Da der ganze Apparat ständig in Bewegung war, konnte sich nirgends ein Gefühl der Zugehörig-keit zu einer Gruppe oder zu einem Ort entwickeln. Niemand fühlte sich dem Land verbunden, und angesichts unseres zerstö-rerischen Wirkens konnte das auch gar nicht anders sein. Auf den kahl geschlagenen Lichtungen war kein Platz für Gefühlsregun-gen.

Die Gespräche drehten sich hauptsächlich um Löhne und ums Überleben. Das Holzschlagen ist eine recht gefährliche Angele-genheit. Würden sich in einer Regierungsbehörde mit 500 Ange-stellten so viele Unfälle ereignen wie in einem Holzfällerlager an der Westküste, müssten die Mitarbeiter täglich mit ansehen, wie einer von ihnen auf der Bahre hinausgetragen wird. Sechs oder sieben Unfälle im Jahr enden tödlich. In dem Jahr, in dem ich im Wald arbeitete, hörte ich von einem Holzfäller, dem ein Aststumpf den Helm durchbohrt hatte und in der Leiste wieder austrat. Ein anderer kam blutüberströmt ins Lager; die Sägenkette war zurückgeschnellt und hatte ihm das Gesicht aufgerissen. Im Nachbarlager pfiff der Windenstarter, den plötzlich der Übermut packte, bevor sich die Holzrücker in Sicherheit gebracht hatten, und die Winde oben am Ladeplatz setzte ruckartig das Drahtseil in Bewegung und riss mit ihren 2000 PS die kopfunter hängenden Stämme hoch, sodass sie herumschwangen wie die Sichel eines Riesen. Ein Mann wurde von 100 Tonnen Fichte zermalmt. Ein anderer entkam wie durch ein Wunder und verlor nur seinen Helm. Der dritte und jüngste wurde am Hinterkopf getroffen. Sein Gesicht blieb unauffindbar.

Die Holzfäller waren ein Schlag für sich, die Elite des Lagers, raue Burschen, die für die höchsten Löhne in der Provinz ohne weiteres ihr Leben aufs Spiel setzten. Sie liebten die Einsamkeit des Waldes, selbst wenn das Gekreisch ihrer Sägen die Stille durchbrach. In ihren massigen Händen wirkten diese Furcht erregenden Maschinen wie Spielzeug. Dabei wog jede knapp 15 Kilo, hatte die Stärke eines Außenborders, und jagte bei voller Leistung pro Sekunde 30 Meter Kette mit Schneidezähnen um einen anderthalb Meter langen Steg herum. So eine Säge durchschneidet einen anderthalb Meter dicken Stamm in einer Minute und einen Schenkel in einer knappen Sekunde. Mit der Zeit beeinträchtigt das Geschüttel die Blutzirkulation in den Händen. Manche alten Holzfäller konnten nachts nur schlafen, wenn sie ihre Hände über dem Kopf festgebunden hatten, um die Schmerzen zu lindern. Andere hatten Albträume von Bäumen, die sich im Fallen drehten und zersplitterten, oder von hohlen Baumstümpfen, die zusammenbrachen und barsten. Einer berichtete von einem Freund, der von seiner Schicht nicht mehr zurückkam. Er lag unter Windbruch begraben und wurde erst gefunden, als der ganze Hiebort abgeholzt war.

Man musste diese Männer bewundern, aber zugleich konnte man nicht übersehen, was wir da anrichteten. Woche um Woche, Monat um Monat dehnte sich der Kahlschlag immer weiter aus, verschlang den Wald und hinterließ ein zerstörtes, verwüstetes Land, auf das die Regenfälle des Winters herunterprasselten und die dünne Erdschicht in ihren schwarzen Fluten ins Meer schwemmten. Was am Ende mit dem Land geschah, kümmerte niemanden; man überließ es einfach der Natur. In den neun Monaten, die ich im Lager verbrachte, sah ich nie, dass ein Baum gepflanzt wurde, geschweige denn irgendeinen Hinweis auf ein staatlich gefördertes Aufforstungsprogramm. Ich kann mich nicht an eine einzige Entscheidung erinnern, die aus ökologischen Gründen getroffen worden wäre. Es gab nur ein einziges Ziel, und das hatte Vorrang vor allem anderen: die größtmögliche Ausbeute an Holz. Straßen wurden so billig und effektiv wie möglich gebaut und sollten, bis auf die Zufahrtswege für Zugwagen und Winden, nur so lange halten, wie der Zugang zum Hiebort erforderlich war. Durch Geröll verstopfte Gewässer, erodierte Berghänge, durch Erdrutsche vernarbt, haufenweise liegen gelassenes, ungenutztes Holz auf den Kahlflächen – das war die Norm, das unvermeidliche Ergebnis nicht nur eines wirtschaftlichen Gebots, sondern auch der Gesinnung von Menschen, die den Wald nur als Rohstofflager betrachten, das es auszuschlachten gilt. So wie ein Bergmann Kohle aus den Flözen schlägt, so sägten wir den Regenwald ab. Er war unwiederbringlich, und wir wussten es alle.

Wie alle andern war ich dort, um Geld zu verdienen. An den Wochenenden, wenn die Aufseher nicht da waren, machte ich Überstunden im Holzschlag; ich band die Drahtseile um die gefallenen Stämme, damit die Winde sie zum Ladeplatz ziehen konnte, wo sie auf Zugwagen gehievt wurden. Holzrücker ist der miserabelste Job im Holzgeschäft, der Bodensatz in der Lagerhierarchie.

An einem Samstag arbeitete ich in einem Holzschlag auf einem Berg oberhalb unseres Lagers. Es hatte den ganzen Tag geregnet, der Wind kam aus Südosten und peitschte die Wolken über die Bucht und den Hang hinauf, wo sie in den Spitzen der riesigen Hemlocktannen und Zedern, die sich über dem Kahlschlag erhoben, hängen blieben. Wir arbeiteten am Rand der Lichtung, und der Ladeplatz war ganz in der Nähe, was ungewöhnlich war. Im Nu waren die Stämme aufgeladen, und gleich kam die Zugmaschine zurück, und wir bekamen die Drahtseilschlingen zugeworfen. Wir hatten den ganzen Tag geschuftet, mein Partner und ich, und waren völlig verdreckt, voller Schlamm, Fett und Baumsaft. Er war ein junger Nisga'a aus New Aiyansh am Nass-Fluss, und mehr wusste ich auch nicht von ihm.

Am späten Nachmittag ging am Ladeplatz irgendetwas schief, und die Winde stellte die Arbeit ein. Auf einmal war alles ganz still, man hörte den Wind, der uns den ganzen Tag Graupelkörner ins Gesicht geblasen hatte. Wir verließen beide den Kahlschlag und suchten uns eine geschützte Stelle im Wald. In der Höhlung einer riesigen Zeder saßen wir trocken und windgeschützt und warteten darauf, dass der Kran die Arbeit wieder aufnahm. Wir sprachen nicht. Mein Partner schaute unverwandt in den Wald. Zusammengekauert in der Kälte, sahen wir beide gleich aus: orangefarbene Schutzhelme, grünschwarze Regenkleidung, schwarze Gummistiefel. Wir teilten uns eine Zigarette. Ich sah mir sein Gesicht an, als er rauchte. Es kam mir etwas komisch vor, dass wir hier schweigend aneinander gedrängt saßen, zwei junge Männer aus ganz verschiedenen Welten. Ich versuchte mir vorzustellen, wie es wohl gewesen wäre, wenn wir uns nur hundert Jahre früher hier getroffen hätten, ich vielleicht als Händler, er ein Schatten in den feuchten Wäldern. Sein Volk hatte jahrtausendelang im Wald gelebt. Wie mag das Land ausgesehen haben, als mein Großvater hier ankam, fragte ich mich. In diesem Wald vor meinen Augen sah ich eine Welt, die meine Kinder vielleicht nie mehr kennen lernen würden, ebenso wenig wie die Nisga'a-Kinder. Ich drehte mich zu meinem Partner um. Auf dem Ladeplatz pfiff jemand.

»Was zum Teufel tun wir hier eigentlich?«, fragte ich.

»Arbeiten«, sagte er. Er ging zum Arbeitsplatz zurück, und ich folgte nach. Wir beendeten die Schicht und fuhren in der Abenddämmerung auf dem Mannschaftswagen zusammen zum Lager zurück. Ich habe ihn nie mehr gesehen.

Zwanzig Jahre später hatte sich in der Forstwirtschaft schon viel verändert. Ich habe mich oft gefragt, was wohl aus dem jungen Nisga'a geworden ist. Sehr wahrscheinlich arbeitet er nicht mehr im Wald. Indianer werden nur selten auf höhere Posten befördert, und außerdem sind in den letzten zwei Jahrzehnten die Jobs im Holzeinschlag um ein Drittel weniger geworden. Die Holzindustrie gibt den Umweltschützern die Schuld, aber die Wahrheit liegt anderswo. Sämtliche Initiativen für die Erhaltung der Wälder haben die Gewerkschaften nur ein paar hundert Jobs gekostet, wenn überhaupt. Neue Vorschriften in der Forstwirtschaft haben im Gegenteil neue Arbeitsplätze geschaffen, zum Beispiel durch arbeitsintensive Projekte für Neuanpflanzungen auf Kahlschlagflächen. In Wirklichkeit wurden haufenweise Arbeitsplätze gestrichen, weil Effektivität und Gewinn der Industrie auf diesem stark umkämpften Weltmarkt immer schon wichtiger waren als Arbeitsplätze.

In den vergangenen dreißig Jahren hat sich die Menge des geschlagenen Holzes verdreifacht, die Zahl der Jobs pro Holzeinheit jedoch halbiert. Die modernen Fabriken verarbeiten doppelt so viel Holz, brauchen für dieselbe Menge aber nur noch halb so viele Arbeitskräfte. In vielen Lagern haben Zangenschlepper die Seilkräne abgelöst, sodass jetzt zwei Männer die Arbeit von sechsen machen. Automatisierung und die sinkende Nachfrage nach Holz haben allein in British Columbia 30000 Männer arbeitslos gemacht, und diese Stellen werden nicht neu besetzt. Vor über fünfzig Jahren hat man privaten Unternehmern Exklusivlizenzen für den Holzeinschlag in den produktivsten Waldrevieren British Columbias erteilt, unter der Voraussetzung, dass sie in der Provinz viele Arbeitsplätze schaffen. Dieser gesellschaftliche Kontrakt, der den dauerhaften Nutzungsanspruch auf fast 94 Prozent der wirtschaftlich verwertbaren staatlichen Wälder festschrieb, ist gebrochen und verraten worden.

Und wir holzen weiter ab. In Oregon und Washington sind nur noch 10 Prozent des ursprünglichen Regenwalds an der Küste übrig. In Kalifornien blieben nur 4 Prozent der Redwoods verschont. In British Columbia wurden seit etwa 1950 rund 60 Prozent der Bestände abgeschlagen. In den zwei Jahrzehnten nach meiner Arbeit mit dem jungen Nisga'a sind mehr als die Hälfte aller Bäume in den öffentlich zugänglichen Wäldern British Columbias gefällt worden. Nach der üblichen Ertragsberechnung, rund 390 Hektar Altbestand pro Tag, werden in den nächsten zwanzig Jahren die alten Regenwälder in allen ungeschützten Tälern der Provinz zerstört sein.

In Wirklichkeit weiß niemand, was mit dem Land geschieht, wenn es erst einmal abgeholzt ist. Wälder sind sehr komplizierte Ökosysteme. Biologen konnten noch immer nicht alle dort lebenden Arten bestimmen, geschweige denn ihre Beziehungen untereinander erforschen. Obwohl wir uns hemmungslos damit brüsten, wir könnten die ökologischen Bedingungen des Waldes ohne weiteres wieder herstellen und in alle Ewigkeit Holz wachsen lassen, wird heute nirgendwo auf der Welt mehr eine vierte Generation Holz in gewerblichem Umfang geschlagen. Je unpräziser eine Wissenschaft, um so dogmatischer beharren ihre Befürworter darauf, dass sie Naturerscheinungen voraussehen können.

Die Forstwirtschaft, so wie sie im Nordwesten üblicherweise betrieben wird, ist weniger eine Wissenschaft als eine Ideologie, auf Vorstellungen beruhend, die mit empirischen Wahrheiten nichts zu tun haben, wohl aber mit den gesellschaftlichen Bedürfnissen und Sehnsüchten einer Gruppe von Leuten, die ein Interesse daran haben, sich und das, was sie tun, bestätigt zu sehen. Ihre Sprache ist unredlich, als sollte sie bewusst in die Irre führen. Der »jährlich zulässige Holzeinschlag« ist keine Grenze, die nicht überschritten werden darf, sondern eine Quote, nach der man sich richten soll. Der geplante Rückgang der Holzproduktion wird, da die Primärwälder abgeräumt werden, als natürliches Phänomen hingestellt, während es in Wirklichkeit das erschreckende Eingeständnis ist, dass man bereits seit den 40er Jahren, in denen die moderne Forstwirtschaft eingeführt wurde, jedes Jahr Raubbau getrieben hat. Der »Mehrzweckwald«, also ein Wald, der mehreren Zwecken dienen soll, unter anderem der Erholung, dem Tourismus, dem Naturschutz im weitesten Sinne, fängt erst einmal mit dem Kahlschlag an. Der alte Bestand wird »ausgewertet«, obgleich er nie angepflanzt worden ist und niemand erwartet, dass er je wieder nachwachsen wird. Primärwälder sind »hinfällig« und »überaltert«, dabei sind sie aus ökologischer Sicht biologisch höchst mannigfaltig und ergiebig.

Besonders irreführend ist der Begriff »Bestandserhaltung«, denn er verleitet zu der Vorstellung, dass die Bäume genauso schnell nachwachsen, wie sie gefällt werden. Aber das ist nicht der Fall. Allein in British Columbia wurden 35000 Quadratkilometer völlig unzureichend aufgeforstet. Wir aber holzen weiter ab, jedes Jahr 263000 Hektar. Jedes Jahr rollen 2,5 Millionen Zugmaschinen mit Langholz über die Schnellstraßen der Provinz. Aneinander gereiht, Stoßstange an Stoßstange, würde diese Autoschlange zweimal um die Welt herumreichen. In der Praxis erweist sich die »Bestandserhaltung« als unbewiesene Hypothese. Nach drei Generationen schlagen wir immer noch auf unser biologisches Kapital ein, auf die unersetzlichen Primärwälder. Als wissenschaftliches Konzept verliert der Begriff »Bestandserhaltung« jede Bedeutung, wenn man ihn auf eine ökologische Situation anwendet, deren grundlegende Parameter wir gar nicht kennen. Im besten Fall ist »Bestandserhaltung« eine theoretische Möglichkeit, im schlimmsten ein semantischer Taschenspielertrick, mit dem Vorsatz zu täuschen.

Wer einmal über Vancouver Island geflogen ist oder die endlosen Ödflächen im Innern der Provinz gesehen hat, will von den rein rhetorischen und leeren Versprechungen der Holz verarbeitenden Industrie nichts mehr hören. Die Fischer fangen an zu zweifeln, wenn sie hören, dass der Holzeinschlag 142 Lachsbestände vernichtet hat und 624 weitere bedroht. Das Holz für die Sägewerke von British Columbia kommt jetzt aus Manitoba. Zugmaschinenfahrer aus Quesnel, einer Papierstadt in der Mitte der Provinz, transportieren Ladungen vom Yukon hunderte von Kilometern nach Süden.

Nur einer der Hieborte südöstlich von der Stadt Prince George erstreckt sich über 500 Quadratkilometer, eine Fläche, fünfmal so groß wie das Stadtgebiet von Toronto – und das sechzig Jahre nach dem offiziellen Bekenntnis zur Bestandserhaltung. Das Gejammer alter Forstleute – »Ach, wüssten die Leute doch bloß Bescheid, dann würden sie auch anerkennen, was wir tun« – können wir vergessen. Die Leute wissen Bescheid, und was sie sehen, gefällt ihnen nicht.

Zum Glück wird dieses überkommene Denken nun in Frage gestellt. Viele Leute im Nordwesten, darunter die besten und klügsten Forstfachleute, erkennen jetzt, wie nötig es ist, weiter zu denken und zu begreifen, dass Entscheidungen über Rohstoffe von ökologischen Notwendigkeiten bestimmt werden müssen, dass die wirtschaftliche Bestandserhaltung keine Redensart mehr sein darf, sondern ein Glaubensartikel werden muss.

Das zu erreichen wird nicht leicht sein und mehr erfordern, als an einer Industrie herumzuzupfen, die pro Jahr allein aus British Columbia 15,9 Milliarden Dollar herausschlägt. Damit, dass man Delegationen nach Europa schickt, um Kunden zu beschwichtigen, oder mit neuen Verordnungen des Gesetzgebers gerade die schlimmsten Umweltsünden abmildert, wird man weder das Vertrauen der Öffentlichkeit zurückgewinnen noch der neuen Aufgabe, Wirtschaftlichkeit nach neuen Gesichtspunkten zu beurteilen, gerecht werden.

Jeder Arbeiter, der eine Säge bedient oder Baumstämme aus dem Boden gerissen hat, weiß, dass letztlich nur die Produktion zählt. Der in den letzten fünfzig Jahren erzielte Wohlstand war nur möglich, weil wir bereitwillig auf ungeheuerliche Art und Weise in den Wäldern gewütet haben, ohne Rücksicht auf das, was Forstwirtschaft eigentlich bedeutet. Kahlschlagflächen immer weiter ins Hinterland zu vergrößern ist ein plumpes, anachronistisches Vorgehen, das der Vergangenheit angehört, da es mit Sicherheit den dramatischen Niedergang der Forstwirtschaft herbeiführen und bei den Gruppen, die materiellen und spirituellen Nutzen aus den Wäldern ziehen, Erbitterung und Enttäuschung hervorrufen wird.

Die abgeholzten Gebiete mit neuen Anpflanzungen wieder lebendig zu machen, mit einer intensiven neuen Waldkultur die Erträge zu steigern und auf einem begrenzten Areal eine moderne Forstverwaltung als Modell einzusetzen – solche Initiativen würden zum Gedeihen der Gemeinschaften beitragen und es ihnen ermöglichen, der moralischen Verpflichtung nachzukommen, eine Umwelt zu hinterlassen, die so gesund ist wie die, die sie einst vorgefunden haben.

Nichts wäre besser geeignet, um eine neue Denkweise umzusetzen, als die Küstenwälder im gemäßigten Klima. Derzeit stehen weniger als 6 Prozent unter Naturschutz, der Rest ist zur Abholzung vorgesehen. Natürlich müsste es genau umgekehrt sein. Diese Wälder sind kostbar und so bedroht wie viele andere natürlichen Erscheinungen auf unserem Planeten, und biologisch so wichtig wie jedes andere Ökosystem, das je existiert hat. Wenn wir trotz dieser Einsicht zulassen, dass sie weiter vernichtet werden – was sagt das über uns selbst aus? Was ist dann wohl das Erbe unserer Zeit?

Die Wahrheit ist, dass wir in einer Welt, die immer komplizierter und zerrissener wird, diese Urwälder brauchen, lebendig und intakt. Für die Kinder der Nisga'a und andere einheimische Gruppen sind sie ein Abbild des Urbeginns unserer Welt, als der Rabe aus der Dunkelheit hervorkam und die Knaben in alle Welt zogen, um Geheimnisse zu erforschen. Für meine zwei kleinen Töchter spielen diese Wälder immerhin eine Rolle in den Kämpfen ihrer Urgroßeltern, jener Männer und Frauen, die um die halbe Welt reisten, um hier zu leben. Heute sind alle Menschen in diesem Land schicksalhaft miteinander verbunden. Wir leben am Rande des Kahlschlags, und in unseren Händen liegt das Geschick dieser Wälder. Wenn wir nichts unternehmen, werden wir sie noch zu unseren Lebzeiten verlieren, und irgendwann werden wir für unsere Untätigkeit Rechenschaft ablegen müssen. Wenn wir diese Urwälder erhalten, werden sie für alle Zeiten allen Generationen als Symbol der Hoffnung vor Augen stehen. Das »Ur« in der Bezeichnung dieser Wälder bedeutet nicht, dass sie schwach sind, sondern dass sie unsere ganze Geschichte verkörpern und all unsere Träume bewahren.

Das Ende der wilden Natur

Vor einigen Jahren hatte ich bei einem Symposium auf Barbados die Ehre, auf dem Podium neben zwei außergewöhnlichen Wissenschaftlern zu sitzen. Der erste, der sprach, war der berühmte Anthropologe Richard Leakey, der mit seinen Eltern im Staub und der Asche Afrikas die Geschichte von der Geburt der Menschheit entdeckte. Als letzter kam der Astronaut Story Musgrave zu Wort, der erste Arzt, der im Weltraum spazieren ging. Das war eine seltsame und bewegende Zusammenführung der Endpunkte der Menschheitsgeschichte. Auch Dr. Musgrave erkannte die Ironie, und sie machte ihn traurig. Er erzählte von seinen Gefühlen, als er vom Himmel aus die Schönheit der Erde erblickte. Da flog er, mehr als 300 Kilometer über der Erde, mit fast 300000 Stundenkilometern dahin, und auf seinem goldenen Helmvisier spiegelte sich ein kleiner, zerbrechlicher blauer Planet, der »durch die samtene Leere des Raums schwebte«, wie er sich erinnerte. Dieser Anblick, der nur dank genialer menschlicher Technik möglich geworden sei, und im Gegensatz dazu die Blindheit, mit der wir unsere einzige Heimat missbrauchten – das könne einen nur in Angst und Schrecken versetzen.

Dieser Blick auf die Erde, den wir vor nur einer Generation miterleben konnten, wird, wie viele Leute glauben, unser Denken mehr beeinflussen als die revolutionäre Entdeckung des Kopernikus, dass unser Planet nicht im Mittelpunkt des Universums steht, die immerhin die Grundlagen der westlichen Philosophie veränderte. Vom Weltraum aus sehen wir kein unendliches Neuland, auch keine fantastischen menschlichen Erzeugnisse, sondern nur eine einzige Lebenssphäre mit vielen Querverbindungen, einen lebenden Organismus aus Luft, Wasser und Erde. Diese transzendente Vision macht uns mehr als jede Sammlung wissenschaftlicher Daten klar, dass unser Planet nicht unendlich, sondern begrenzt ist und unseren Wahnsinn nur bis zu einem bestimmten Punkt erträgt.

Im Licht dieser neuen Perspektive, dieser neuen Hoffnung, erscheinen vergangene und gegenwärtige Taten der Menschheit unbegreiflich grausam und gemein. Nach dem Symposium hielt ich Vorträge im Mittelwesten und besuchte zwei Orte, die in einer anderen, empfindsameren Welt sicherlich zu Gedenkstätten gemacht worden wären, die an die Opfer dortiger Umweltkatastrophen gemahnen. Das erste war der letzte große Nistplatz der Wandertauben, ein schmaler Waldstreifen am Ufer des Green River in der Nähe von Mammoth Cave in Ohio. Die Geschichte dieser Ausrottung ist bekannt, doch erst als ich in dem kalten, dunklen Wald stand, wurde mir das Ausmaß der Katastrophe und das ganze Unrecht bewusst.

Wandertauben machten einst 40 Prozent der gesamten Vogelpopulation Nordamerikas aus. 1870 war ihr Bestand zwar schon recht vermindert, aber eine einzige Flugsäule, die Cincinnati am Ohio-Fluss überflog, war anderthalb Kilometer breit und 500 Kilometer lang und bestand aus schätzungsweise zwei Milliarden Vögeln. Diese Größenordnung muss man sich erst einmal vorstellen. Angenommen, jeder Vogel frisst täglich etwa 250 Gramm Körner, dann vertilgte ein Schwarm dieser Größe pro Tag rund 500000 Tonnen Körner. Gesichtet wurden solche Schwärme gar nicht so selten. James Audubon reiste in einer Kutsche von seinem Haus am Ohio-Fluss in das knapp 100 Kilometer entfernte Louisville, als ein Schwarm von Wandertauben den Himmel bedeckte, sodass »das Licht der Mittagssonne wich wie bei einer Sonnenfinsternis«. In der Abenddämmerung erreichte er Louisville, und immer noch kamen Vögel. Er schätzte den Schwarm auf über eine Milliarde Vögel, dabei war es nur eine Flugsäule von vielen, die an diesem Tag den Himmel verdunkelten.

Audubon besuchte Rast- und Nistplätze und entdeckte Bäume mit sechzig Zentimeter Durchmesser, deren Stamm unter dem Gewicht der Vögel abgebrochen war. Die Schicht von Vogelkot auf dem Waldboden war so dick, dass er sie mit Schnee verwechselte. Einmal stand er mitten in einem Schwarm, als die Vögel aufflogen und wieder landeten. Er verglich den Lärm und das Brausen mit einem Sturmwind und den Lärm bei ihrer Landung mit Donner.

Heute fällt es schwer sich vorzustellen, dass diese Geschöpfe binnen eines halben Jahrhunderts ausgerottet worden sind. Im ganzen 19. Jahrhundert war Taubenfleisch in Amerika ein Hauptnahrungsmittel. In den Städten des Ostens verkauften Händler bis zu 18000 Vögel täglich. Tausende gingen den ganzen Tag auf Taubenjagd. Üblicherweise nähte der Jäger einem Lockvogel die Augen zu und band ihn auf einen Pfahl. Jetzt brauchte er im hohen Gras nur noch zu warten, bis auf die Rufe des Lockvogels hin Schwärme herbeischwirrten. Sie kamen in solcher Menge, dass der Jäger sie einfach mit einem Schläger zu Boden schlug. Für wohlhabendere Jäger war das Töten der Vögel eine Freizeitbeschäftigung. Schießclubs kamen an Wochenendturnieren leicht auf 50000 erlegte Vögel. Hunderttausende von Tauben wurden in den Tod katapultiert, ehe der schwindende Nachschub die Jäger zwang, sich mit Tontauben zu begnügen.

1896, nur fünfzig Jahre nach dem ersten gravierenden Eingreifen der Menschen, waren nur noch 250000 Vögel übrig. Im April jenes Jahres sammelten sich die Vögel noch einmal in dem Wald bei Bowling Green in Ohio, um zum letzten Mal zu nisten. Die Nachricht ließ die Telegrafendrähte summen, und die Jäger eilten herbei. In einer letzten Schlachtorgie wurden über 200000 Tauben getötet, 40000 verstümmelt und 100000 Küken vernichtet. Der kümmerliche Rest belief sich auf 5000 Vögel. Die gesamte Ausbeute sollte nach Osten transportiert werden, doch der Zug entgleiste, und die toten Vögel verrotteten in ihren Lattenkisten. Am 24. März 1900 wurde die letzte wild lebende Wandertaube abgeschossen. Am 1. September 1914, als die Blüte der europäischen Jugend an der Marne starb, starb auch die letzte Wandertaube in Gefangenschaft.

Als ich die Stätte dieser letzten unbegreiflichen Schlachtorgie verließ, fuhr ich weiter nach Sioux City in Iowa, wo ich im Buena Vista College einen Vortrag halten sollte. Ich hatte Glück und konnte dort noch ein Stück Prärie mit hohem Gras sehen, ein 70 Hektar großes Gehege, mit das größte Überbleibsel eines Ökosystems, das Nordamerika einst von Südkanada bis Texas wie mit einem Teppich überzog. Es war wieder Winter, und ein kalter Wind wehte über die Kegelblumen und dutzende von Grasarten. Der junge Biologiestudent, der mich begleitete, kannte jede Art in diesem großartigen Mosaik, sie waren für ihn wie alte Freunde. Als wir über die wintermüde Prärie wanderten, schweiften meine Gedanken von Pflanzen zum Horizont. Ich versuchte mir vorzustellen, wie die Bisons hier herumgezogen waren, Millionen von Tieren, die in großen Wellen die Prärie überquert hatten.

Noch bis 1871 gab es in Nordamerika mehr Bisons als Menschen. Wenn man in jenem Jahr auf einem Felsen in Dakota stand, sah man in alle Richtungen 50 Kilometer weit nichts als Bisonherden. Die Herden waren so groß, dass eine mehrere Tage brauchte, um an einer Stelle vorbeizukommen. Wyatt Earp beschrieb eine Herde von einer Million Tiere, die ein Weidegebiet von der Größe von Rhode Island besetzt hielt. Neun Jahre später waren die Bisons aus der Prärie verschwunden.

Die Vernichtung der Bisons war das Ergebnis einer in der Geschichte beider Teile Amerikas beispiellosen Ausrottungsaktion. Die Vorstellung der Regierung war eindeutig. General Philip Sheridan schrieb damals: »Die Bisonjäger haben in den letzten zwei Jahren mehr dazu beigetragen, das ärgerliche Indianerproblem zu lösen, als die Army es in den letzten dreißig Jahren vermochte. Sie zerstören die Quelle, aus der sich die Indianer verpflegen. Man schicke ihnen Pulver und Blei, sie sollen Bisons abknallen, bis keine mehr da sind.« Zwischen 1850 und 1880 wurden mehr als 75 Millionen Bisonfelle an amerikanische Händler verkauft. Niemand weiß, wie viele Tiere noch getötet wurden und einfach auf der Prärie liegen blieben. Zehn Jahre nachdem der Widerstand der Indianer völlig gebrochen worden war, schlug Sheridan der Regierung vor, eine Gedenkmünze prägen zu lassen: mit einem toten Bison auf der einen Seite und einem toten Indianer auf der anderen.

An diese historischen Ereignisse musste ich denken, als ich im hohen Gras in der Nähe von Sioux City stand. Am meisten störte mich dabei, wie leicht wir diese ökologische Tragödie aus unserem Bewusstsein verdrängt haben. Die Leute von Iowa, brave und anständige Bürger, leben heute zufrieden in einer Landschaft voller Getreidefelder, die so eintönig sind, dass man Raumangst bekommt. Das Zeitalter der Prärie mit hohen Gräsern ist ihnen, wie auch das der Bisons, so fremd wie das Ende des Römischen Reichs oder die Belagerung von Troja. Dabei ereignete sich diese Katastrophe erst vor einem Jahrhundert, also noch zu Lebzeiten ihrer Großeltern.

Diese Fähigkeit zu vergessen, diese Flüchtigkeit der Erinnerung, ist eine Furcht erregende Eigenschaft des Menschen. Vor einigen Jahren war ich monatelang in Haiti, das noch bis in die 20er-Jahre zu 80 Prozent bewaldet war. Heute sind weniger als 5 Prozent der Waldfläche übrig geblieben. Ich weiß noch, wie ich mit einem Vodoun-Priester auf einem Felsvorsprung stand und über das Ödland blickte, unter uns ein trostloses Tal mit Unterholz und schwächlichen Bäumen. Er schwang große Reden, als wollte er aus diesem armseligen Panorama allein mit Worten noch etwas Schönheit herauspressen. Er konnte nur an Engel denken, ich nur an Heuschrecken. Dieser Mann hatte eine Umweltkatastrophe miterlebt, die in diesem Jahrhundert sein ganzes Land verwüstet hatte, aber es war ihm gelungen, das hinzunehmen, ohne seine Würde zu verlieren. Das Nichts vor Augen, schmückte er sein Leben mit Fantasie aus. Diese Fähigkeit war sehr beeindruckend, aber auch erschreckend. Offenbar können Menschen jede Art von ökologischer Entwürdigung nicht nur erdulden, sondern sich auch darauf einlassen. So wie die Farmer in Iowa heute ohne wilde Natur leben, bestreiten die Menschen von Haiti ihren Lebensunterhalt mühsam aus einem Boden, der nie wieder in den Genuss eines wohltuenden Schattens kommen wird.

Aus der Ferne, sowohl zeitlich wie räumlich, nehmen wir diese furchtbaren und erbitternden Katastrophen wahr, die uns eines kostbaren Schatzes berauben – und wir haben sie herbeigeführt, nur um unsere unmittelbaren materiellen Bedürfnisse zu befriedigen. Doch die späte Einsicht wird uns kaum vor der Blindheit schützen, mit der wir heute über Wahnsinnstaten gleicher Größenordnung hinwegsehen. Unseren Nachkommen wird es schwer fallen zu begreifen, wie wir uns an eine Geisteshaltung gewöhnen konnten, in der eine verarmte Umwelt einfach als selbstverständlich hingenommen wird, eine Umwelt, die infolge törichter Nachlässigkeit und Selbstsucht jetzt nur noch ein schäbiger Abglanz der Herrlichkeit ist, die einmal war. Innerhalb von drei Generationen, einem Lidschlag in der Weltzeit, ist es uns gelungen, Wasser, Luft und Erde zu verschmutzen, unzählige Arten auszurotten, Flüsse zu zerstören, den Regen zu vergiften, Urwälder zu vernichten und Löcher in den Himmel zu reißen. Der Harvard-Biologe E.O. Wilson macht uns darauf aufmerksam, dass dieses Jahrhundert nicht wegen seiner Kriege oder technischen Errungenschaften in Erinnerung bleiben wird, sondern als die Epoche, in der Männer und Frauen einfach zugesehen haben, wie die biologische Vielfalt unseres Planeten brutal zerstört wurde, dies billigend in Kauf nahmen oder sogar dazu beigetragen haben.

Doch nirgends ist die Krise so gravierend und folgenschwer wie in den tropischen Regenwäldern, dem größten Ballungsraum an biologischem Reichtum auf unserer Erde. Als Joseph Conrad schrieb, der Dschungel sei weniger ein Wald als ein aggressiver Haufen aus der Urzeit, das Relikt einer längst vergangenen Zeit, in der eine hemmungslos schwelgende Vegetation die Erde aufzehrte, bezog er sich auf eine Zeit, die unsere Eltern noch kannten, als die tropischen Regenwälder der Erde noch gewaltig und unzerstörbar waren, ein Grüngürtel, der sich über alle Kontinente zog. Leider ist das vorbei. In vielen tropischen Gebieten bestehen die Wolken aus Rauch, es riecht nach Maschinenfett und Schmieröl, die Geräusche kommen von Motoren, von donnernden Kettensägen, ein misstönendes Konzert riesiger reptilienartiger Erdbeweger, die zischen, fauchen und vor Anstrengung ächzen. Es ist eine verzerrte Ouvertüre wie zu einer Kriegsoper, und es herrscht ja auch Krieg zwischen den Menschen und dem Land, ein gewaltsamer Kampf bis aufs Blut, um das Land gefügig zu machen, auf dass es sich den Launen und Plänen der Menschen widerstandslos unterwirft. Die Rückstände dieses Krieges verunstalten die Landschaft von Borneo und Sumatra, Madagaskar und dem Kongo, von Costa Rica, Gabun, Indonesien und einem Dutzend anderer Länder, die einst bewaldet waren. Jetzt tobt der Konflikt im Herzen von Amazonien, und dort wird sich das Schicksal der tropischen Regenwälder letztlich entscheiden.

Über drei Jahre lang bin ich in Südamerika umhergereist, vor allem im nordwestlichen Amazonasgebiet in Kolumbien, Ecuador und Peru. Dabei lebte ich bei zwanzig oder mehr Indio-Stämmen, um zu erfahren, wie und wozu sie Pflanzen verwendeten. Als junger Anthropologe hatte ich gelernt, dass man kulturelle Schranken am besten durch gemeinsame Interessen überwindet, die einem einen Blick in das innere Gefüge einer Gesellschaft ermöglichen. Ich wuchs im Norden Kanadas auf, unter den halbnomadischen Athabasken, und bei ihnen war der gemeinsame Nenner die Jagd. Wer ein Karibu nicht über die Tundra verfolgen konnte und einen Elch nicht durch den Fichtenwald, würde nie an ihrer Kultur teilhaben. Im nordwestlichen Amazonien, in einer stummen Welt aus Laub und Wasser, wo das Kronendach so dicht ist, dass manche Indios nicht zwischen Grün und Blau unterscheiden können, wird man kein Volk kennen lernen, wenn man seine Pflanzen nicht verehrt. Die Botanik ist ein vorzüglicher Schlüssel zur Kultur der Einheimischen. Ich bin Ethnobotaniker geworden, weil ich mir nicht vorstellen konnte, wie man das Leben von Waldvölkern sonst verstehen kann.

Vielleicht spürte ich wegen dieses ethnografischen und botanischen Interesses schon als Student einen Zusammenhang zwischen der allmählichen Zerstörung der biologischen Vielfalt und dem Zerfall der kulturellen Vielfalt. Heute ist der Zusammenhang offensichtlich, aber in jenen frühen Jahren entging er vielen Akademikern, die zwar die Entwicklung erkannten, sich aber dennoch erst einmal zurückhielten. Ich erinnere mich an einen Abend in Harvard, im Herbst 1979, als E.O. Wilson im Auditorium ans Pult trat, um Norman Myers vorzustellen. Kurz zuvor war sein Buch *The Sinking Ark* erschienen, eines der ersten Bücher, das die biologische Krise vorwegnahm. Das Auditorium war fast leer. Am selben Abend hatte Seine Heiligkeit, der vierzehnte Dalai-Lama, im Sanders Theatre seinen ersten öffentlichen Auftritt in den Vereinigten Staaten, offenkundig ein politischer Akt zur Unterstützung der Kampagne für ein freies Tibet. Natürlich war das Sanders Theatre voll. Die historische Bedeutung dieses Besuchs des

Dalai-Lama war Wilson zu jener Zeit nicht klar; er äußerte sich nicht sehr schmeichelhaft über den tibetischen Führer. Wenn nicht einmal Harvard-Studenten die richtigen Prioritäten setzen konnten, bemerkte er, als er sich bei Myers für die wenigen Zuhörer entschuldigte, wie sollen dann erst Biologen in der Öffentlichkeit Gehör finden?

Professor Wilson, ein bescheidener, kluger Mann mit einer unendlich großzügigen, offenen Einstellung, würde seine damalige Uneinsichtigkeit heute sofort tadeln und feststellen, dass der Dalai-Lama, eben weil er für sein Volk sprach, auch dafür kämpfte, eine Lebensweise und eine einmalige Kultur zu erhalten, die für das Schicksal der Menschheit ebenso lebenswichtig sind wie jedes Steinchen im Mosaik der Natur. Als Wilson fünf Jahre vor der Geburt des Dalai-Lama auf die Welt kam, wurden weltweit 15000 Sprachen gesprochen. Eine Sprache ist nicht einfach eine Ansammlung von Wörtern oder eine Menge grammatikalischer Regeln, sie ist ein Lichtstrahl menschlichen Geistes, ein Filter, durch den sich die Seele eines Volks in der materiellen Welt manifestiert. Eine Sprache ist so göttlich und geheimnisvoll wie ein Lebewesen. Heute spricht man vielleicht noch 6000 Sprachen, und von diesen geht alle zwei Wochen irgendwo auf der Welt eine unter. Im nächsten Jahrhundert werden nur noch ein paar hundert übrig sein.

Wenn es etwas gibt, was ich auf meinen Reisen gelernt habe, dann dieses: Kulturelle und biologische Vielfalt sind viel mehr, viel wichtiger als die Sicherung von Stabilität. Sie sind eine Sache des Glaubens, sind Ausdruck einer grundlegenden Wahrheit, die uns zeigt, wie die Dinge sein sollen. Wenn die Vielfalt der Arten und Formen eine Quelle des Staunens ist, so ist das Gegenteil, die allgegenwärtige Reduzierung auf eine gestaltlose und gleichförmige moderne Biokultur, die ich überall auf der Welt angetroffen habe, eine Quelle der Verzweiflung. Reisen bietet die einzigartige Gelegenheit, die Geschichte der Menschheit räumlich zu erleben, wenn man dabei die Augen offen hält. Mit etwas Mühe kann man sich fast in jede historische Zeit hineinversetzen. Im Laufe eines Nachmittags war ich erst bei einer Gruppe Einheimischer, die ich schon zehn Jahre zuvor unter friedlichen Umständen kennen gelernt hatte, und zog von dort zu einem Nachbarstamm, der seit Jahrhunderten durch Raubbau und Krankheiten dezimiert worden ist. In Ostecuador lebte ich in einem Kofán-Dorf, das innerhalb von drei Monaten durch die Entdeckung von Öl zerstört wurde. Als ich ein Jahr später zurückkam, war der Schamane, mit dem ich einmal gearbeitet hatte, gestorben, und sein Sohn hatte einen Job bei Texaco. Ich habe Waorani-Kinder mit DDT spielen sehen, das Beamte des Gesundheitsministeriums dort verteilt hatten; habe Tukano-Männer gesehen, die man zu Coca anbauenden Sklaven degradiert hatte, Chimane-Frauen in lächerlicher Missionskleidung, die als Dienstmägde in ostbolivianischen Militärstationen arbeiteten, Bora-Jagdgründe, aller Vegetation beraubt und von weidendem Vieh verwüstet. Die Penan in Borneo, die letzten Nomaden in Südostasien, leben heute in elenden Schuppen, erbaut aus Brettern, die von Bäumen ihrer Wälder stammen.

Wir leben mitten in einer ökologischen Katastrophe, die genauso unselig ist wie die Abschlachtung der Bisons und der Wandertauben. Wohin man auch blickt, überall ist das Vorgehen der Regierung gleich blind, sind wirtschaftliche Beweggründe gleich zwingend. Ausbrüche von Gewalt verzerren alle Erinnerungen. Ein Feuer breitet sich auf der Erde aus und verbrennt Pflanzen und Tiere, Kulturen, Sprachen, uralte Fertigkeiten und visionäre Weisheit. Dieses Feuer zu ersticken und die Poesie der Vielfalt zu neuem Leben zu erwecken ist das oberste Gebot unserer Zeit.

Dank

Die in diesem Buch beschriebenen Reisen und Forschungsarbeiten waren nur dank der Unterstützung folgender Einrich-
tungen möglich:

Social Science and Humanities Research Council of Canada,
Canada Arts Council, U. S. National Science Foundation, Further
Foundation, Future Generations, Wenner-Gren Foundation for
Anthropological Research, International Psychiatric Research
Foundation, Inter-American Foundation, Atkins Fund of Harvard
University, WILD-Kampagne des Western Canada Wilderness
Committee, ferner Rudy Haase und Friends of Nature.

Für die redaktionelle Hilfe bei einzelnen Beiträgen danke ich
Bob Bender, Peter Biskind, Mark Bryant, Lisa Chase, Dan Coyle,
Keisuke Dan, Nancy Flight, Klara Glowczewska, Susan Lyne,
Alicia Hills Moore, John Newton, Kazumi Oguro, Peter Petre, Tim
Smith, Peter Stitt, Gary White, Tim White und besonders Saeko
Usukawa. Gail Percy redigierte die ursprünglichen Fassungen aller
Kapitel, und ihr Urteil war äußerst wertvoll. Ich hatte das Glück,
im Verlag Island Press mit Laurie Burnham arbeiten zu dürfen.
Mein Dank geht auch an Dan Sayre, Sam Dorrance, Christine
McGowan und ganz besonders an Chuck Savitt, der mir viele Jahre
lang als Freund und als Kollege sehr geholfen hat.

Vielen Menschen bin ich dankbar für ihre Freundschaft und ihre
hilfreiche Begleitung auf meinen Reisen, für ihre Ideen und
Anregungen, die in die folgenden Beiträge Eingang fanden:
Caroline Alexander, Nancy Baron, Elizabeth Beauvoir, Max

Beauvoir, Rachel Beauvoir, Paul Burke, George Butler, Nilda Callañaupa, Syd Cannings, Michael Carlisle, Adriane Carr, Reg Collingwood, Ray Collingwood, Tara Cullis, Lavinia Currier, Simon Davies, Cindy Davies, White Dog, David Fisher, Bob Fleming, Chris Franquemont, Ed Franquemont, Peter Furst, Paul George, Monique Giausserand, Anna Gustafson, Herb Hammond, Thom Henley, Rob und Lisa Howard, Ernest Imle, Lee Jacobs, Alex Jack, Madeline Jack, Mike Jones, Ian Keane, Steve King, Shane Kennedy, Grant Kennedy, Ian MacKenzie, Bruno Manser, Mimi Marshall, Nina Marshall, David Maybury-Lewis, Joel McCleary, Corky McIntyre, Dennis McKenna, Terence McKenna, John Mikes, Story Musgrave, Asik Nyelik, Dan Pakula, Tony Pearse, Marcel Pierre, Tim Plowman, All Poulson, Travis Price, Miles Richardson, Richard Evans Schultes, Asma Sidi Baba, Hélene Simon, Herard Simon, Gary Snyder, Calvin Sperling, David Suzuki, Jesse Taylor-Ide, Daniel Taylor-Ide, John Tichenor, Mutang Tuo, Etta Turner, Anderson Mutang Urud, Annie und Bill Vanderbilt, Lyall Watson, Andrew Weil, Johannes Wilbert, Elizabeth Wing und Jim Yost. Und schließlich danke ich auch meiner Familie, Gail, Tara und Raina, für ihre Fröhlichkeit und ihre unwandelbare Liebe.

Wolf Creek, Sommer 1998

REISEN, MENSCHEN, ABENTEUER

Barbara Veit
Traumsucher
Walkabout in
Westaustralien
ISBN 3-89405-117-5

Thomas Troßmann
Wüstenfahrer
Auf dem Motorrad durch
das Land der Tuareg
ISBN 3-89405-040-3

Mark Jenkins
Reise nach Timbuktu
Auf dem Niger durch das
Herz Afrikas
ISBN 3-89405-114-0

Katy Payne
Stiller Donner
Die geheime Sprache der
Elefanten
ISBN 3-89405-127-2

Karlhans Frank
Südwest-Frankreich
Aquitanien – zwischen
Bordeaux, Biarritz und
Sarlat
ISBN 3-89405-109-4

A.E. Johann
Das Glück des Reisens
Ein Leben unterwegs
ISBN 3-89405-116-7

www.frederking-und-thaler.de  **SIERRA** BEI FREDERKING & THALER

REISEN, MENSCHEN, ABENTEUER

Ilija Trojanow
In Afrika
Mythos und Alltag
ISBN 3-89405-130-2

Charles Blackmore
Durch die Wüste des Todes
Von West nach Ost durch
die chinesische Takla Makan
ISBN 3-89405-119-1

Dieter Kreutzkamp
Traumzeit Australien
Mit dem Fahrrad zwischen
Outback und Pazifik
ISBN 3-89405-107-8

Dieter Kreutzkamp
**Am schönsten Ende der
Welt – Neuseeland**
Outdoor-Träume mit
Fahrrad, Pferd und zu Fuß
ISBN 3-89405-124-8

William Lindesay
**Im Schatten der
chinesischen Mauer**
Zu Fuß durch die Wüste
Gobi zum Gelben Meer
ISBN 3-89405-118-3

Rupert Heigl
**Wo das Abenteuer Urlaub
macht**
Ausgefallene Reiseziele in
Deutschland, Österreich
und der Schweiz
ISBN 3-89405-110-8

www.frederking-und-thaler.de    **SIERRA** BEI FREDERKING & THALER

REISEN, MENSCHEN, ABENTEUER

Rosie Swale
Zu Pferd durch Chile
Ein Jahr unterwegs bis zum
Kap Hoorn
ISBN 3-89405-030-6

Christian E. Hannig
Abenteuer Mexiko
Mit dem Fahrrad von Baja
California nach Mexico City
ISBN 3-89405-074-8

Dieter Kreutzkamp
**Mit dem Kanu durch
Kanada**
Auf den Spuren der Pelz-
händler
ISBN 3-89405-045-4

Wolf-Ulrich Cropp
Alaska-Fieber
Wildnis, Abenteuer,
Einsamkeit
ISBN 3-89405-007-1

Hugh Edwards
**Weisses Gold aus blauer
Tiefe**
Das Leben des Mike Hatcher
und der Porzellanschatz der
Tek Sing
ISBN 3-89405-135-3

Stephen Pern
Zu Fuß durch Nordamerika
Entlang der großen Wasser-
scheide von New Mexico
bis Kanada
ISBN 3-89405-046-2